DELIUS KLASING

TÖRNFÜHRER

Volker Lipps

SPANIEN

Mittelmeerküste
von Cap Cerbère
bis Gibraltar
mit 119 Plänen

DELIUS KLASING VERLAG

Der Autor wie der Verlag übernehmen für Irrtümer, Fehler oder Weglassungen keinerlei Gewährleistung oder Haftung.
Die Pläne dienen zur Orientierung und nicht zur Navigation; sie ersetzen also keineswegs Seekarten oder andere offizielle nautische Unterlagen.

Die Deutsche Bibliothek – CIP-Einheitsaufnahme

Lipps, Volker:
Spanien: Mittelmeerküste von Cap Cerbère bis Gibraltar/Volker Lipps –
2., überarb. Aufl. – Bielefeld: Delius Klasing, 2000
(Törnführer)
1. Aufl. u.d.T.: Lipps, Volker: Spanische Gewässer
ISBN 3-7688-0754-1

2., überarbeitete Auflage
ISBN 3-7688-0754-1

Umschlagfotos: Peñiscola (vorn); Tossa de Mar und Leuchtturm Europa Point, Gibraltar (hinten)
Fotos: Peter Kleinoth (10), Dr. Susanne Lipps (1), alle übrigen einschließlich Umschlag vom Verfasser
Kartenvorlagen: Dr. Susanne Lipps
Druck und Bucheinband: Kunst- und Werbedruck, Bad Oeynhausen
Printed in Germany 2000

Delius Klasing Verlag, Siekerwall 21, D-33602 Bielefeld
Tel. 0521/559-0, Fax 0521/559-113
e-mail: info@delius-klasing.de
http://www.delius-klasing.de

Inhalt

Einführung

Spanien ist ein Land ausgeprägter Gegensätze. Trifft man im Frühjahr in Katalonien und rund um Gibraltar – dort wo es atlantisch beeinflusst ist – auf grüne Weiden, kann man wenige Kilometer östlich des atlantischen Einflussbereiches eine vertrocknete Halbwüste rund um Almería erleben. In dieser Region fällt sogar weniger Regen als in weiten Teilen der Sahara. Daneben prägen immer wieder hohe, meist bizarr zerklüftete Berge das Bild. Neben der Schweiz ist Spanien eines der bergreichsten Länder Europas. Es erreicht in der Sierra Nevada Höhen um 3500 m. Diese Gebirgszüge – insbesondere die Sierra Nevada und das kastilische Scheidegebirge – schirmen die Mittelmeerküste weiträumig gegen feuchtkalten nördlichen Einfluss ab.

Sie sind auch verantwortlich für die Windstärke und Windrichtung in der Region. So sorgt zum Beispiel die Sierra Nevada im äußersten Süden der Iberischen Halbinsel dafür, dass an der Costa del Sol der Wind praktisch nur entweder von Ost nach West oder umgekehrt bläst. Jede andere Richtung kann man vollkommen vernachlässigen. Im Norden ist es die Leit- und Düsenwirkung der Pyrenäen, die den ablandig blasenden Mistral, wie er in Frankreich heißt, oder die Tramontana, wie die gleiche Winderscheinung in Spanien genannt wird, mit schier unglaublicher Wucht über die Küste herfallen lässt.

Zugleich sorgt das kastilische Scheidegebirge dafür, dass die spanische Mittelmeerküste zwischen Barcelona und Valencia zu den sturmärmsten Revieren des gesamten Mittelmeerraums zählt. Positiv daran ist sicher, dass dieser Küstenabschnitt das ganze Jahr über fast als Glattwasserrevier bezeichnet werden kann. Für den Segler bedeutet dies allerdings auch, dass gerade in dieser Region sehr häufig unter Maschine gelaufen werden muss, will man gesteckte Ziele erreichen. Das Gebirge, das einen an der gesamten spanischen Küste begleitet, steht mehr oder weniger weit von der Küste zurück. Damit ist es ein ausgesprochen prägender Landschaftseindruck.

Häfen

Spaniens Wirtschaft war früher nahezu ausschließlich agrarisch orientiert, und Fischfang war einer der bedeutendsten Wirtschaftszweige des mediterranen Landes, bevor unter General Franco das nationale Tourismusprogramm aufgelegt wurde und ein beschleunigter Industrialisierungsprozess insbesondere der Regionen um Barcelona und Valencia die Verhältnisse zu ändern begann. Vielerorts ist Fischfang wie eh und je an der Küste sehr wichtig. Dem Durchreisenden fällt dies besonders in den Häfen rund um die Ebro-Mündung, um Valencia und im Golf von Almería ins Auge. Die spanische Fischereiflotte ist beeindruckend groß, und mehr oder weniger sind alle spanischen Mittelmeerhäfen ursprünglich als Fischerhäfen konzipiert. Sie bieten jedoch zunehmend mehr Platz für Sportboote. In jüngster Zeit ist die Zahl der reinen Sportboothäfen allerdings deutlich in der Überzahl.

Es fällt auf, dass spanische Fischer auch heute noch im Zeitalter des Massentourismus gegenüber besuchenden Yachten, die nicht nach »Millionärspötten« aussehen, sehr freundlich und hilfsbereit sind. Für günstige Liegemöglichkeiten – zum Beispiel neben einem zur Reparatur festliegenden Fangschiff – kann man von ihnen oftmals gute Tips bekommen.

Es ist immer wieder interessant zu sehen, was die Fangschiffe, ob große Trawler oder kleine Lampenboote, abends an der Fischhalle (Lonja) an Fängen anliefern. Man sollte sich auf keinen Fall entgehen lassen, bei einer dieser abendlichen Fischauktionen zuzusehen.

Kleinere Handelshäfen haben in den letzten Jahren mehr und mehr an wirtschaftlicher Bedeutung eingebüßt. Die meisten Produkte, zumeist agrarischer Herkunft, werden heute per Lastwagen in die Industrieländer des Nordens transportiert. Da bleibt nur wenig Platz für kleinere Handelsschiffe. Häfen, die für die Handelsschifffahrt angelegt wurden – zum Beispiel Salzverladehäfen –, wird man leicht an ihren meist überdimensionierten Hafenbecken erkennen, die heute überwiegend von Fischern und Freizeitkapitänen genutzt werden. Viele dieser Häfen wurden zur Segel-

schiffszeit angelegt und so konzipiert, dass mittlere Frachtsegler ohne Motorhilfe einlaufen und ankern konnten.
Heute ist dies ein glücklicher Umstand für den Freizeitskipper. Aber zugleich muss er Vorsicht walten lassen, da die verlockend großen Wasserflächen zumeist auch eine große Tiefe suggerieren. Vielerorts sind die großflächigen Häfen aber versandet. Im Reiseteil dieses Buches wird darauf besonders hingewiesen.
Überhaupt ist die Versandung ein ganz besonderes Problem praktisch aller spanischen Mittelmeerhäfen. Man sollte deshalb auf den neuesten Stand berichtigtes Kartenmaterial verwenden. An bestimmten neuralgischen Stellen, zum Beispiel vor Flussmündungen oder bei Hafeneinfahrten, die in der Nähe von Flussmündungen liegen, ist aber auch dann größte Vorsicht geboten.

Liegegebühren

Ein Wort zu den Kosten einer Reise entlang der spanischen Mittelmeerküste. In erster Linie fallen natürlich Liegegebühren an. Die üblichen Lebenshaltungskosten liegen ungefähr auf heimischem Niveau. Für ein 10-m-Boot lagen die Liegegebühren 1999 durchaus exorbitant auseinander. Auch hier spürt man, dass Spanien ein Land der Gegensätze ist. Die höchsten Gebühren werden in der Region der Costa Brava, die niedrigsten zwischen Mar Menor und Costa del Sol gezahlt. Zahlt man für ein 10-m-Boot zum Beispiel in der Marina von Sotogrande nur 1600 Peseten pro Nacht in der Hochsaison, beträgt die Mittelgebühr an der Costa Brava bei vergleichbaren Bedingungen schon 3500 Peseten, kann aber in einzelnen Häfen auch auf bis zu 5500 Peseten steigen.
Liegeplätze, an denen nur das amtliche Hafengeld erhoben wird, sind rar und werden immer seltener. Aus Sicherheitsgründen sind sie auch nicht immer empfehlenswert. Dieses amtliche Hafengeld liegt bei dem erwähnten 10-m-Boot bei etwa 1100 Peseten pro Tag. Es ist natürlich schwierig, hierzu Angaben zu machen, da diese sich in der Regel ja auch schnell überholen.
Generell fällt auf, dass sich die exorbitanten Steigerungen der Liegegebühren in Spanien Anfang der 90er Jahre nicht weiter fortgesetzt haben.
Noch ein Wort zur so genannten Leuchtturmsteuer. Seit 1995 gibt es in Spanien eine Rechtsgrundlage für das Erheben dieser Steuer, auch »Tarifa T-O« genannt. Diese Gebühr wird nach der Bootsfläche berechnet und kostet für ein Jahr 11,40 DM/m^2. Bislang scheint sie aber nur in Einzelfällen erhoben worden zu sein.

Liegeplätze

Rund um Barcelona, etwa vom Ebro bis zur französischen Grenze, sind Liegeplätze – außer man kauft sie oder benötigt sie nur für ein oder zwei Nächte – so gut wie nicht zu bekommen. Auch die Erweiterungsinvestitionen in Masnou und die Errichtung des Olympiahafens und der Marina Port Vell in Barcelona haben hier kaum Druck vom Markt genommen. Eine Ausnahme bildet nach wie vor der Hafen von Ampuriabrava.
Zwischen Valencia und Gibraltar dagegen ist es kaum ein Problem, einen Liegeplatz für ein paar Wochen oder ein paar Monate zu mieten. Die Kapazitäten sind ausreichend, und dank der regen Investitionstätigkeit der Junta de Andalucia kommen immer mehr Plätze hinzu – spürbar preiswerter als im Norden sind sie hier obendrein.
Gewarnt werden muss jedoch vor der romantischen Vorstellung, zum Beispiel durch ständiges Ankern die Liegeplatzkosten bei einer Reise entlang der spanischen Küste auf Null zu reduzieren. Entweder sind die Ankerbuchten – wie beispielsweise viele im Norden – in der Saison hoffnungslos überfüllt, oder sie eignen sich allenfalls als Tagesankerplatz.

Umweltschutz

Umweltschutzaspekte stehen in Spanien zur Zeit noch nicht so im Vordergrund, wie das in Deutschland der Fall ist. Noch wird in nahezu jedem Supermarkt verschwenderisch mit Plastiktragetaschen umgegangen, die sich leider nur allzu häufig küstennah im Meer wiederfinden. Sie können zwar einen Propeller nicht wirklich blockieren, wohl aber seine Leistungsfähigkeit spürbar herabsetzen. Da sie knapp unter der Wasseroberfläche treiben,

gibt es eigentlich keine Möglichkeit, sie rechtzeitig zu erkennen. Im Süden, insbesondere in der Region um Almería, dienen riesige Plastikplanen als Freilandtreibhäuser. Bei heftigen ablandigen Winden kann es geschehen, dass diese Planen zerfetzt und zum Teil ins Meer geweht werden. Sie schwimmen dann ebenfalls knapp unter der Wasseroberfläche und können ganz beträchtliche Ausmaße haben. Solche Planen wurden schon bei Mallorca driftend gefunden.
Um Missverständnissen vorzubeugen: Nicht das ganze Mittelmeer ist voller Plastikmüll, aber man sollte um diesen Umstand wissen, um sich rechtzeitig darauf einstellen zu können. Hat der Propeller einmal Plastik gefangen, bleibt einem nichts anderes übrig, als mit Schnorchel und Maske bewaffnet einen kleinen Tauchgang zu unternehmen.

Klima und Wetter

Das Mittelmeer ist umgeben von Landmassen. Hohe Gebirge ringsum bewirken, dass in den verschiedensten Teilen des mediterranen Bereichs manchmal auf recht kurzen Strecken deutliche Wetterunterschiede feststellbar sind. Unter dem Einfluss des subtropischen Hochdruckgürtels sind die Sommer überwiegend arm an Wolken, trocken und heiß. Doch auch im Hochsommer können atlantische Tiefausläufer manchmal entlang der Pyrenäen in den Golfe du Lion ziehen und auf ihrer Rückseite frische ablandige Winde entstehen lassen.
Im Winter, wenn sich der Hochdruckgürtel weiter nach Süden verlagert hat, ziehen Tiefausläufer in mehr oder weniger ununterbrochener Reihenfolge entlang der Pyrenäen ins westliche Mittelmeer, wo sie sich nicht selten über dem noch wärmeren Wasser des mediterranen Bereichs intensivieren. So nimmt es nicht Wunder, dass bei Cap Béar nördlich der spanisch-französischen Grenze im Februar mehr als 18,7 % der Wetterlagen Stürme von mehr als Windstärke 8 bringen. Zum Vergleich: Im Monat September sind es »nur« 5,1 % aller Wetterlagen.

An der Costa del Sol liegt etwa bei Málaga eine Linie unterschiedlichen Klimas. Östlich Málagas ist es im Sommer sehr heiß und sehr trocken. Auch im Winter herrscht trockene Luft vor, zumeist ist dann die Sicht in der Gegend glasklar. Westlich von Málaga macht sich atlantischer Einfluss deutlich bemerkbar – nicht so sehr im Sommer, wohl aber im Winter, wenn grünes Gras zu sprießen beginnt, was man im Sommer hier gar nicht vermuten würde. Man fühlt sich in der Hügellandschaft dann eher nach Südengland versetzt.
Die Temperaturen liegen im Jahresgang weit auseinander. Im Winter ist mit täglichen Durchschnittstemperaturen von 6 bis 13 °C in Barcelona und von 10 bis 16 °C in Gibraltar zu rechnen. Damit kann man die Temperaturen an der Costa del Sol im Winter durchaus mit sommerlichen Temperaturen im Norden Europas vergleichen. Im Sommer liegen sie an der gesamten spanischen Mittelmeerküste im Durchschnitt zwischen 21 und 29 °C. Diese Durchschnittstemperaturen sind für den Sommer aber nur bedingt aussagekräftig, weil absolute Maximaltemperaturen leicht verwischt werden. An der Costa Brava kann im Winter, aber auch noch im Frühjahr sehr wohl Frost auftreten – als Winterrevier scheidet sie also aus. Zum Überwintern würde ich erst Häfen südlich Cabo San Antonio in Erwägung ziehen.

Winde

Von den vorherrschenden Winden ist als erstes die *Tramontana* zu nennen (gleichbedeutend mit *Mistral* in Frankreich und *Mestral* im Bereich der Ebro-Mündung). Es ist ein fast immer sehr harter, trockener Wind, der auch im Hochsommer starke Abkühlung bringt. Manchmal fällt er mit unglaublicher Wucht über den nördlichen Teil der Costa Brava her. Das eigentlich gefährliche an der Tramontana liegt darin, dass sie an einem ruhigen, schönen, sonnigen Tag binnen kürzester Zeit Sturmstärke erreichen kann.
Es stimmt zwar, dass der Wind als solcher recht überraschend einsetzt. Es ist aber nicht richtig, wie häufig behauptet wird, dass Tramontana bzw. Mistral nicht vorhersehbar wären. Es gibt ein paar untrügliche Zeichen,

die einen früh genug warnen, zumal die Hafendichte in der Region, wo Tramontana vorherrscht, nämlich der nördlichen Costa Brava, groß genug ist, um jederzeit einen Schutzhafen erreichen zu können.
Hat ein Tiefdruckgebiet Frankreich passiert und ist es in den Golf von Genua gezogen, wo es sich zumeist festsetzt, ist Vorsicht geboten. Denn die Tramontana ist ein typisches Rückseitenereignis. Die hinter der Kaltfront eingeflossene kalte Luft ist glasklar, und ganz bestimmte Wolkenformationen – länglich gerollte Gebilde, deren Ränder klar umrissen sind – deuten untrüglich auf das Einsetzen von Tramontana hin. Da es sich bei der Tramontana um ein Rückseitenereignis handelt, ist auch klar, wieso sie nicht bei fallendem, sondern bei steigendem Barometer einsetzt.
Manchmal kann Tramontana sich auch ohne den Durchzug eines Tiefdruckgebiets bilden, nämlich dann, wenn sich über dem Golf von Genua ein originäres Tiefdrucksystem ausbildet. Deshalb sollte man beim Abhören des Wetterberichts besonders auf die Luftdruckentwicklung im Bereich des Golfs von Genua achten. Hier fallender Luftdruck deutet auf Mistral bzw. Tramontana hin. Wie lange die Tramontana durchsteht, ist sehr unterschiedlich. Es gilt hier das treffende französische Sprichwort »Mistral qui lève de nuit, ne dure qu'aujourd'hui; mistral qui lève le jour dure trois, six ou neuf jours«. (Mistral, der in der Nacht beginnt, überdauert nur den Tag; Mistral, der tagsüber entsteht, dauert drei, sechs oder neun Tage.)
Häufig tritt die Tramontana im Winter und in der Übergangszeit auf. Sie macht dann rund ein Drittel aller Wetterlagen aus. Im Sommer ist sie wesentlich seltener und die Windstärke deutlich geringer. Das Beste, was man von ihr sagen kann, ist, dass sie ablandig bläst. Dies gilt allerdings nicht für den Küstenabschnitt nördlich Cabo Creus. Hier bläst sie abgefälscht von den Pyrenäen zumeist küstenparallel und direkt auf die Nordküste des weit vorspringenden Kaps zu. Deshalb kann es auch vorkommen, dass Cabo Creus an manchen Tagen von Süd nach Nord küstennah von einem kleinen Boot nicht passiert werden kann. Aber wie gesagt, so häufig sind diese Lagen nun auch wieder nicht.
Je weiter man an der Costa Brava entlang nach Süden gelangt, desto weniger heftig werden auch die Winde. Südlich Cabo San Sebastián kann man sie eigentlich schon fast vernachlässigen. So ist zum Beispiel bezeichnend, dass in Barcelona Stürme in den Monaten März bis Oktober bislang nie beobachtet wurden, während sie im gleichen Zeitraum bei Cap Béar zwischen 5,1 und 17,6 % aller Wetterbeobachtungen ausmachen. Als Winterrevier taugt die Gegend nördlich Barcelonas demnach nicht. Der Küstenstrich südlich Barcelonas bis Cabo de San Antonio ist eine weitläufige Einbuchtung der spanischen Küste, gegen West durch Gebirgszüge gut geschützt. Es ist eines der sturmärmsten Reviere des gesamten Mittelmeers.
Lediglich Oststürme muss man sehr ernst nehmen. Bei Valencia gibt es davon zwei bis drei im Jahr. Sie zeichnen sich frühzeitig ab. Diese Wetterlagen – *Levante* genannt – werden regelmäßig von Tiefdruckgebieten ausgelöst, die sich zwischen den Balearen und der nordafrikanischen Küste bilden, oder die sich als Randtief einer großen atlantischen Depression abgespaltet haben und durch die Straße von Gibraltar in dieses Seegebiet gezogen sind. Sie kündigen sich frühzeitig durch Sichtverschlechterung und einsetzende Dünung an. Wolken beginnen die Bergspitzen zu verhüllen. Einsetzender Regen – manchmal sehr heftig – vervollständigt zumeist das Bild.
Solche Wettererscheinungen muss man ernst nehmen, auch wenn daraus nicht gleich ein echter Sturm, sondern nur Starkwind wird. Schon mäßiger Starkwind genügt, um innerhalb relativ kurzer Zeit die See hochgehen zu lassen. Die eigentliche Gefahr liegt darin, dass bei Levante viele der spanischen Mittelmeerhäfen nicht mehr sicher angelaufen werden können. Leicht bilden sich Brecher und Grundseen in den flachen, sandigen Einfahrten. Aus diesem Grunde sollte auch eine erfahrene Crew bei derartigen Ostwetterlagen auf ein Auslaufen verzichten.
Weiter südlich, an der Costa Blanca und Costa del Sol, werden die Winde durch die Leitwirkung der hohen Sierra Nevada immer in eine Ost-West-Richtung gezwungen. Zwischen Cabo de San Antonio und Cabo de la Nao bedeutet dies, dass sie entweder auf- oder ablan-

Regionale Winde

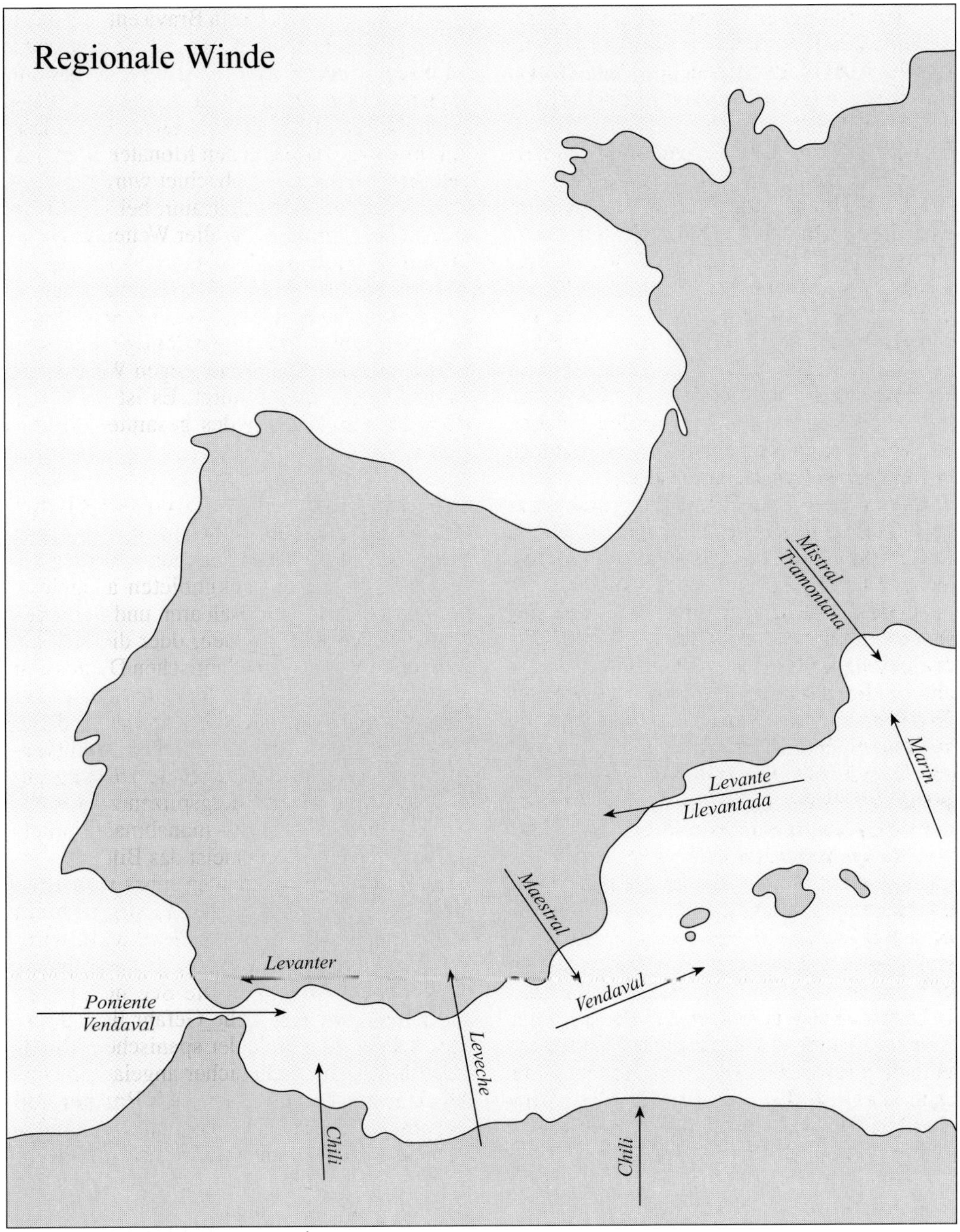

dig wehen, während sie an der Costa del Sol immer küstenparallel blasen. Im Gebiet der Costa del Sol gibt es insbesondere in den Übergangszeiten im Frühjahr und Herbst lange Perioden starken, lang andauernden Windes. Weht er aus Westen, wird er *Poniente* genannt, die gleiche Erscheinung aus Osten heißt *Levante*. Levante und Poniente erreichen jedoch nur sehr selten Sturmstärke. Im Tagesverlauf lässt sich zudem beobachten, dass sie gegen Abend und über Nacht in ihrer Stärke nachlassen und am frühen Nachmittag zumeist ihre größte Heftigkeit erreichen. Diesen Tagesgang kann man sich zunutze machen, will man etwa ein exponiertes Kap, wie das Cabo de la Nao, entgegen der Windrichtung runden. In der Straße von Gibraltar selbst wird durch deren Düsenwirkung die Windstärke um ca. 2 Windstärken heraufgesetzt.

Tidenhub

Westlich von Málaga lässt sich leichter Tidenhub beobachten. Er beträgt hier knapp 40 cm, weiter Richtung Gibraltar auch bis doppelt so viel. Im übrigen Bereich der spanischen Mittelmeerküste ist Tidenhub praktisch nicht feststellbar. Die unterschiedlichen Höhen des Wasserstandes sind hier meist durch den Wind oder durch Seiches bedingt.

Strom

Die Oberflächenströmungen sind mit Ausnahme der Straße von Gibraltar eher schwach. In der Meerenge von Gibraltar läuft ein ständiger Oberflächenstrom ins Mittelmeer hinein und ersetzt das verdunstete Wasser. An der Costa del Sol ist daher mit einer schwach östlich gerichteten Strömung zu rechnen, die nahe der Straße von Gibraltar eine Geschwindigkeit von bis zu 2 Knoten im Extremfall erreichen kann, weiter östlich aber deutlich schwächer wird. Der übrige Bereich der spanischen Mittelmeerküste ist einer nach Süd bzw. Südwest gerichteten küstenparallelen Strömung von 1 bis 1,5 Knoten ausgesetzt. Starke Winde aus der jeweiligen Gegenrichtung sind in der Lage, diesen Strom, der für die Navigation allenfalls vor Kaps eine ernsthafte Rolle spielt, abzubremsen oder sogar umzukehren.

Temperaturen

Die Wassertemperaturen weisen entlang der spanischen Mittelmeerküste bemerkenswerte Unterschiede auf. An der Costa del Sol, dort wo sie atlantischem Einfluss unterliegt, ist die Schwankungsbreite über das Jahr verteilt relativ gering. Beträgt die Wassertemperatur im Winter hier 14 bis 15 °C, liegt sie im heißesten Monat August bei rund 22 °C. Im Winter wie im Sommer am kühlsten ist das Wasser in der Nähe des Golfe du Lion an der Costa Brava. Im Winter liegt die Temperatur bei etwa 12 °C und im Sommer bei 21 bis 22 °C. In den Seegebieten dazwischen beträgt die Temperatur im Winter im Mittel 13 °C, im Sommer steigt sie auf 25 °C und mehr in der Gegend um das Mar Menor und Cabo San Antonio.

Die Lufttemperaturen haben einen ausgeprägten Jahresgang. Die mittlere Lufttemperatur über dem freien Wasser liegt im Winter an der Costa Brava bei 10 °C, an der Costa del Sol bei 15 °C und in den Seegebieten dazwischen bei 12 bis 13 °C. Die Vergleichstemperaturen im Sommer: 23 °C, 24 °C, 25 °C.

Diese mittleren Lufttemperaturen sagen allerdings kaum etwas über die tatsächlichen Temperaturen an der Küste aus, denn sie werden weit vor der Küste gemessen. Deshalb ist es kaum verwunderlich, dass die mittleren Lufttemperaturen mit den entsprechenden Wassertemperaturen fast identisch sind.

An Land liegen die durchschnittlichen Temperaturen der Levanteküste bei vielleicht 12 bis 13 °C im Winter und 25 °C im Hochsommer. Erfahrungsgemäß kann es aber sehr wohl sein, dass im Winter an der Costa del Sol 25 °C erreicht werden und im Gegensatz dazu an der nördlichen Costa Brava manchmal Tagestemperaturen von 15 bis 16 °C auch im Sommer denkbar sind. Interessant ist es also, absolute Extremwerte der Lufttemperatur an den verschiedenen Orten gegenüberzustellen: So verzeichnete die Station von Gibraltar im Monat Februar schon eine Minimaltemperatur von 0,6 °C und eine Maximaltemperatur im Juli von 38,6 °C. In Málaga war es mit -3 °C im Februar und 43 °C im Juli erheblich kontinentaler als in Gibraltar. In Barcelona wurden im Februar schon -6,7 °C erreicht und im August 36,9 °C. Auch hier zeigt sich deutlich: Spanien ist ein Land der Gegensätze.

Seewetterberichte

Fährt man im Sommer in einem begrenzten Seegebiet von Hafen zu Hafen, mit viel Zeit und musse, kann man auf das regelmäßige Abhören eines Wetterberichts eigentlich ganz gut verzichten. In der Übergangszeit und im Winter muss man das Wettergeschehen im Mittelmeer allerdings ernst nehmen, das Abhören eines Wetterberichts ist um diese Zeit absolute Pflicht. Für deutschsprachige Skipper ist es naheliegend, den Seewetterbericht Mittelmeer der Deutschen Welle oder die Seewettermeldungen des Österreichischen Rundfunks für das Mittelmeer abzuhören. Das ist bis weit nach Südspanien hinein auch problemlos möglich. Im Gegensatz zu früher hat die Deutsche Welle die Vorhersagegebiete für den internationalen Seewetterbericht um die spanischen Vorhersagegebiete Palos (Seegebiet zwischen Südostspanien und Westalgerien), Alborán (Gibraltar) und Canarias (Kanarische Inseln) erweitert.

Die spanischen Küstenfunkstellen senden Seewetterberichte in spanischer und englischer Sprache, die zumeist sehr schnell gesprochen werden und daher nur sehr schwer zu verfolgen sind. Da sich Sendezeiten und Frequenzen von Jahr zu Jahr ändern können, empfiehlt es sich, den jährlich erscheinenden »Jachtfunkdienst Mittelmeer« an Bord mitzuführen.

Mit diesen Sendern hat man das Wettergeschehen voll im Griff. Mit ihrer Hilfe, aber wichtiger noch mit der eigenen Beobachtung, kann nichts schief gehen.

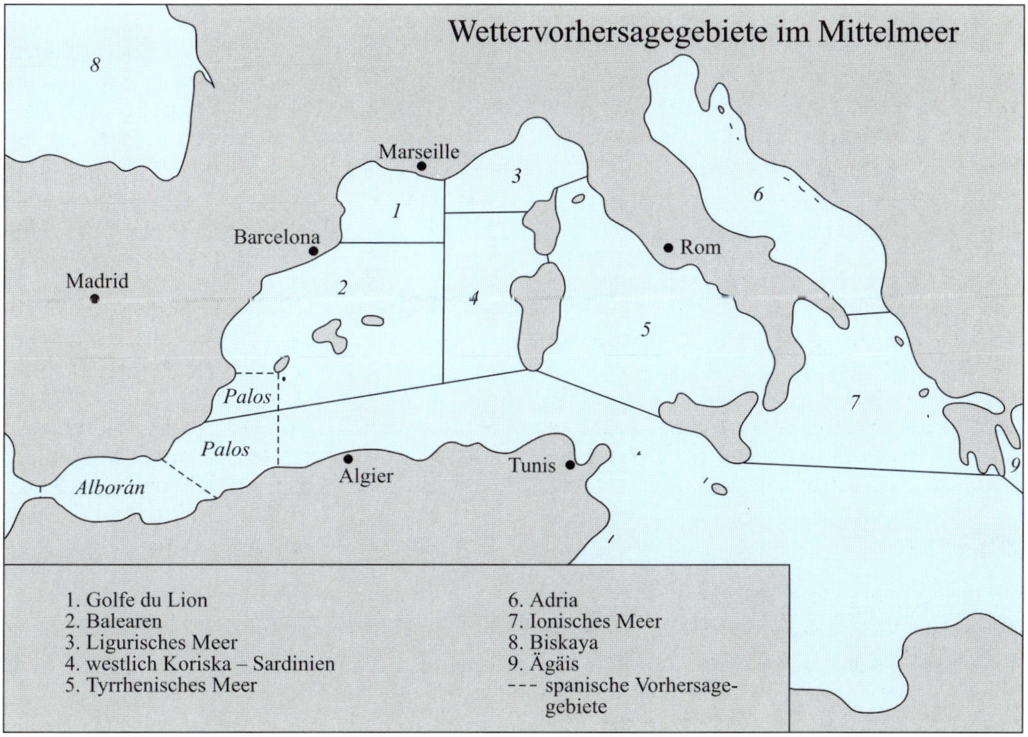

Anreise zum Mittelmeer

Buten

Für zwei Bootskategorien gestaltet sich die Anreise zum Mittelmeer völlig problemlos. Zum einen ist das Trailerboot zu nennen. Mit ihm hat man von Frankfurt bis zur spanischen Grenze eine etwa zwei- bis dreitägige Fahrt über gut ausgebaute Autobahnen zu bewältigen. Zum anderen ist da die Yacht mit mehr als 1,80 m Tiefgang. Mit ihr kann man nur außen herum über die Nordsee durch den Englischen Kanal über die Biskaya und entlang der portugiesischen Küste nach Gibraltar gelangen. Dass bei einer solchen Reise sowohl Schiff als auch Crew absolut seefest sein müssen, versteht sich von selbst. Die günstigste Zeit für den Törn ist sicher spätes Frühjahr bis früher Sommer. Von Holland bis Gibraltar dürfte man mit einer Reisedauer von vier bis fünf Wochen rechnen. Knüppelt man durch, kann man in dieser Zeit sogar die Strecke vom Englischen Kanal bis nach Ibiza schaffen.

Binnen

Für ein Boot von weniger als 1,80 m Tiefgang und einer Aufbauhöhe von maximal 3,50 m bietet sich die Anfahrt binnenwärts über die Flüsse und Kanäle an. Von Holland und Westdeutschland aus kann man über Rhein, Mosel und Canal de l'Est in die Saône und die Rhône gelangen. Die Distanz von Koblenz bis Saint-Jean-de-Losne beträgt etwa 650 km. 135 Schleusen sind dabei zu passieren.

Man kann den Rhein auch bis zur Abzweigung des Rhein-Rhône-Kanals in der Nähe von Mühlhausen benutzen. Die Route bis Saint-Jean-de-Losne ist vom Ruhrgebiet aus 850 km lang mit 124 Schleusen.

Hat man ein schwach motorisiertes oder kleines Schiff, wird man sicher bemüht sein, den Rhein mit seiner Strömungsgeschwindigkeit von bis zu 10 km/h (bei sommerlichem Niedrigwasser beträgt sie ca. 3,5 bis 4 km/h) zu meiden. Insbesondere von Holland aus kann man dann die Maas aufwärts fahren bis zur französischen Grenze, wo sie übergeht in den Canal de l'Est. Von Maastricht bis Saint-Jean-de-Losne sind es 738 km. Auf dem Streckenabschnitt gibt es 227 Schleusen.

Von Saint-Jean-de-Losne – Sie merken schon, das ist ein absoluter Kreuzungspunkt für den Schiffsverkehr – bis zur Rhône-Mündung bei Port-St.-Louis-du-Rhône sind es 511 km mit 18 weiteren zu bewältigenden Schleusen.

Ob man nun bei Port-St.-Louis-du-Rhône das Mittelmeer erreicht oder von Arles über die Petit Rhône und den Canal du Rhône à Sète bis Sète oder Agde fährt und erst dort den Mast setzt: Man muss erfahrungsgemäß für die Strecke Holland–Costa Brava in jedem Fall mit vier Wochen Fahrtzeit rechnen. Wählt man diesen Binnenweg, sollte man sich frühzeitig vor Reisebeginn ein Informationsblatt besorgen, das darüber Auskunft gibt, welche Kanalstrecken in Frankreich zu welchen Zeiten zwecks Überholungsarbeiten gesperrt sind. Diese jährlich im Frühjahr erscheinende Karte wird von der Chambre Syndicale Nationale des Courtiers de Fret Fluviaux, 32 rue de Londres, F-75009 Paris, herausgegeben und auch im Motorboot-Magazin BOOTE abgedruckt. Der Deutsche Motoryachtverband und der Deutsche Segler-Verband können über die aktuelle Lage ebenfalls Auskunft geben.

Das Befahren der französischen Binnenwasserstraßen ist völlig problemlos. Früher stand die Rhône im Ruf, ein unberechenbar tückischer Strom zu sein. Seit sie kanalisiert ist, bereitet die Strömung aber keine Probleme mehr. Ernst nehmen muss man dagegen den Mistral. Auf dem Fluss stört er wenig, aber talfahrend bei den Schleuseneinfahrten muss man gewärtig sein, dass der Wind ein Boot kräftig beschleunigen kann und man deshalb frühzeitig rückwärts Gas geben muss, um den angepeilten Poller in der Schleuse auch zu »treffen«.

Apropos Poller: Die Rhein- und die Rhône-Schleusen sind trotz ihrer atemberaubenden Abmessungen (Hubhöhe der Schleuse Bollène 23 m) leicht zu befahren. Man kann mit Vor- und Heckleine zugleich an großen Schwimmpollern festmachen. Beim Abwärtsschleusen liegt das Schiff sowohl vorn als auch hinten in der Schleusenkammer ruhig. Beim Aufwärtsschleusen sollte man darauf achten, in den gigantischen Schleusenkammern möglichst nah an der Einfahrt zu liegen.

Einreisebestimmungen und nützliche Informationen

Pass- und Visabestimmungen

Für EU-Bürger reicht ein gültiger Personalausweis bzw. für Österreicher und Schweizer eine nationale Identitätskarte. Lediglich bei einer Aufenthaltsdauer von mehr als drei Monaten sind Reisepass und Visum vom spanischen Konsulat erforderlich.

Schiffspapiere

Für Spanien ausreichend ist der Internationale Bootsschein für Wassersportfahrzeuge, der bescheinigt, dass Eigner und Schiff im Verband registriert sind und wo das Boot seinen ständigen Liegeplatz hat. Ausgestellt wird der Internationale Bootsschein vom Deutschen Segler-Verband und vom Deutschen Motoryachtverband sowie vom ADAC, wobei keine Mitgliedschaft vorausgesetzt wird. Der Internationale Bootsschein reicht auch aus, wenn das Boot mit dem Trailer durch Frankreich nach Spanien gefahren wird. Wer unter deutscher Flagge auf Binnenwasserwegen und den französischen Nachbarstaaten Belgien und Deutschland durch Frankreich über die französischen Küstengewässer Spanien erreichen will, benötigt das Flaggenzertifikat. Es ist ein amtlicher Ausweis für Seeschiffe bis 15 m Länge, mit dem die Berechtigung zum Führen der Bundesflagge nachgewiesen wird. Obwohl es dies streng genommen nicht ist, wird es auch als Eigentumsnachweis offiziell akzeptiert. Beantragt wird das Flaggenzertifikat beim Bundesamt für Seeschifffahrt und Hydrographie (BSH) in Hamburg.
Schiffe über 15 m Länge müssen nach wie vor ins Seeschiffsregister eingetragen werden. Als Nachweis über die Eintragung erhält man das Schiffszertifikat, in dem das Eigentum am Schiff und das Recht zur Führung der Flagge der Bundesrepublik Deutschland bescheinigt sind. Voraussetzung für die Eintragung ins Seeschiffsregister ist die amtliche Vermessung, die beim BSH beantragt und über die ein Schiffsmessbrief ausgestellt wird. Die Registereintragung muss beim Amtsgericht dann gesondert beantragt werden.

Zollformalitäten

Die Einführung des Europäischen Binnenmarktes zum 1. Januar 1993 hat bei der Bootseinfuhr vieles vereinfacht. Kann man nachweisen, dass das Boot die Flagge eines EU-Staates zu führen berechtigt ist, bedarf es keiner weiteren Zollformalitäten – es kann in Spanien so lange man möchte benutzt werden. Lediglich das leidige Thema Mehrwertsteuer kompliziert die Dinge ein wenig. Boote aus EU-Staaten sind von der Entrichtung der Mehrwertsteuer befreit, wenn sie vor dem 1. Januar 1985 gebaut worden und innerhalb der Gewässer der EU verblieben sind bzw. nach dem 1. Januar 1985 gebaut worden sind und Mehrwertsteuer für sie entrichtet wurde. Ist man in der Lage, diese Voraussetzungen darzulegen, also nachzuweisen, dass entweder für Boote, die nach dem 1. Januar 1985 gebaut wurden, Mehrwertsteuer bezahlt wurde (Originalrechnung der Werft), oder dass das betreffende Wasserfahrzeug älter als Baujahr 1985 ist, gibt es keine Probleme. Unangenehm ist nur, dass es bislang kein einheitliches Dokument gibt, das den mehrwertsteuerlichen Status des jeweiligen Bootes klarstellen würde. Details zum Mehrwertsteuerstatus Ihres Bootes kann das für Sie zuständige Hauptzollamt erläutern, da diese Vorschriften EU-weit einheitlich gelten.

Führerscheinbestimmungen

In Spanien wird für das Führen von Kleinbooten mit Außenbordmotoren bis 9 PS kein Führerschein verlangt. Im Übrigen müssen aus-ländische Skipper dasjenige nautische Befähigungszeugnis besitzen, das in ihrem Heimatland zum Befahren vergleichbarer Gewässer vorgeschrieben ist. Das ist für deutsche Sportbootfahrer der amtliche »Sportbootführerschein See«.

Sicherheitsbestimmungen

In Spanien bestehen, im Gegensatz z.B. zu Frankreich, keine einschlägigen gesetzlichen

Sicherheitsbestimmungen für die Ausrüstung von Yachten. Es bedarf aber keiner Erwähnung, dass dies kein Freibrief für verantwortungsloses Handeln sein kann. Welche Sicherheitsausrüstung als Minimum zu betrachten ist, darüber gehen die Meinungen auseinander. Ein guter Anhaltspunkt sind aber die Sicherheitsrichtlinien der Kreuzerabteilung des Deutschen Segler-Verbandes in Hamburg und die Ausrüstungsliste der Vereinigung Deutscher Yachtcharterunternehmen in Köln.

Infos

Allgemeine Informationen erhält man über die spanischen Fremdenverkehrsämter, die zum Beispiel eine kostenlose Liste sämtlicher spanischer Yachthäfen anbieten. Die Anschriften:
10707 Berlin, Kurfürstendamm 180,
Tel. 030 / 8826543, Fax 8826661
40237 Düsseldorf, Grafenberger Allee 100,
Tel. 0211 / 6803980, Fax 6803985
60323 Frankfurt/Main, Myliusstraße 14,
Tel. 069 / 725033, Fax 725313
80336 München, Schubertstraße 10,
Tel. 089 / 530158, Fax 5328680
1010 Wien, Walfischgasse 8,
Tel. 01 / 5129580, Fax 5129581
80078 Zürich, Seefeldstraße 19,
Tel. 01 / 2527931.

Diplomatische Vertretungen in Spanien

Deutschland
Botschaft: 28010 Madrid, Calle Fortuny 8

Schweiz
Botschaft: 28001 Madrid, Calle Nunez de Balboa 35, Edificio Goya

Österreich
Botschaft: 280646 Madrid, Paseo de la Castellana 180

Geld und Geldwechsel

Kreditkarten, Euroschecks und Reiseschecks werden bei jeder Bank und Wechselstube akzeptiert. Inhaber von Postsparbüchern können in Spanien bei den Postsparkassen monatlich Geld im Gegenwert von bis zu 2000 DM abheben.

Gesundheit

Deutschland und Österreich haben mit Spanien Abkommen über soziale Sicherheit abgeschlossen. Bei Vorlage eines Auslandskrankenscheins erhält der Pflichtversicherte kostenlose ärztliche Behandlung. Mit der Schweiz besteht ein solches Abkommen nicht. Den Merkblättern der Krankenkassen ist zu entnehmen, wie im Falle einer Erkrankung medizinische Hilfe in Anspruch genommen werden kann.

Öffnungszeiten

In Spanien gibt es keine festen Ladenschlusszeiten. Die Geschäfte sind daher bis in die Abendstunden und oft sogar am Sonntagmorgen geöffnet. Dafür wird fast immer eine längere Mittagsruhe (Siesta) von 13 bis 17 Uhr eingehalten.

Telefon

Will man in Spanien von einer öffentlichen Telefonzelle nach Hause telefonieren, wählt man zunächst 07, nach Ertönen eines hellen Tons die Vorwahl des Heimatlandes (Deutschland 49, Österreich 43, Schweiz 41), die Ortsvorwahl ohne die Null und dann die Teilnehmernummer.

Tauchen

Gerätetauchen ist in Spanien einer Kontrolle unterworfen. Die Tauchgenehmigung ist bei der Federación Española de Actividades Subaquaticas (FEDAS) in 28010 Madrid, Calle Colón 1, zu beantragen oder bei einem der Tauchklubs in Cadaqués, Rosas, Estartit, Calella de Palafrugell, San Feliú de Guíxols, Benidorm, Almería. Die Genehmigung kostet 850 Peseten. Erforderlich sind ein Gesundheitszeugnis und ein Nachweis über eine Taucherausbildung. Die im Heimatland des Tauchers anerkannten Zeugnisse werden auch in Spanien akzeptiert.
Darüber hinaus benötigt man zwei Passbilder sowie eine Fotokopie des Reisepasses oder Personalausweises. Die Unterwasserjagd ist für Gerätetaucher verboten. Die Verwendung

von Harpunen mit Druckluft-Abschuss ist auch für Schnorchler nicht zulässig. Alle übrigen Geräte können benutzt werden.

Seenotrettung

Die spanische Seenotrettung hat eine Notfalltelefonnummer eingerichtet, die aber nur benutzt werden darf, wenn akute Lebensgefahr für die Besatzung eines Bootes besteht. Die Nummer kann überall in Spanien angewählt werden, man wird dann automatisch mit der nächstliegenden Rettungsstation verbunden. Sie lautet 900 202 202. Daneben gelten natürlich die üblichen Funkanrufverfahren auf UKW-Kanal 16 bzw. über DSC.

Festmachen

An der spanischen Küste wird, wie überall im Mittelmeerraum, »römisch-katholisch« festgemacht, das heißt entweder mit Bug oder mit Heck zur Pier. Das Liegen im Päckchen ist bis auf wenige Ausnahmen verpönt. In Marinas ist das Ausbringen des eigenen Ankers nicht gestattet, ausgelegte Muringleinen sind zu benutzen.

Funkgeräte

Fest installierte Seefunkstellen, die mit Genehmigung der Behörden des Heimatlandes des Schiffes betrieben werden, sind zulässig. Die Benutzung von CB-Funkgeräten unterliegt in Spanien der besonderen Genehmigung. Anträge sind zu richten an Dirección General de Telecomunicación, Jefatura de Inspección de Telecomunicaciónes, Calle Castellana 118, 28046 Madrid.

Versicherungspflicht

Es besteht in Spanien Versicherungspflicht. Führt man das Boot auf dem Landweg ein, ist für das Zugfahrzeug die grüne Versicherungskarte vorgeschrieben. Von Marinas wurde im Übrigen bei längeren Liegezeiten schon immer ein entsprechender Haftpflichtversicherungsnachweis für das Boot gefordert (blaue Versicherungskarte).

Entfernungstabelle

Distanzen von Hafeneinfahrt zu Hafeneinfahrt bei küstennaher Fahrt in Seemeilen:

Hafen	*Einzelstrecke*	*gesamt*
Port Bou		
Port de la Selva	5	5
Ampuriabrava	18	23
Estartit	13	36
Palamós	15	51
San Feliú de Guíxols	6	57
Blanes	13	70
Arénys de Mar	13	83
Barcelona	23	106
Villanueva y Geltrú	22	128
Tarragona	24	152
La Ametlla de Mar	23	175
San Carlos de la Rápita	33	208
Peñiscola	18	226
Las Fuentes	8	234
Castellón de la Plana	21	255
Valencia	35	290
Gandía	27	317
Denia	16	333
Jávea	5	338
Alicante	46	384
Torrevieja	24	408
Tomás Maestre	13	421
Cabo de Palos	8	429
Cartagena	16	445
Mazarrón	15	460
Garrucha	35	495
San José	29	524
Almería	21	545
Almerimar	20	565
Motril	36	601
Marina del Este	10	611
Málaga	34	645
José Banús (Marbella)	33	678
Estepona	12	690
Puerto de la Duquesa	5	695
Puerto Sotogrande	4	699
Gibraltar	14	713

Seekarten, nautische Literatur

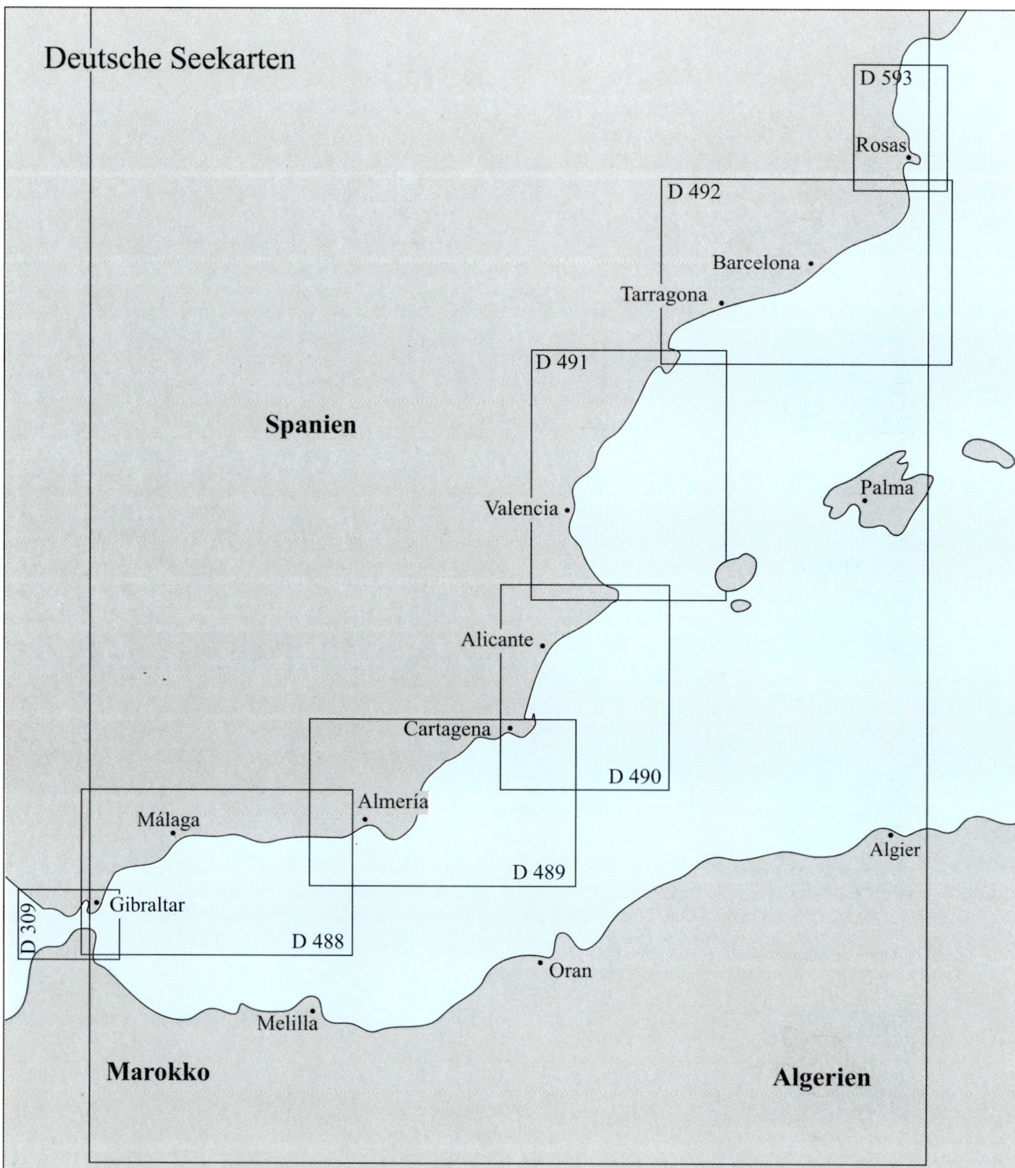

Seekarten

Französische Sportbootkarten
CG E 03, 1 : 50.000; E 04, 1 : 50.000;
E 05, 1 : 50.000; E 06, 1 :100.000.

Spanische Sportbootkartensätze
Sp D 301, 302, 303 je 1 : 50.000;
D 304, 305, 306 je 1 : 50.000

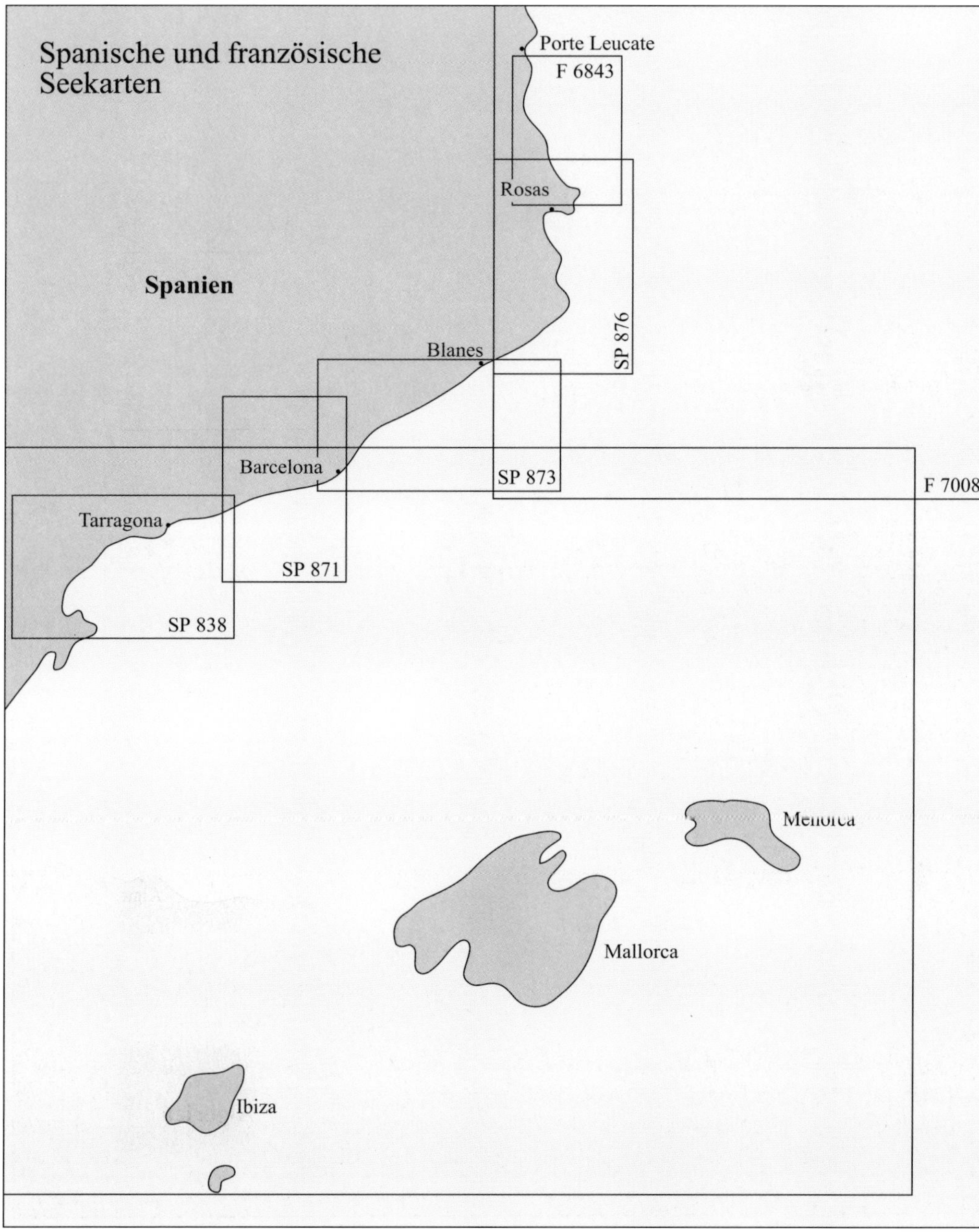

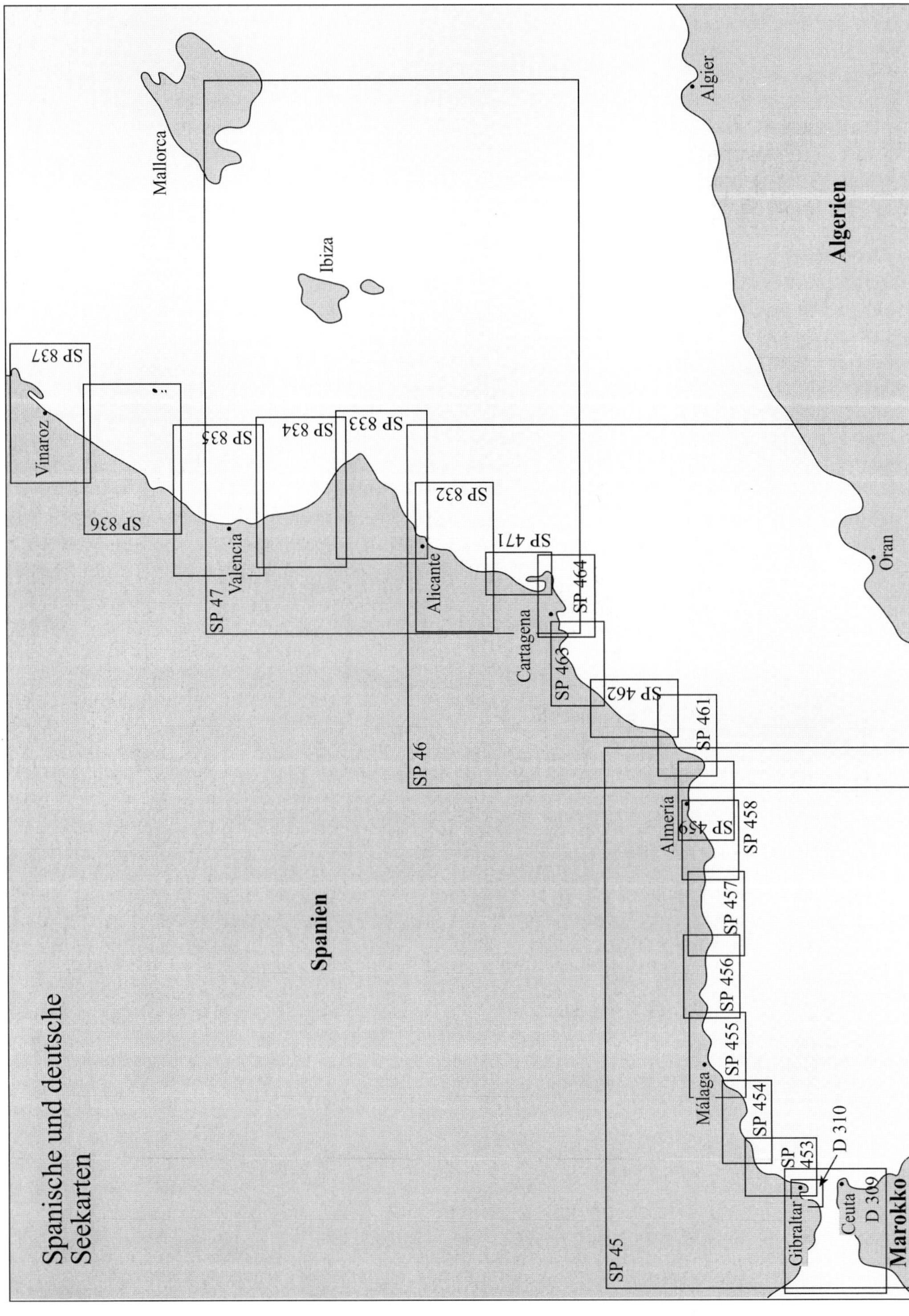
Spanische und deutsche Seekarten
Spanien
Algerien
Marokko
Mallorca
Ibiza
Vinaroz
Valencia
Alicante
Cartagena
Almería
Málaga
Gibraltar
Ceuta
Algier
Oran
SP 837
SP 836
SP 835
SP 834
SP 833
SP 832
SP 471
SP 47
SP 46
SP 45
SP 464
SP 463
SP 462
SP 461
SP 459
SP 458
SP 457
SP 456
SP 455
SP 454
SP 453
D 310
D 309

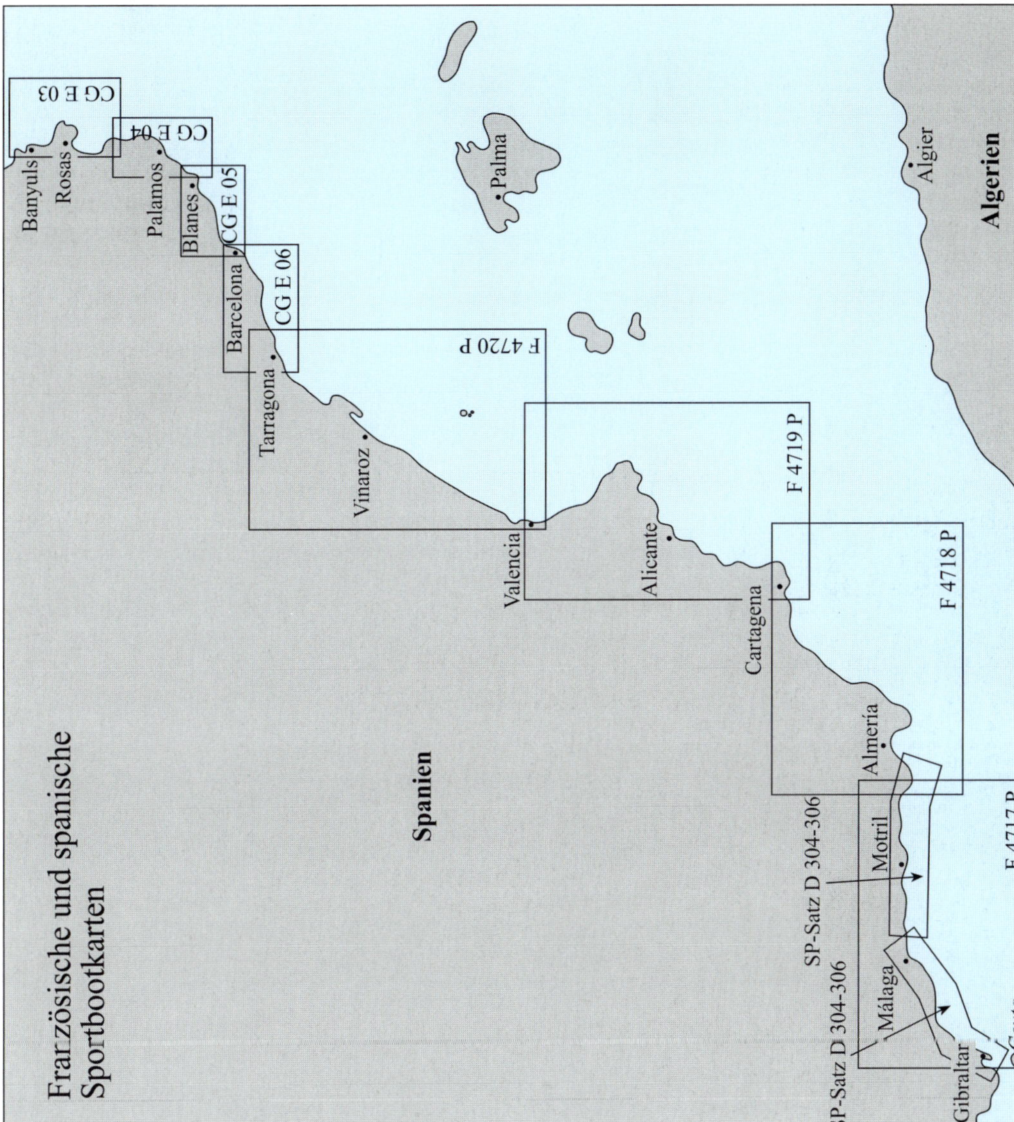
Französische und spanische
Sportbootkarten
Spanien
Algerien
Banyuls
Rosas
Palamos
Blanes
Barcelona
Tarragona
Vinaroz
Valencia
Alicante
Cartagena
Almería
Motril
Málaga
Gibraltar
Ceuta
Algier
Palma
CG E 03
CG E 04
CG E 05
CG E 06
F 4720 P
F 4719 P
F 4718 P
F 4717 P
SP-Satz D 304-306
SP-Satz D 304-306

Amtliche Seekarten

Sp	45	1:350.000
	46	1:350.000
	47	1:350.000
	48	1:425.000
	453 bis 464	1:50.000
	832	1:99.000
	833	1:98.500
	834	1:97.800
	835	1:97.000
	836	1:96.300
	837	1:95.600
	838	1:94.900
	871	1:94.700
	873	1:94.000
	876	1:93.700

F	6843	1:50.000
	7008	1:250.000
D	303	1:1.000.000
	304	1:1.000.000
	309	1:100.000
	310	1:25.000
	488	1:250.000
	489	1:250.000
	490	1:250.000
	491	1:250.000
	492	1:250.000
	593	1:100.000

Nautische Literatur

- Mittelmeerhandbuch I. Teil, BSH Nr. 2027
- British Admiralty, List of Lights, Mediterranean, black and red seas NP 78 Vol. E (Leuchtfeuerverzeichnis)
- Jachtfunkdienst Mittelmeer, BSH Nr. 2159
- Klima und Wetter im Mittelmeer, BSH Nr. 2180
- Lothar Kaufeld / Klaus Dittmer / Rolf Doberitz, Mittelmeerwetter, Bielefeld.

Die vom BSH herausgegebenen nautischen Karten und Bücher werden von autorisierten Vertriebsstellen und deren Auslieferungsstellen verkauft.
Eine aktuelle Vertriebsstellenliste kann beim Bundesamt für Seeschifffahrt und Hydrographie (BSH),
Postfach 301220 in 20305 Hamburg,
Telefon 040/3190-2070 oder 2072,
angefordert werden.
Es empfiehlt sich, Literatur und Seekarten schon rechtzeitig vor dem Törn in Deutschland zu besorgen. Erfahrungsgemäß sind diese Artikel vor Ort nicht immer erhältlich.

Costa Brava

Costa Brava
Frankreich
Port-Vendres
Banyuls
Cap Cerbère
Colera
Llansá
Puerto de la Selva
Cabo Creus
Cadaqués
Rosas
Santa Margarita
Ampuriabrava
La Escala
El Estartit
Islas Medas
Spanien
Llafranc
Palamós
Las Hormigas
Playa d'Aro
San Feliú de Guíxols
Tossa
Blanes
Mittelmeer
Arenys de Mar
10 sm

Cap Cerbère bis Blanes

Zwischen Port Bou und dem Hafen Blanes erstreckt sich die Costa Brava über 67 Meilen. Hier, wo die Pyrenäen ins Mittelmeer ausstreichen, liegt eine wild zerklüftete, bergige Landschaft mit vielen Buchten, Häfen und Ankerplätzen. Ins Deutsche übersetzt heißt sie so viel wie »wilde Küste«, und das bezieht sich nicht nur auf ihr Aussehen, sondern auch auf die hier häufig vorkommenden turbulenten Wetterlagen. Hohe Berge, die sich bis dicht an die Küste herandrängen und die Nähe zum Golfe du Lion, einem der sturmreichsten Gewässer der Erde, wo im Winter sogar die Sturmhäufigkeit von Kap Hoorn erreicht wird, sorgen dafür, dass das Wetter meist für eine Überraschung gut ist.

Es gibt eine Unmenge von Buchten – zum Teil vom Land her nicht zugänglich –, in deren Scheitelpunkten meist Kies- oder auch Sandstrände angetroffen werden. Praktisch jede dieser Buchten kommt auch als Tagesankerplatz in Frage. Man sollte aber im Auge behalten, dass auch an sehr windstillen Tagen des Nachts Fallwinde, die im Sommer durch den auftretenden Landwind noch verstärkt werden, mit ziemlicher Wucht aus den Bergen durch die Täler auf das Wasser hinausstürmen können. Deshalb sind nur wenige Ankerplätze auch als wirklich sicher anzusehen. Aber schon kurz vor der Küste verlieren die Böen an Intensität.

An die 20 Häfen drängen sich an der Küste zusammen. Im Schnitt liegt jeder Hafen vom nächsten nur 3 Meilen entfernt. Jeder Einzelne dieser Häfen ist auf seine Art interessant und unverwechselbar. Einige vorgelagerte Inseln, wie die Medas oder Hormigas, sind weithin bekannt, insbesondere als gute Tauchgründe.

Ein Winterrevier ist die Costa Brava sicherlich nicht. Zu unsicher ist das Wetter, vor allem aber kann es im nördlichen Teil der spanischen Küste im Winter empfindlich kühl werden. So sind Temperaturen um den Gefrierpunkt an der nördlichen Costa Brava durchaus keine Seltenheit. Generell lässt sich sagen: Je weiter man nach Norden kommt, desto wind- und regenreicher und kühler wird die Witterung. Im Hochsommer ist das sicherlich eher ein Vorteil der Region. Deswegen dürften der Frühsommer, der Sommer und auch der Frühherbst die richtige Jahreszeit für einen Törn in diesen Gewässern sein. Später im Jahr sollte man sich weiter nach Süden begeben haben.

Obwohl die Gegend touristisch stark erschlossen ist, sorgt die Fülle von Calas – das sind kleinere Buchten – und Häfen dafür, dass ein durchreisendes Boot noch eine Menge Ruhe und Einsamkeit finden kann. Lediglich im Juli und August, wenn viele französische Boote den Weg hierher finden, kann es etwas eng werden. Und noch ein Umstand sollte erwähnt werden: Die höchsten Hafengebühren an der gesamten spanischen Küste erlebt man an diesem Küstenabschnitt. Aber zum Beispiel sind die Gebühren in den Häfen San Feliú de Guíxols, Palamós und der Supermarina von Ampuriabrava auch in der Hochsaison noch akzeptabel.

Winde und Wetter

Nordwestwind, Tramontana genannt, ist der regierende Starkwind. Am nördlichen Abschnitt der Costa Brava, also von Cap Cerbère bis Cabo Bagur, weht er meist küstenparallel, manchmal auch ablandig, insbesondere wo er durch Taleinschnitte abgelenkt wird. Weiter südlich, zwischen Cabo Bagur und Barcelona, weht die Tramontana stets ablandig. Hier kann sie, insbesondere im Winterhalbjahr, sehr stark über Berge und durch die Täler pfeifen. Doch je weiter man sich nach Süden bewegt, desto stärker lässt ihre Wirkung nach. In diesem südlichen Teil ist auch der Seegang in der Regel nicht so stark wie weiter im Norden. Trotzdem sollte man sich nicht verleiten lassen, bei Tramontana weit hinauszufahren. Die Seegangsverhältnisse können bei starkem

Nordwestwind hier so ruppig werden wie im Golfe du Lion. Auch große Frachtschiffe pflegen bei Tramontana von Barcelona nach Norden dicht küstennah zu fahren.
Südwestliche Winde kommen im Sommer fast nie vor, und wenn doch, sind sie nicht stark. In den übrigen Jahreszeiten muss man sie ernst nehmen, denn dann bringen sie hohen Seegang. Das gilt auch für starke östliche Winde. Sie gehen einher mit hohem Seegang und schlechter Sicht. Durch ein fallendes Barometer und sich dicht zuziehenden Himmel sowie frühzeitig einsetzende Dünung kündigt sich Oststurm meist rechtzeitig an. Bei solchem Wetter gehört jede Yacht in den Hafen. Östliche Starkwinde muss man schon deshalb besonders ernst nehmen, weil viele Hafeneinfahrten dann unpassierbar werden. Aber selbst im Hafen wird man alle Aufmerksamkeit auf das Schiff lenken müssen, da meist Schwell und starker Sog entstehen und die Boote schwer arbeiten lassen.

Colera

42°24,4'N003°09,7'E

Von Norden kommend ist Colera der erste für Yachten geeignete spanische Hafen, solange die Marina von Port Bou, gut eine Seemeile nördlich, noch nicht vollständig fertiggestellt ist. Ort und Hafen sind klein, hübsch von wilden, kahlen Felskuppen umstanden und auch im Sommer nicht unbedingt überlaufen. Für Boote über 12 m Länge scheint der Hafen allerdings ungeeignet zu sein. Man kann aber dicht östlich der Hafeneinfahrt auf 6 m tiefem Sandgrund gut ankern. Zu völlig windstillen Zeiten können hier nachts indes heftige Fallböen das enge Flusstal herunterblasen. Bei Winden aus dem östlichen Quadranten muss man den Ankerplatz sofort verlassen.
Kommt man zum ersten Mal in die Gegend, sollte man Colera möglichst nicht bei Nacht

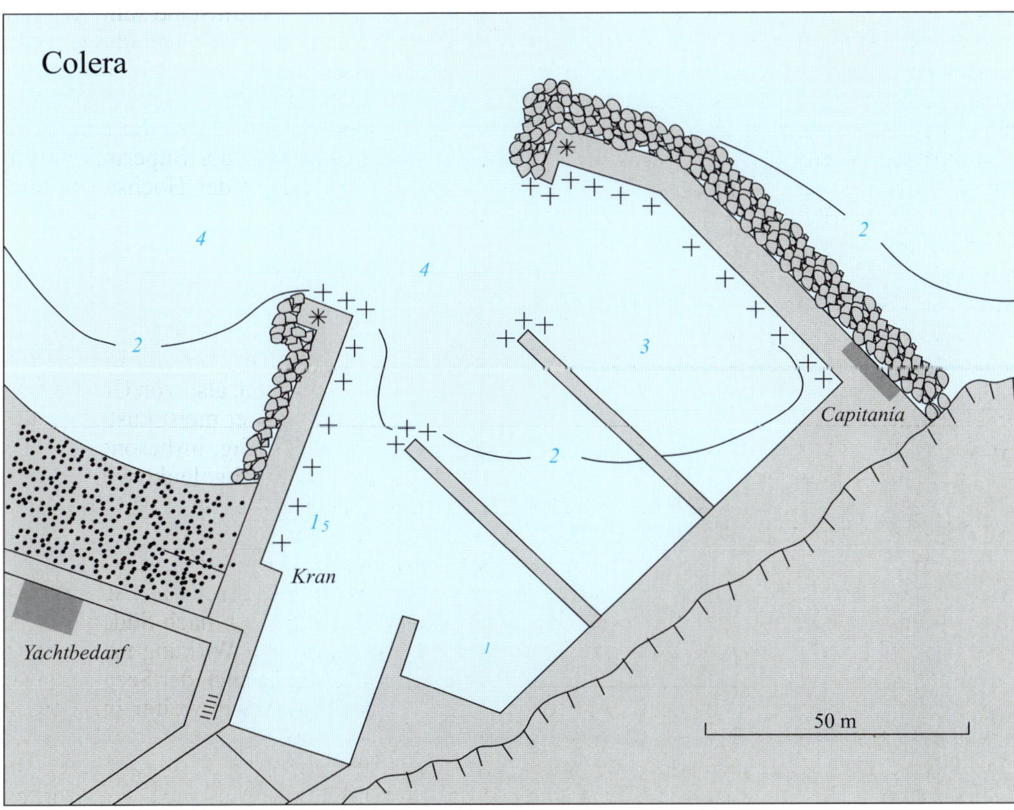

anlaufen. Die Hafenbefeuerung trägt nicht sehr weit, und es besteht das Risiko, die Bucht von Colera mit der dicht nördlich gelegenen von Port Bou zu verwechseln. Bei Tage hingegen ist das Einlaufen leicht, wenn man sich an der südlich vorgelagerten Insel Lladro orientiert. Hat man ca. die halbe Strecke von Punta la Escala zum Cabo Lladro zurückgelegt, ist Colera an seinen wenigen kubischen Häusern, besser noch an der hohen Befestigungsmauer der Eisenbahn unmittelbar nördlich des Scheitelpunkts der Bucht leicht auszumachen. Hat man ein Boot, das tiefer geht als ca. 1,5 m, sollte man versuchen, einen der äußeren Plätze des Mittelstegs im Hafen zu belegen – aber nicht zu dicht vor dem Kopf – dort liegen Steine knapp unter der Wasseroberfläche. An der Innenseite der Außenmole muss man auf lange Leinen achten, auch hier reicht eine Steinschüttung bis unmittelbar an den Molenfuß heran.

Colera hat nicht viel Außergewöhnliches zu bieten. Es verfügt aber über einen guten Bahnanschluss, einige Lebensmittelgeschäfte und, wenn man von Norden kommt wichtig, einige Banken.

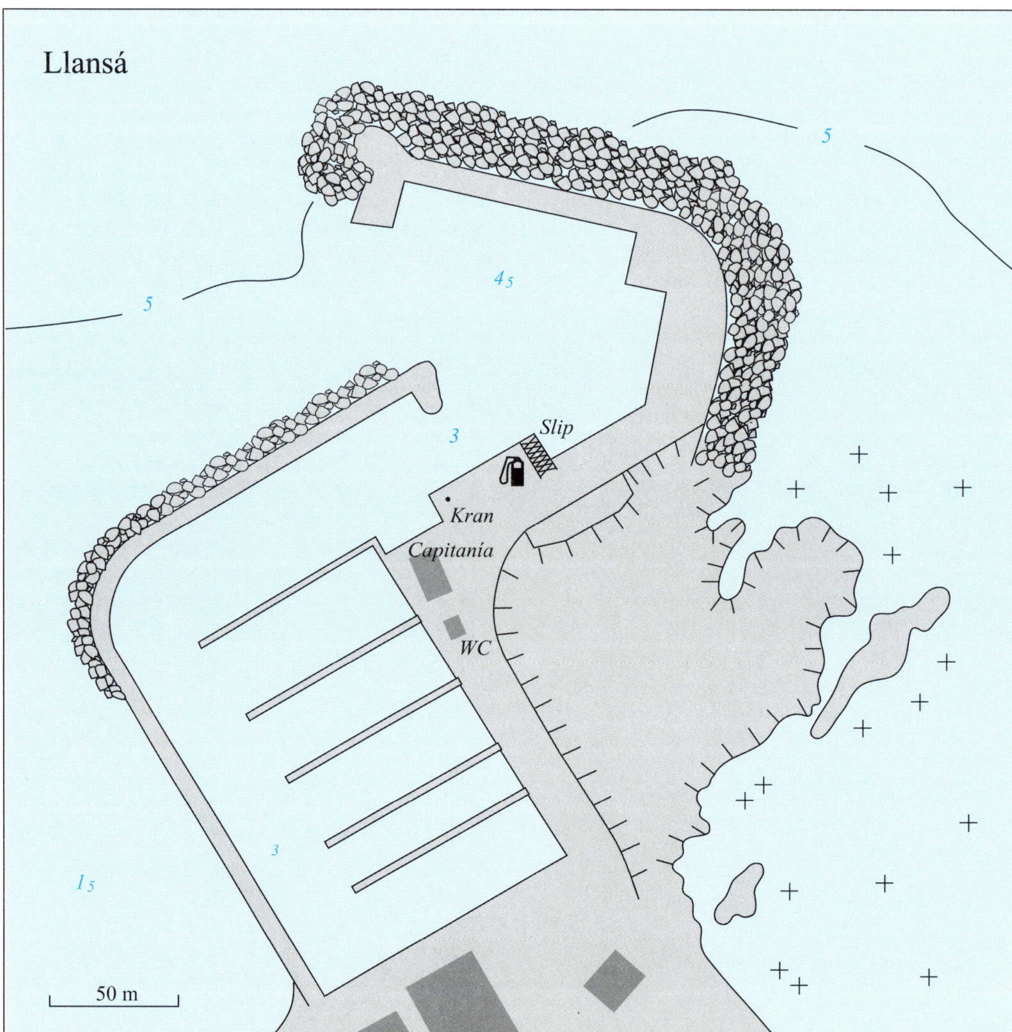

Steckbrief

Nicht für Boote über 12 m Länge
Strom und Wasser am Steg
Lebensmittel im Ort
Restaurants im Ort
Banken im Ort
Gute Bahnverbindung

Llansá

42°22,5'N003°09,5'E

Puerto de Llansá war ursprünglich ein kleiner Fischerort, der sich im Süden einer sandigen Bucht angesiedelt hatte. Seit 1992 ist der Hafen neu und gut ausgebaut worden und bietet nun 479 Booten Raum. Die Wassertiefe in der Einfahrt beträgt 5 m und die an den Liegeplätzen überall mindestens 3 m. Ankern ist in der Bucht vor dem Sandstrand möglich, aber der einzig sichere Ankerplatz liegt relativ weit draußen, fast direkt vor der Hafeneinfahrt auf ca. 3 m Sandgrund. Man kann sich in der Bucht leicht dazu verleiten lassen, zu nah an den Sandstrand heranzulaufen. Das ist nicht ungefährlich, da die Wassertiefe rasch abnimmt und felsige Klippen, über denen höchstens 1,50 m Wasser stehen, schon fast 200 m vom Strand entfernt liegen. Besonders tückisch ist, dass die Wassertiefe rasch wechselt.
Der Hafen und seine Umgebung machen einen gepflegten Eindruck. Unmittelbar am Hafen wurde ein Bergpark mit Kakteen, Agaven und Sukkulenten auf einer Bergkuppe westlich des Hafenbeckens angelegt. Von der schönen Aussichtsplattform kann man den Blick über Puerto de Llansá und das Meer genießen.

Steckbrief

Für Boote jeder Größe
Strom und Wasser am Steg
Tankstelle am Hafen
Lebensmittel im Ort
Kran, Slip

Puerto de la Selva

42°20,4'N003°12'E

Puerto de la Selva ist ein hübscher Hafen in einer geräumigen Bucht. Es ist der erste spanische Hafen, der bei jeder Wetterlage angelaufen werden kann und rundum guten Schutz bietet. Tag und Nacht ist Puerto de la Selva ohne besondere Schwierigkeiten anzusteuern. Eine gute Orientierungshilfe ist dabei das Castillo de San Salvador knapp oberhalb des Klosters San Pere de Roda am Hang gelegen. Wenn man von Norden einfährt, liegen südsüdöstlich zwei weiß schimmernde Radarstationstürme auf der Halbinsel, deren seewärtiges Ende Cabo Creus bildet. Von Süden kommend läuft man küstenparallel in einem Mindestabstand von 200 m entlang der Halbinsel direkt zum Hafen. Unterwasserhindernisse gibt es hier nicht. Nachts ist der Leuchtturm auf der Punta Sernella dicht nordwestlich des Hafens eine gute Ansteuerungshilfe.
Yachten bis vielleicht 20 m Länge finden im Hafen komfortable Liegeplätze. Gute Ankerplätze – allerdings im Sommer zumeist belegt – findet man 100 bis 200 m südlich des Hafens auf 2 bis 5 m Sandgrund unmittelbar vor dem Ort. Tramontana weht direkt in die Bucht, wirft aber in der Regel nur wenig Seegang auf. Daher sind die sichersten Plätze so nahe wie möglich nordwärts Richtung Hafen.
Einlaufend sieht man an Steuerbord hoch über dem Ort an einem Steilabfall eines grandiosen Bergzuges das Kloster San Pere de Roda. Unterhalb des San Cristóbal-Gipfels ist es so geschickt aus Steinen der Umgebung gebaut und in die Landschaft gefügt, dass man es manchmal kaum ausmachen kann – der beste Schutz gegen Sarazenenüberfälle in früheren Jahrhunderten. Allein wegen dieses Bauwerks lohnt das Anlaufen des Hafens. Eine kleine Straße führt in steilen Serpentinen die Bergflanke zum Kloster und der das Gemäuer überragenden Burg empor. Wem der Aufstieg (ca. 2 Stunden) zu beschwerlich ist, kann in der weißen Stadtkirche einige aus dem Kloster stammende Gegenstände ansehen, die vor Piratenübergriffen gerettet wurden (die Tarnung schützte das Kloster nicht in jedem Fall).

Steckbrief

Für Boote jeder Größe
Strom und Wasser am Steg
Tankstelle, Lebensmittel im Ort
Restaurants im Ort
Kran, Slip

Ausflugstipp: Ein interessanter Ausflug führt zum ehemaligen Benediktinerkloster San Pere de Roda. Es zählt zu den bedeutendsten Baudenkmälern der spanischen Mittelmeerküste und bietet zudem eine hervorragende Aussicht auf Puerto de la Selva und die angrenzende Bucht. Auf einem schmalen, kurvenreichen Fahrweg gelangt man vom nordwestlichen

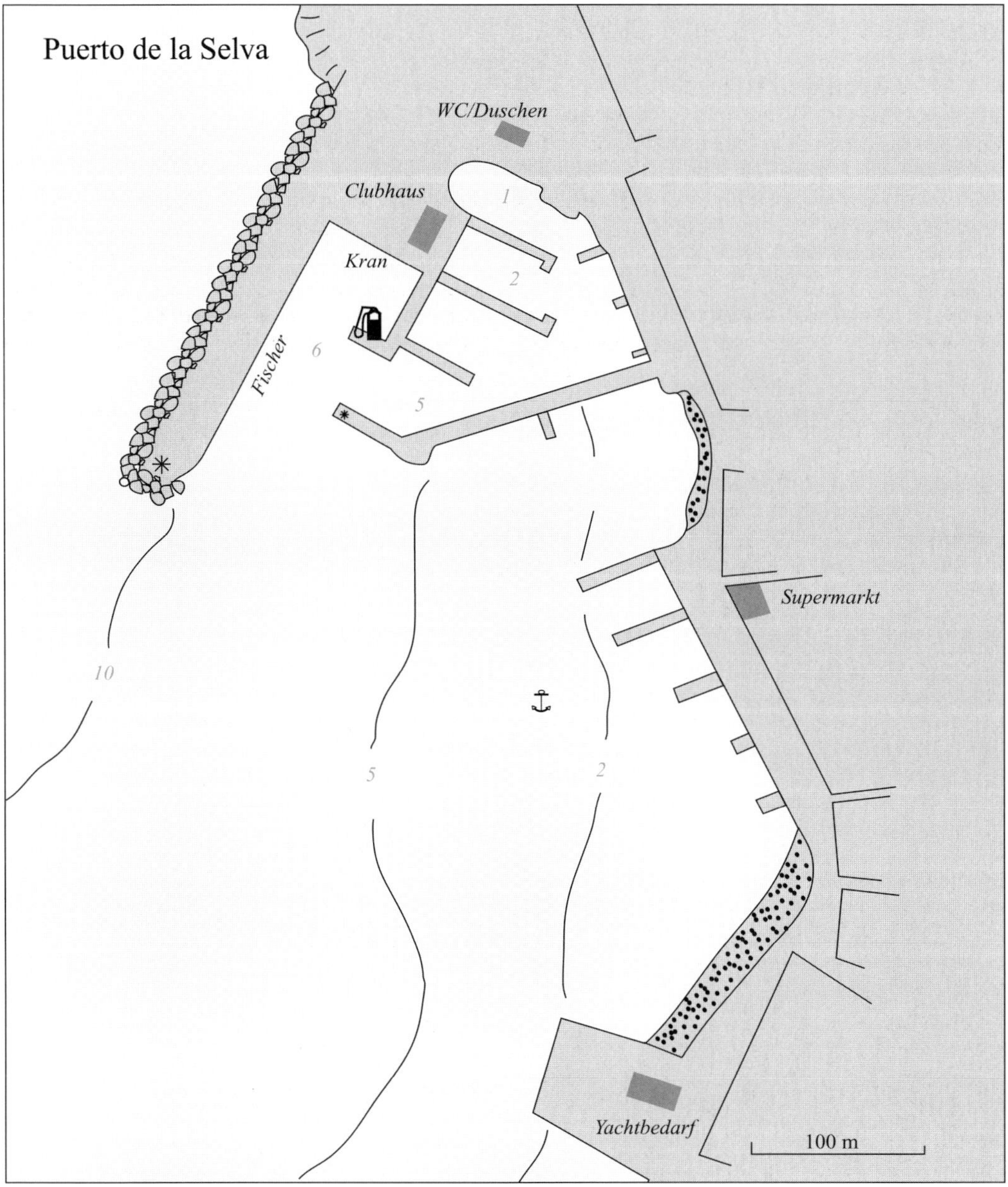

Ortsrand von Puerto de la Selva per Taxi oder Mietwagen oder auch zu Fuß (hin und zurück ca. 4 Stunden, anstrengend) durch aufgelassene Weinberge und niedrige Macchia hinauf zum Kloster, das am meerwärtigen Abhang der Sierra de Roda in rund 600 m Höhe liegt. Seine Silhouette ist, wie schon erwähnt, ganz der Landschaft angepasst. Im 11. und 12. Jh. erlebte das Kloster seine Blütezeit, und damals entstanden auch die meisten der noch erhaltenen Bauteile. Das ausgesprochen wehrhafte Bild, das die Abtei dem heutigen Betrachter bietet, ist der ständigen Unsicherheit zuzuschreiben, in der die Mönche zur damaligen Zeit lebten. Nur in der Abgeschiedenheit der Sierra de Roda, hoch über dem Meer, waren sie einigermaßen geschützt vor islamischen Eroberungsversuchen und vor den häufigen Piratenübergriffen von See her.
Um herannahende Feinde rechtzeitig auszumachen, ließen die Feudalherren die Burg San Salvador auf dem nahe gelegenen Gipfel errichten. Ein Abstecher dorthin, vom Kloster aus ca. 30 Minuten hin und zurück, lohnt wegen der ausgezeichneten Rundumsicht. Vom 13. Jh. an gerieten die Benediktiner mehr und mehr in Abhängigkeit von ihren Feudalherren und das Kloster versank in Bedeutungslosigkeit. Im 18. Jh. wurde es schließlich ganz aufgegeben und in der Folgezeit von den Bewohnern der umliegenden Orte geplündert.

Port Lligat

42°18,5'N003°17,5'E

Folgt man von Norden kommend der wilden Küste der Halbinsel von Cabo Creus, trifft man auf eine Unzahl kleinerer und größerer Ankerbuchten, deren Beschreibung allein ein

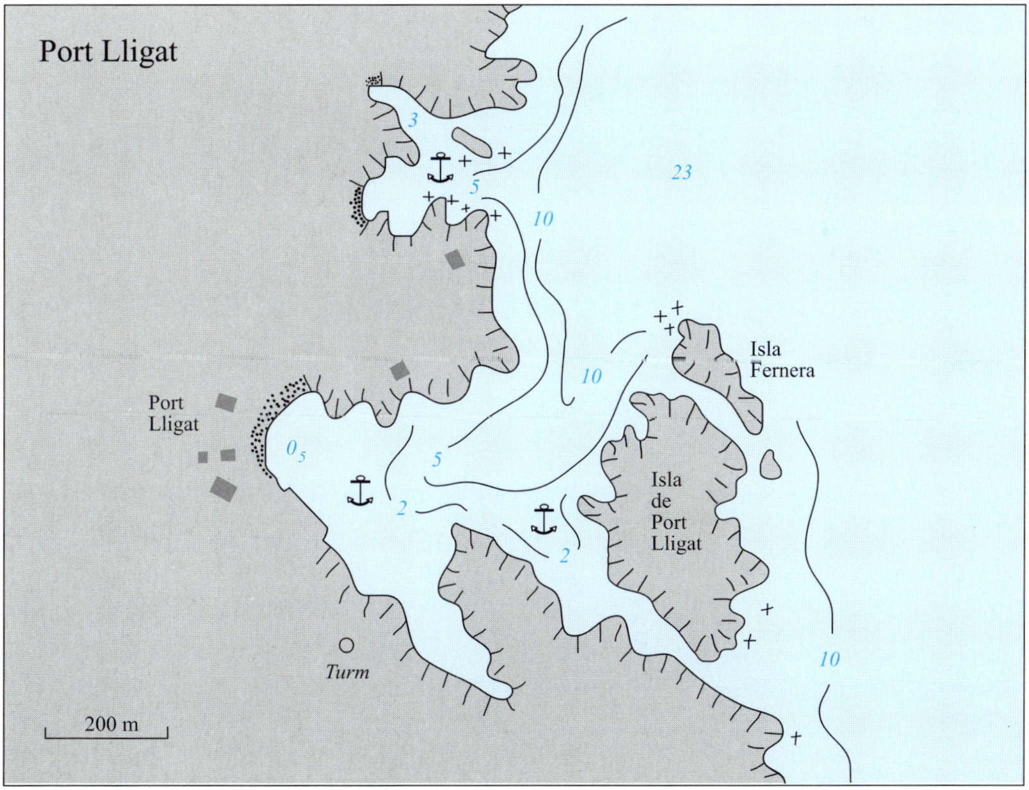

ganzes Buch füllen könnte. Besonders erwähnenswert sind allerdings die Cala von Port Lligat und die Bucht von Cadaqués. Port Lligat ist ein malerischer Fischerort, der sich in einer tief eingeschnittenen Bucht gut geschützt gegen nahezu jede Windrichtung erstreckt. Zugänglich ist der Hafen allerdings nur für Boote mit sehr wenig Tiefgang. Die meisten Segler sind deswegen gezwungen, schon im Eingang zur Bucht zu ankern. Hier sind sie recht schlecht gegen Nord- und Nordostwinde geschützt. Gegen jede andere Windrichtung schirmen sie die Isla de Port Lligat auf der Ostseite und der Hügel vor La Guineu im Norden recht gut ab. Innerhalb der 2-m-Linie muss man mit sehr rasch wechselnden Wassertiefen rechnen. Beim Einlaufen muss man auf die Banco de la Fernera an der Backbordseite der Einfahrt achten.
Die Versorgungsmöglichkeiten sind eingeschränkt. Nur Lebensmittel sind in geringem Umfang zu bekommen. An der Straße nach Cadaqués befindet sich hinter dem Friedhof ein kleiner Laden, in dem unteren der beiden Hotelkomplexe nördlich des Ortskerns ein Supermarkt. Der kleine Ort im Scheitelpunkt der Bucht besteht aus nur wenigen alten Häusern, die aber wunderhübsch restauriert und von einer eindrucksvollen Blumenpracht umgeben sind. Mit dem Beiboot kann man am kleinen Sandstrand auf der Südseite der Fischermole an Land gehen. Hier ist das Wasser ca. 0,5 m tief.
In Port Lligat befindet sich das skurrile Haus von Salvadore Dalí, ziemlich genau im Scheitelpunkt der Bucht. Nur eine knappe Seemeile weiter südlich – quasi um die Ecke – liegt der berühmte Künstlerort *Cadaqués*. Er hat übrigens keinen Hafen, sondern besteht ausschließlich aus einer weiträumigen Bucht, die gegen Südost offen ist. Im Sommer kann man hier gut geschützt ankern, aber die Bucht ist meist voll belegt. Viele Bojen markieren, dass Einheimische ihre Boote fast das ganze Jahr über hier liegen haben. Die große Bucht von Cadaqués ist stark gegliedert. Mehrere kurze Sandstrände und viele Klippen und Inselchen, zwischen denen man nicht hindurchfahren sollte, wechseln einander ab. Das Wasser ist dicht an den Ort heran recht tief. Ankern kann man auf 5 m Sandgrund unmittelbar vor dem Ort in ca. 200 m Entfernung zum Strand. Der Landverkehr wird mit dem Dingi aufrecht erhalten. Beherrscht wird der beschauliche, höchst malerisch gelegene Fischerort von der unverwechselbaren mächtigen Pfarrkirche. Sie enthält einen prachtvollen Barockaltar aus dem 17. Jh., der als Einziger an der Costa Brava während des Spanischen Bürgerkriegs nicht zerstört wurde.

Steckbrief

Nur als Ankerplatz für Boote jeder Größe
Keine Versorgungsmöglichkeiten außer Lebensmittel im Ort

Ausflugstipp: Cadaqués und Port Lligat sind eng mit dem Namen des katalanischen Künstlers Salvadore Dalí verbunden, der in Port Lligat wohnte und arbeitete. Ein Spaziergang von ca. 1 Stunde hin und zurück führt von Cadaqués in den geschützten kleinen Naturhafen, wenn man nicht mit einem flachgehenden Boot direkt Port Lligat angelaufen hat. Neben den wenigen alten Fischerkaten steht das ehemalige Wohnhaus Dalís, das er schon seit dem Tod seiner Frau (1982) nicht mehr nutzte. 1989 starb der Künstler, und seither verfällt das Anwesen, das sich vor allem durch die riesigen Eier auf den Gartenmauern von anderen Häusern deutlich unterscheidet. Die Eier sind ein schönes Beispiel für die Gestaltungsweise des Surrealisten Dalí. Er bildete alle Dinge äußerst wirklichkeitsgetreu ab, doch kombinierte er sie in einer Form, wie sie in der Natur nicht vorkommt. Der Fantasie sind dabei keine Grenzen gesetzt. Dalís Werke zeichnen sich durch eine völlige Abstrusität aus, die eine inhaltliche Interpretation kaum zulässt. Das Haus in Port Lligat hatte Dalí in den 30er-Jahren erworben, nachdem er schon als Kind regelmäßig seine Ferien auf dem Landsitz seiner aus Cadaqués stammenden Familie verbracht hatte.
Zwei Museen zeigen heute beachtliche Sammlungen verschiedener Kunstwerke. Man sollte einen Besuch nicht versäumen. Im Museum für grafische Kunst (Museo Perrot-Moure d'Art Gráfic European) werden unter anderem

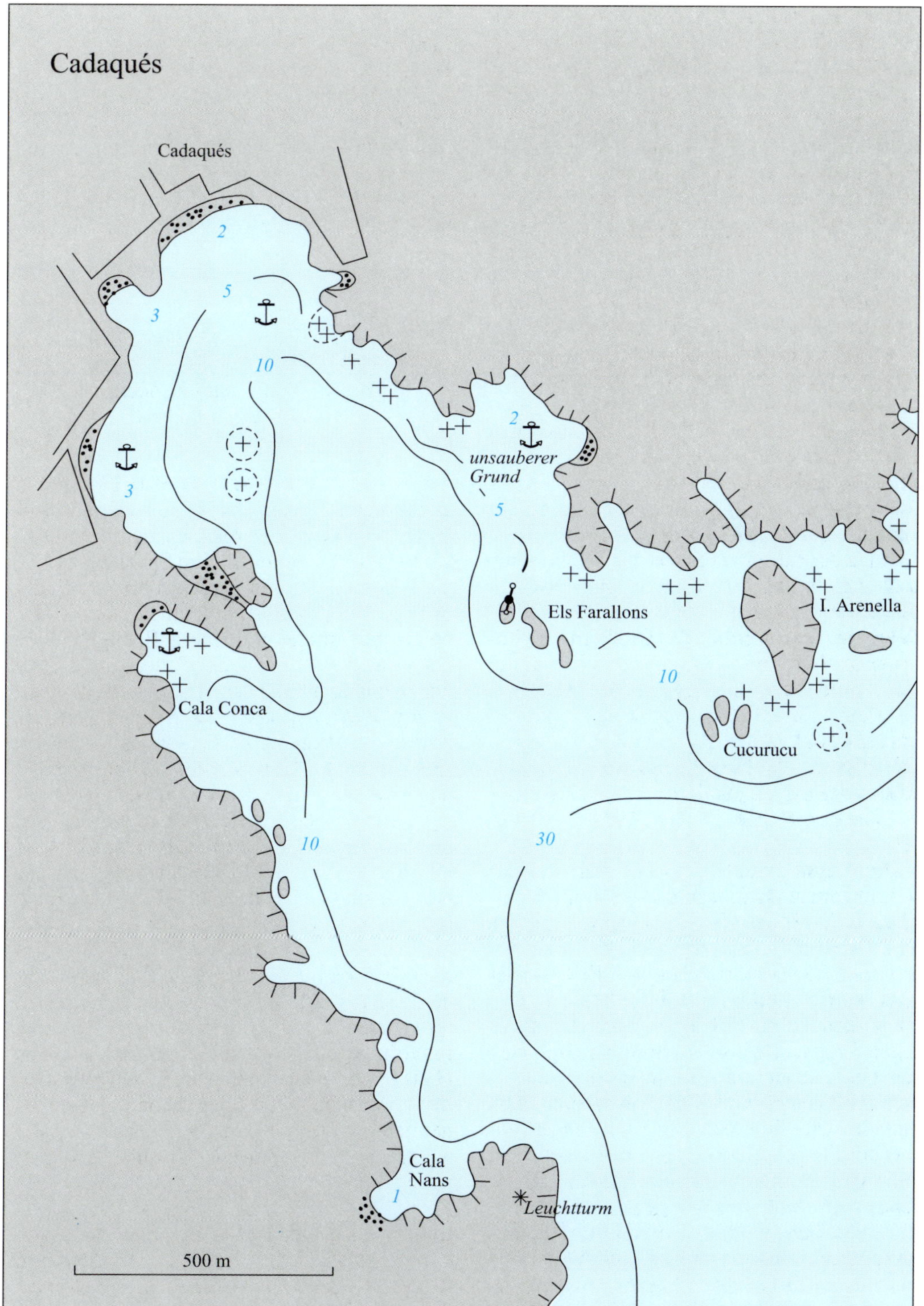
Cadaqués
Cadaqués
2
5
3
10
3
2
unsauberer Grund
5
Els Farallons
I. Arenella
10
Cala Conca
Cucurucu
10
30
Cala Nans
1
Leuchtturm
500 m

Werke von Breughel, Dürer, van Dyck, Rubens, Goya, Dalí, Picasso und Matisse ausgestellt. Im Kunstmuseum (Museo d'Art) findet man Werke von Malern, die in irgendeiner Beziehung zu Cadaqués standen. Beide Museen befinden sich im Ortszentrum, nicht weit von der Ankerbucht entfernt, und sind dank der guten Beschilderung leicht zu finden.

Von *Cadaqués nach Rosas* passiert man die große Cala Jonculls, an deren Südende das eindrucksvoll große Cabo Norfeo liegt. Südlich von Cabo Norfeo öffnet sich weit der Golf von Rosas; er ist 7 Seemeilen breit. Mit den hohen, manchmal in der Übergangszeit noch schneebedeckten Gipfeln der Pyrenäen in der Ferne ist er von besonderem landschaftlichem Reiz. Rund um den Golf liegt Sandstrand, und im Sommer zieht es zahllose Boote, insbesondere aus Frankreich, hierher. Wind und Wellen sind meist handiger als weiter draußen. Doch man darf auch im Sommer die Tramontana nicht unterschätzen, die manchmal sturmstark ablandig über den Golf fegt.

Rosas

42°15'N003°10'E

Der Fischerhafen liegt am nördlichen Ende des gleichnamigen Golfs. Die Ansteuerung des Hafens wie auch des Ankerplatzes nördlich des Hafens ist problemlos. Von Süden wie von Norden kommend ist die Punta la Poncella oder Bateria eine halbe Meile südlich des Hafens eine geeignete Ansteuerungshilfe. Auf ihrer Spitze sind bei Tag deutlich die Ruinen der mittelalterlichen Burg La Trinitat zu erkennen, unterhalb derer sich ein Leuchtfeuer auf der Punta befindet.
Da der Hafen ganz auf die Bedürfnisse der Fischerei ausgerichtet ist, eignet er sich wenig für durchreisende Sportboote. Er ist für sie in der Regel einfach zu überfüllt. Will man nicht in einen der benachbarten Sportboothäfen ausweichen, kann man an der Außenseite der Nordmole hinter der Lonja festmachen. Aber auch im Sommer kann unerwartet Tramontana einsetzen, und dann ist dieser Liegeplatz völlig ungeschützt. Besser ist es, noch eine halbe Meile weiter nördlich im Scheitel der Bucht vor dem Strand und der palmengesäumten Uferpromenade vor Anker zu gehen. Im Sommer kann man dort wunderbar ruhig mit schönem Blick auf Rosas und die Umgebung liegen.
Es lohnt sich, die Stadt zu besuchen. Als Militärstützpunkt und -hafen hatte sie schon im 4. Jh. als »Rhode« Bedeutung für die griechische Westkolonisation. Heute ist der Ort ein touristisches Zentrum ersten Ranges und ein wichtiger Fischerhafen der Region, wo abends in den Fischhallen (Lonja) am Hafen der Fang versteigert wird. Meist werden in Rosas Krustentiere (Krebse, Hummer, Garnelen usw.) angelandet, seltener kommen besondere Fische zum Verkauf.

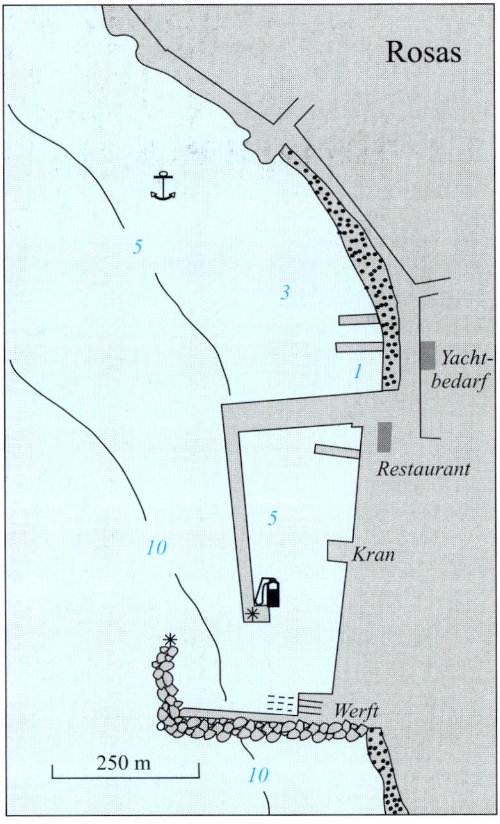

Steckbrief

Nicht für Yachten gedacht
Werft mit Slip
Wasser an der Pier
Tankstelle
Bootszubehör am Hafen
Lebensmittel im Ort

Santa Margarita

42°15'N003°09'E

Santa Margarita ist eine ruhige, modern gebaute Hotel- und Appartementstadt, die nur im Sommer zu Leben erwacht. Unmittelbar nordwestlich von Rosas sind die Hochhäuser eine gute Ansteuerungshilfe bei Tage. Zwei befeuerte Wellenbrecher bilden die Einfahrt, die dann im Bogen nach Südwest abknickt. Die Einfahrt bei Nacht ist zwar möglich, wegen der Versandungsgefahr aber nicht ohne Tücke – eine Sandbarre wird man in der Dunkelheit erst zu spät bemerken. Die Wassertiefe im Hauptkanal wird mit 3 m angegeben. Tatsächlich ist sie nicht größer als ca. 2 m, zum Teil nur 1,70 m. Insbesondere kann sich in der Einfahrt leicht eine Barre bilden. Mehr als 1,90 m Wassertiefe fand ich hier nicht vor. Insbesondere von der einfahrend an Backbord gelegenen Seite des Hauptkanals sollte man sich gut freihalten – hier wird es nämlich sehr schnell flach.

Lange, verwinkelte Lagunenkanäle teilen die Hochhauskomplexe des Ortes untereinander

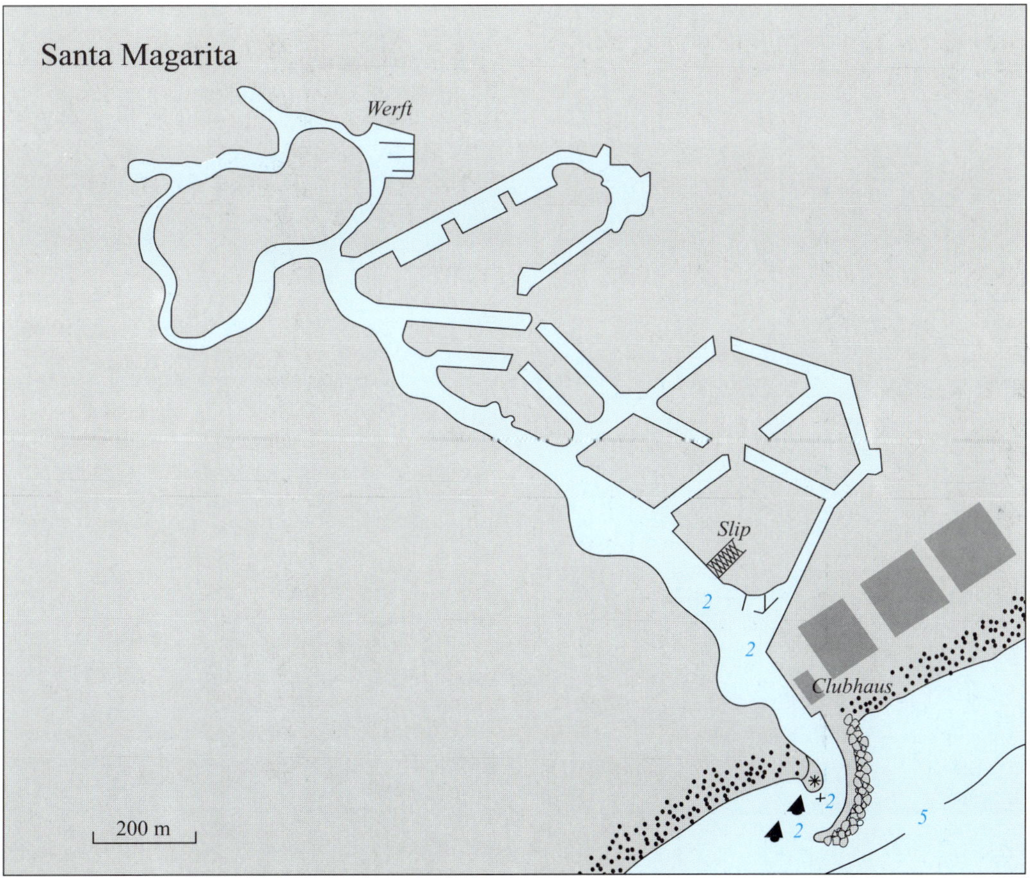

und verlaufen zu einer unentwirrbaren Vielfalt. Die meisten Anlegemöglichkeiten sind privat. Für Gäste gibt es zwei Stege, dort wo der erste große Kanal vom Hauptkanal abzweigt. Am Ende des Hauptkanals liegt eine gute Werft mit Winterlager, an der auch festgemacht werden kann.

Steckbrief

Für Boote bis 1,70 m Tiefgang
Strom und Wasser am Steg
Werft mit Winterlager
Flache Einfahrt

Ausflugstipp: In Rosas sind die Reste zweier bedeutender Festungsanlagen aus der frühen Neuzeit zu besichtigen. Es sind die Ciutadella und die schon erwähnte Burgruine La Trinitat. Beide Bastionen sind Zeugen der einstigen Bedeutung von Rosas als Militärhafen. Als die benachbarte Hauptstadt der Region Castello d'Empuries im 11. Jh. durch Versandung ihren Hafen verlor, verlegten die mächtigen Grafen von Empuries ihre Flotte nach Rosas, das sich bald zu einem wichtigen Stützpunkt für die Ausweitung der katalanischen Handelsmacht im Mittelmeerraum entwickelte. Auch gewann der Hafen von Rosas strategische Bedeutung als Schutz der Grenze zu Frankreich. Ein kurzer Spaziergang, ca. 15 Minuten, führt vom Hafen entlang der Küstenstraße Richtung Nordwesten durch das Zentrum von Rosas zur großen sternförmigen Ciutadella. Innerhalb des Geländes blieben noch Reste des ehemaligen Benediktinerklosters mit der Basilika Santa Maria de Rosas erhalten. Der ursprüngliche Bau war frühromanisch (1066). 1543 wurde die Basilika jedoch erneuert. Ungefähr um diese Zeit begann man auch mit der Errichtung der Festung, die nach ihrer Fertigstellung im 17. Jh. Platz für 2000 Soldaten bot. Sie wurde wiederholt zerstört, zuletzt von französischen Truppen während der Napoleonischen Kriege 1814. Heute steht sie unter Denkmalschutz.

Wenn man vom Hafen aus der Richtung Punta de la Poncella folgt, gelangt man in ca. 15 Minuten zur Burgruine La Trinitat (17. Jh.) die auch Castell de la Poncella genannt wird. Die Burg diente auch zur Piratenabwehr. Oberhalb der Festung steht auf dem Puis Rom (229 m) die Kapelle La Trinitat. Dort trifft man auch auf die Reste einer Befestigungsanlage aus dem 7. Jh. Wahrscheinlich befand sich zu dieser Zeit hier oben ein Herrschaftssitz der Westgoten, der beim Einmarsch der Mauren zu Beginn des 8. Jh. zerstört wurde.

Zu einer vorgeschichtlichen Begräbnisstätte führt ein weiterer Ausflug zu Fuß, hin und zurück ca. 1 Stunde. Dazu folgt man gleich nördlich des Hafens der zur Cala Montjoi ausgeschilderten Straße, die zunächst recht steil bergauf verläuft. Kurz vor Erreichen der Hochfläche Puis Rom zweigt links ein kurzer Weg zu den Dolmen de la Creu d'en Cobertella ab. Die gut erhaltene Begräbnisstätte dürfte etwa 5000 Jahre alt sein.

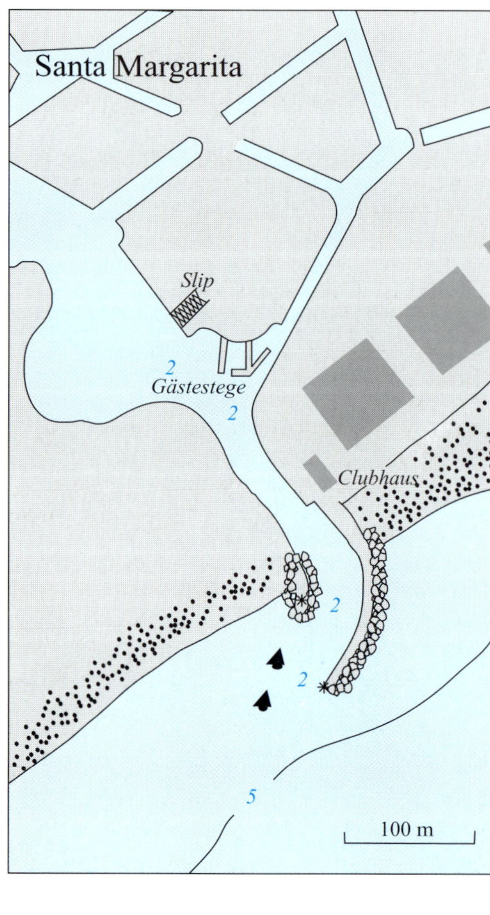

Ampuriabrava

42°14,5'N003°08'E

Die Marina ist mit ihren insgesamt 2700 Liegeplätzen der größte spanische Sportboothafen und mit Sicherheit eine der größten Marinas am Mittelmeer überhaupt. Der Ort wurde im Schwemmland des Rio Muga und des Rio Salinas erbaut. An einer Unzahl von kleinen Kanälen liegen Villen mit eigenem Liegeplatz. Diese sind allerdings nur mit Motorbooten erreichbar, da Brücken von rund 3,40 m lichter Höhe die Hauptkanäle überspannen. Es ist auch nicht richtig, vom Hafen von Ampuriabrava zu sprechen, denn es sind mehrere selbstständig bewirtschaftete Häfen, von denen einer (Puerto Bahía) unter deutscher Leitung steht. Ampuriabrava ist ein idealer Platz, um auf längere Zeit das Boot alleine liegen zu lassen sicher und geschützt. Manchmal pfeift allerdings Tramontana in die Siedlung, die heftig von den hohen Bergen der Pyrenäen herunterfaucht.

Nähert man sich der Lagunenstadt von der Seeseite her, fällt einem zunächst der hohe, schlanke weiß gestrichene Turm der Capitanía auf. Er wirkt wie ein mittelgroßer Fernsehturm. Nachts ist sein oberer Teil von Neonlicht durchflutet, und er ist damit von weitem eher auszumachen als die gute Hafenbefeuerung.

Die Hafeneinfahrt ist mit zwei etwa 100 m langen Molen ins Meer hinausgebaut worden, um der Versandung durch den Rio Salinas vorzubeugen. Sie ist deshalb leider unübersichtlich geraten und nicht ganz leicht zu nehmen. Die Einfahrtstiefe beträgt 3 m bis 3,50 m, die Kanäle und Hafenanlagen werden im vorderen Teil auf 3 m gebaggert.

Eventuelle Zollformalitäten kann man in dem Zollhäuschen am Lagunenkanal unmittelbar

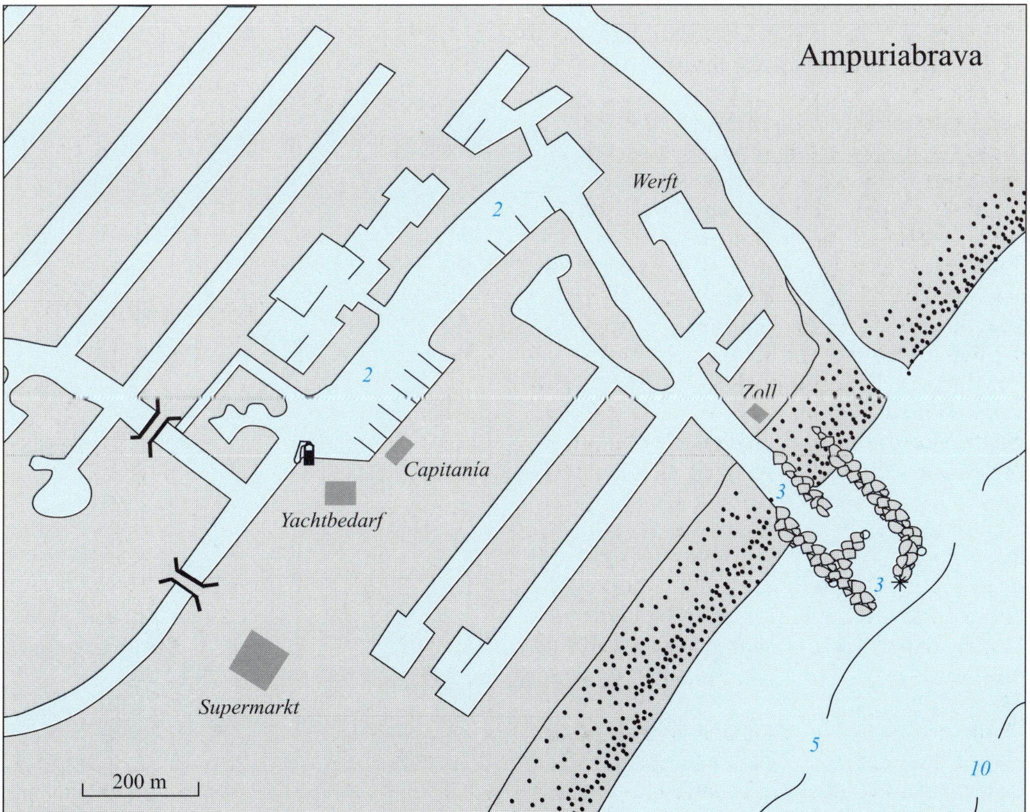

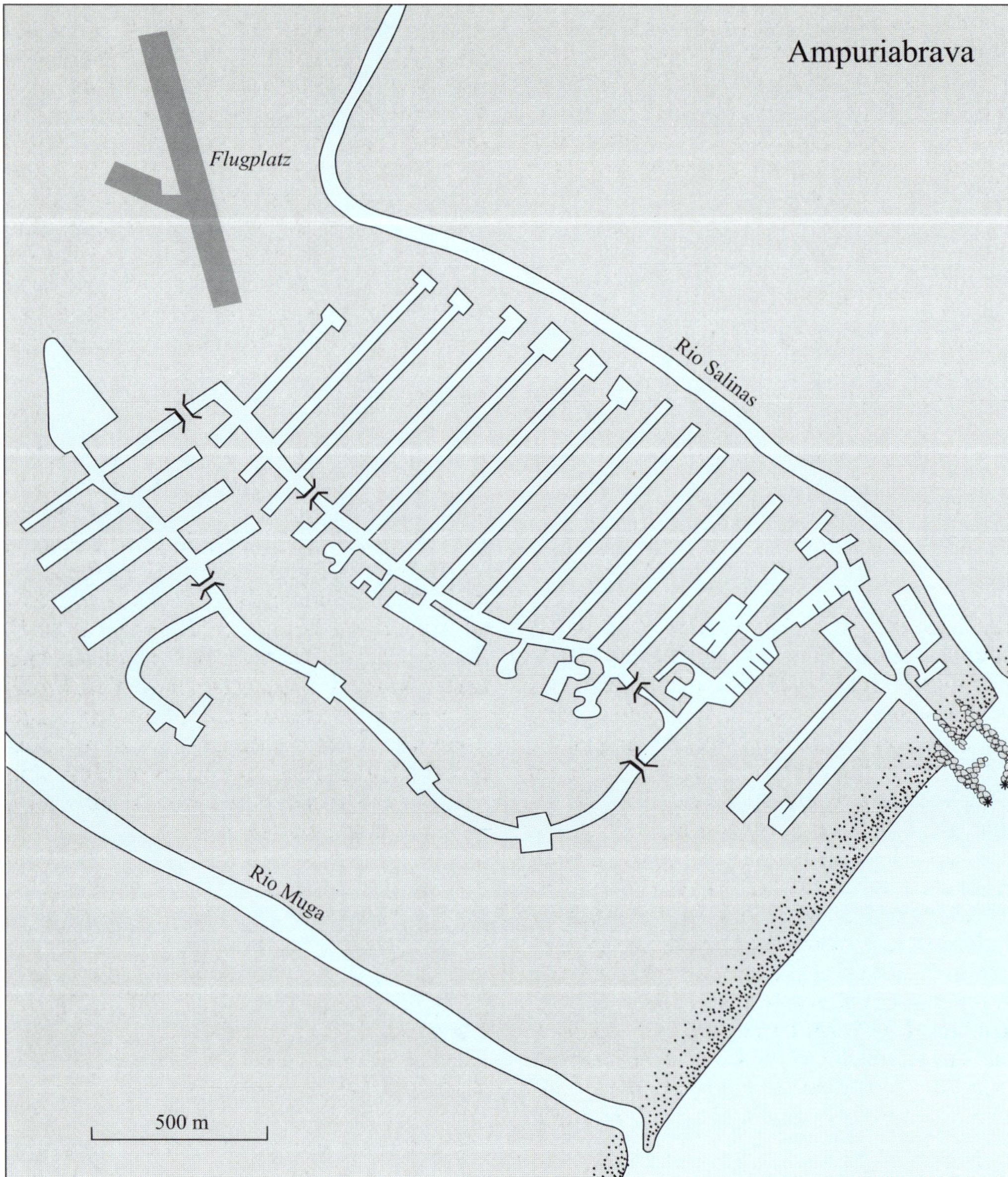

hinter der Einfahrt erledigen. Bei dem hier relativ seltenen hohen, auflandigen Seegang kann die Einfahrt in den Hafen allerdings problematisch, wenn nicht gar unmöglich werden. Dann sollte man nach Rosas ausweichen. Im Bereich des Hafens selbst liegt man rundum hervorragend geschützt.

Eine große Yachtwerft ist für Reparaturen und Winterlager gut gerüstet. Das mittlere Hafenbecken (Puerto Interior) steht unter der Leitung des spanischen Club Náutico. Der Puerto Bahía befindet sich einlaufend nach dem Zoll unmittelbar backbord. Die Versorgungsmöglichkeiten mit Bootszubehör sind so gut wie sonst wohl an keiner Stelle der spanischen Küste mehr, außer vielleicht Gibraltar.

Auch außerhalb der Saison ist der Ort nicht zuletzt durch eine ständig hier lebende deutsche Gemeinde belebt. Viele Geschäfte, Supermärkte und Banken sind deshalb im Winter geöffnet. Es gibt gute Busverbindungen nach Figueras, während die Verkehrsanbindung nach Rosas schlecht ist.

Steckbrief

Für Boote bis 2 m Tiefgang
Große Marina
Tankstelle
Werft
Strom und Wasser am Liegeplatz
Lebensmittel im Ort
Yachtzubehör
Zoll

Ausflugstipp: Von Ampuriabrava verkehrt stündlich ein Bus ins nahe gelegene Castello d'Empuries (ca. 20 Minuten Fahrzeit), das wegen seines malerischen mittelalterlichen Stadtbildes einen Ausflug wert ist. Schon vor der Eroberung Spaniens durch die Mauren im 8. Jh. war Castello Bischofsstadt. Nach Beendigung der nur knapp ein Jahrhundert währenden Araberherrschaft wuchs es rasch zu einer der wichtigsten Städte Kataloniens heran. Aus der Glanzzeit der Stadt im Hochmittelalter sind zahlreiche Baudenkmäler erhalten geblieben. Die dreischiffige gotische Kathedrale wurde in ihren wesentlichen Teilen im 13. Jh. errichtet. Ein Turm ist allerdings romanisch und stammt noch aus dem 11. Jh. Im Inneren birgt das Gotteshaus einen wertvollen gotischen Altaraufsatz aus Alabaster von 1485, auf dem Szenen der Passion Christi dargestellt sind. Auch ein Flügelaltar stammt aus dieser Zeit.
Sehenswert ist auch die ehemalige Börse an der Plaza el Homes. Laubengänge säumen das gotische Gebäude. Eine ebenfalls gotische Brücke aus dem 14. Jh. überspannt mit weiten Bögen den Rio Muga, der bis ins 11. Jh. hinein schiffbar war, dann aber versandete. In späteren Jahrhunderten diente Rosas als Hafen für Castello d'Empuries. Rosas ist heute von Castello aus per Bus zu erreichen. Aber auch direkt von Ampuriabrava (umsteigen an der Hauptstraße von Figueras nach Rosas) kann man nach Rosas per Linienbus gelangen.
Ein weiteres Ausflugsziel ist Figueras, das ebenfalls per Bus erreichbar ist (umsteigen in Castello d'Empuries, ca. 45 Minuten Fahrzeit). Es war die Heimatstadt des surrealistischen Künstlers Salvadore Dalí. Zu seinen Ehren hat man im alten Stadttheater ein Museum eingerichtet, in dem er nach seinem Tod 1989 auch die letzte Ruhestätte gefunden hat. Das Museum gibt einen interessanten Einblick in das künstlerische Schaffen des katalanischen Meisters.

Am flachen sandigen Ufer des Golfes von Rosas fährt man südlich nach Puerto de la Escala. Wo an der Südseite des Golfes die Berge wieder nah an das Ufer treten, liegen die Ruinen von Ampurias. Hier befinden sich einige günstige Ankerbuchten insbesondere vor dem Hotel Ampurias. Aber sie sind leider etwas kniffflig, und unbeaufsichtigt darf das Boot hier keinen Moment allein gelassen werden. Etwas vom Meer entfernt sieht man zwischen den Baumwipfeln den Turm einer Rekonstruktion des alten Ampurias. Die Ruinen selbst sind vom Meer aus nicht zu sehen, da das Ufer dicht mit Pinien bewaldet ist.

La Escala

42°07'N003°09'E

Mit 4200 Einwohnern ist La Escala einer der wichtigsten Fischerorte der Region. Bereits Ende des 17. Jh. entstand infolge des enormen Fischreichtums des Golfs von Rosas das Fischerdorf der Gemeinde Sant Marti d'Empuries dicht westlich der Punta Casa Grande. Der heutige, moderne Hafen liegt ca. eine halbe Meile südöstlich an der Ostseite der Bucht von Escala, auch Bahía de la Clota genannt. Er wurde in jüngster Zeit zu einer modernen Marina ausgebaut.
Die Einfahrt ist bei Tag und Nacht problemlos.

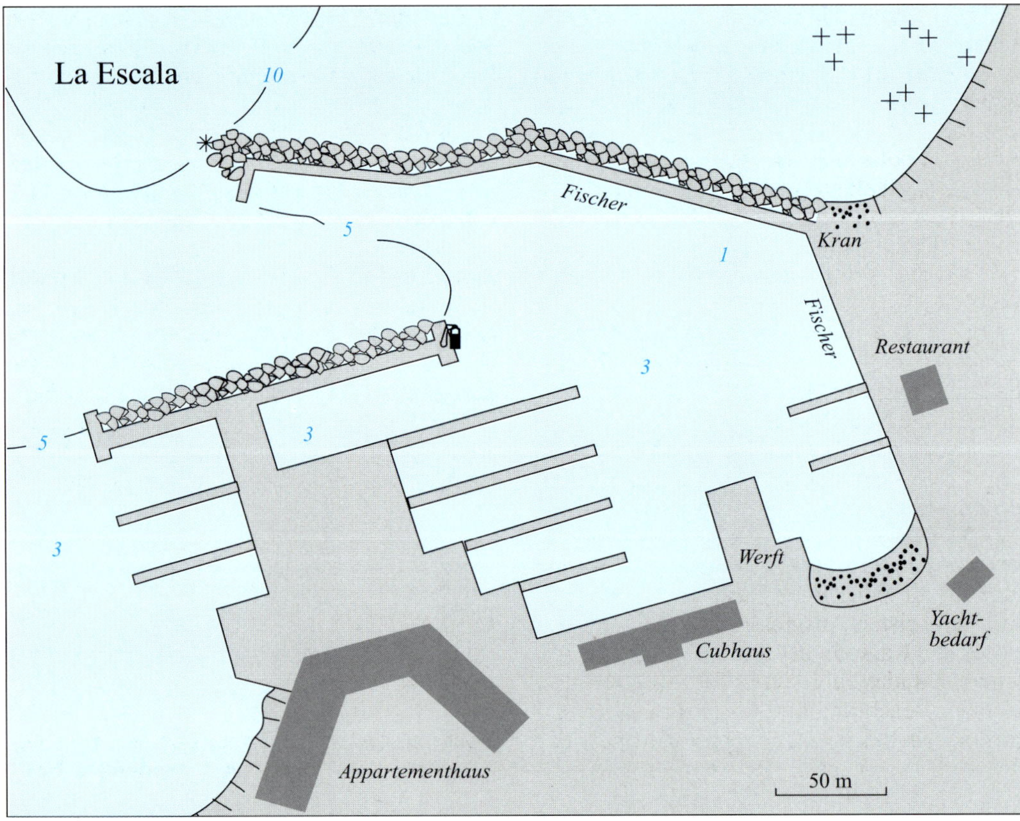

Von Norden kommend hält man am besten genau in die Mitte der Cala de la Clota, die an ihren vielen neuen Häusern leicht erkennbar ist. Von Süden kommend sowie nach Süden auslaufend muss man auf die blinde Klippenreihe ca. 100 m nördlich der Außenmole achten. Der Ankerplatz (5 m Sandgrund) unmittelbar nördlich der Altstadt von La Escala liegt zwischen zwei Riffen, die sich ca. 150 m bis auf Höhe der kleinen Insel Caragol ins Meer erstrecken. Ihn sollte man nur bei Tage und bei ruhigem Wetter aufsuchen, es sei denn, man kann sein Boot auf den Strand ziehen, wie es die Küstenfischer hier früher taten.

Man liegt im Hafen bei jedem Wetter gut und sicher. Da Tramontana hier auflandig weht, kann bei viel Wind die Einfahrt allerdings schwierig werden, ist aber grundsätzlich bei jedem Wetter machbar. Leider sind die Liegegebühren in dem recht schönen Hafen nach wie vor relativ hoch.

Steckbrief

Für Boote bis 2,50 m Tiefgang
Moderner Yachthafen
Hohe Liegegebühren
Strom und Wasser am Steg
Tankstelle
Lebensmittel im Ort

Ausflugstipp: Etwas nordwestlich von La Escala liegt die wohl bedeutendste archäologische Ausgrabungsstätte Spaniens, die Ruinen der griechisch-römischen Siedlung Ampurias. Zu Fuß erreicht man sie vom Yachthafen La Escala (ca. 1 Stunde), indem man der Küstenstraße durch La Escala Richtung San Pere Pescador folgt. Die Abzweigung zur Ausgrabungsstätte (geöffnet täglich außer Montag) ist ausgeschildert. Griechen aus Massalia, dem heutigen Marseille, gründeten im 6. Jh.

v. Chr. auf einer kleinen Insel eine Handelsniederlassung, die spätere Altstadt Palaiapolis. Die Insel ist inzwischen mit dem Festland zusammengewachsen und besteht fast völlig aus dem malerischen Ort Sant Marti d'Empuries. Die Palaiapolis liegt nördlich außerhalb des Ausgrabungsgeländes und ist über einen Küstenpfad zu erreichen. Der antike, später versandete Hafen erstreckte sich zwischen Insel und Festland. Er wurde um 150 v. Chr. durch eine 85 m lange Mole geschützt, die noch erhalten ist. Jenseits des Hafens gründete man, da die Altstadt für die vielen eintreffenden Siedler zu eng wurde, im 5. Jh. v. Chr. auf dem Festland die Neustadt (Neapolis).

Ampurias – damals noch griechisch Emporion bezeichnet – entwickelte sich bald zum wichtigsten griechischen Handelsplatz im westlichen Mittelmeer. Aber erst unter den Römern, die Ampurias 209 v. Chr. eroberten, kam die Siedlung zu voller Blüte; aus dieser Zeit stammen die meisten Ausgrabungsfunde.

Ein an der Kasse in deutscher Sprache erhältlicher Leitfaden führt durch das Ausgrabungsgelände. Beachtung verdienen im Hafenviertel der Altstadt der Asclepios-Tempel, der Tempel des Jupiter Serapis, die Agora (Marktplatz) und die Stoa (bedeckte Markthalle). Aus westgotischer Zeit stammt die frühchristliche Basilika. In der von den Römern südwestlich der eigenen Neapolis auf einer Anhöhe erbauten Wohnsiedlung sind die Patrizierhäuser von besonderem Interesse, aber auch das Forum (Marktplatz) und das Amphitheater außerhalb der unter Cäsar angelegten Stadtmauer.

Zwischen *La Escala und El Estartit* ist die Küste hoch, felsig und mit einigen Höhlen versehen. Bei Punta Trenca Brasos liegt eine größere, mit dem Boot erreichbare Höhle. Im Sommer könnte man sich auf wenigen Seemeilen Länge mit dem Dingi wochenlang beschäftigen. Schnell sieht man voraus die bizarren Konturen der Islas Medas auftauchen.

El Estartit

42°03'N003°12'E

Der reizende Hafen liegt westnordwestlich der Islas Medas am Fuße einer imposanten Fels-

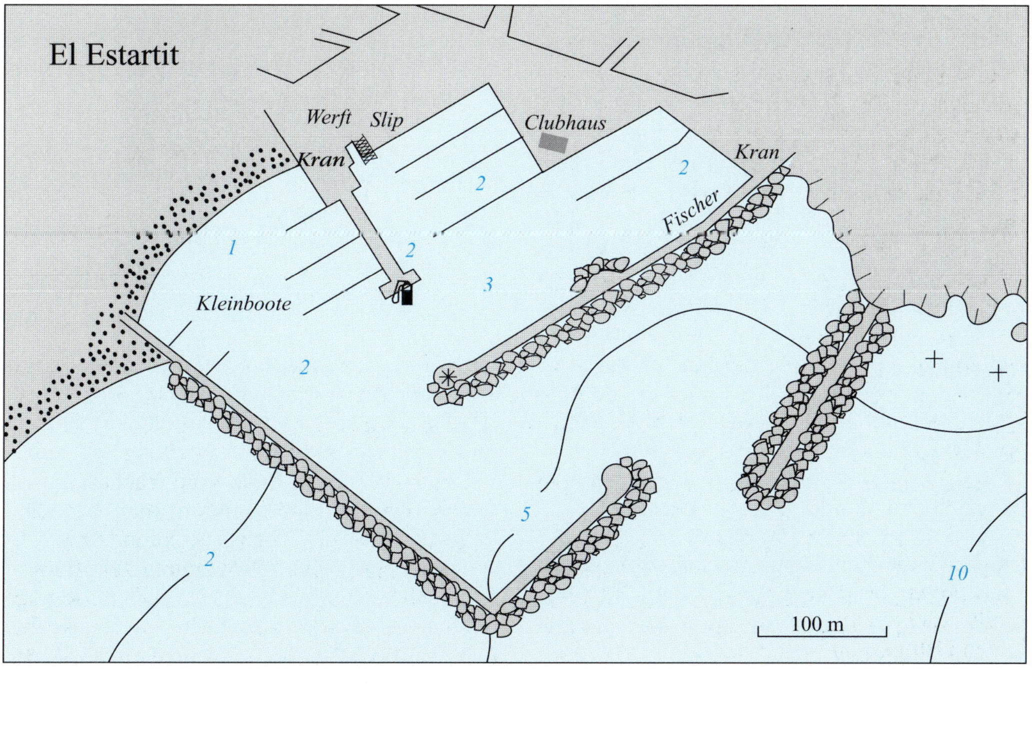

wand. Im Zweiten Weltkrieg befand sich hier eine getarnte Nachschubbasis für deutsche U-Boote. Es ist ein wunderschönes Revier, das dem Hafen unmittelbar vorgelagert ist. Von La Escala kommend passiert man die steilen Abhänge der Costa de la Mort. So wird sie von alters her genannt wegen der Unzahl von Schiffen, die hier im Sturm zerschellten. In der Tat kann sich bei starkem Wind aus dem Golfe du Lion eine steile See bilden. Von den schroff ins Wasser fallenden Felswänden, aus denen die See an manchen Stellen imposante Höhlen herausgewaschen hat, werden die Wellen reflektiert. So können ziemlich unberechenbare Seen entstehen. Es ist also empfehlenswert, hier bei schlechtem Wetter einen gehörigen Abstand zu halten.

Nach der Passage dieses Küstenabschnitts steht man unmittelbar vor den wüstenhaft wirkenden Medas-Inseln. Sie sind ein uralter Piratenschlupfwinkel und heutzutage ein hervorragendes Revier für Sporttaucher. Die Islas Medas sind, egal ob man von Norden oder von Süden kommt, auch eine exzellente Ansteuerungshilfe. Der Pass zwischen den Islas und dem Festland ist tief genug, ca. 15 m, um von Booten jeder Größe sicher passiert werden zu können. Von Süden kommend muss man sich gut von der Playa de Pals freihalten. Das Wasser wird schnell flach, und der Seegang steilt sich unangenehm auf. Darüber hinaus sind dem Strand bis zu einer halben Meile blinde Klippen vorgelagert.

Die Einfahrt von El Estartit neigte früher stark zum Versanden. Daher wurde die Außenmole um gut 100 m verlängert und eine weitere Schutzmole vorgebaut. So reicht die Einfahrt bis an die 5-m-Linie. Ob die Versandungsgefahr mit diesen baulichen Maßnahmen gebannt ist, wird sich noch erweisen müssen.

Der Hafen von El Estartit ist deutlich vergrößert worden und verfügt über mehr als 600 Liegeplätze. Er liegt östlich der Mündungen des Daro und des Ter, im Anschluss an den langen Strand von Playa de Pals mit Sümpfen und üppigem Baumbewuchs. Man kann dort gut und sicher vor jedem Wetter liegen.

Die herrliche Landschaft entschädigt für die nach wie vor hohen Liegegebühren. Durchreisende Yachten finden an der Innenseite der hohen Ostmole und der Außenmole gute Liegeplätze. Lediglich die vielen ein- und ausfahrenden Taucherschiffe bringen Unruhe in das sonst eher beschauliche Idyll.

Steckbrief

Für Boote jeder Größe
landschaftlich schön gelegener Hafen
Strom und Wasser am Liegeplatz
Tankstelle
Lebensmittel im Ort

Islas Medas

42°03'N003°13'E

Die Inselgruppe, eine Meile ostsüdöstlich von El Estartit, besteht aus zwei großen und fünf kleinen Inseln. Auf der 80 m hohen Meda Grande stehen ein Gebäude und ein Leuchtfeuer, das exakt 87 m über dem Meer liegt und 14 Meilen weit trägt. Ein Landungssteg befindet sich an der Westseite der größten Insel, der Meda Grande. Das Revier 300 m rund um die Inseln ist Naturschutzgebiet. Hier gilt es, einige Regeln zu beachten. Zum Beispiel darf in dem genannten Bereich nicht geangelt werden, das Ankern ist eigentlich ebenfalls verboten (woran sich aber niemand zu halten scheint), über Nacht darf man nicht bleiben, Nachttauchen ist demgemäß auch untersagt. Überflüssig zu erwähnen, dass es auf den Inseln keine Versorgungsmöglichkeiten gibt.

Fornells

41°55'N003°12'E

Im Nordteil der geschützten Bucht von Aiguablava liegt dieser hübsche kleine Hafen. Im Sommer ist er fast immer voll belegt, und mit einem Boot, das länger als 9 m ist, sollte man sich besser nicht hineintrauen. In seinem vorderen Drittel kann man mit 2 m Wassertiefe

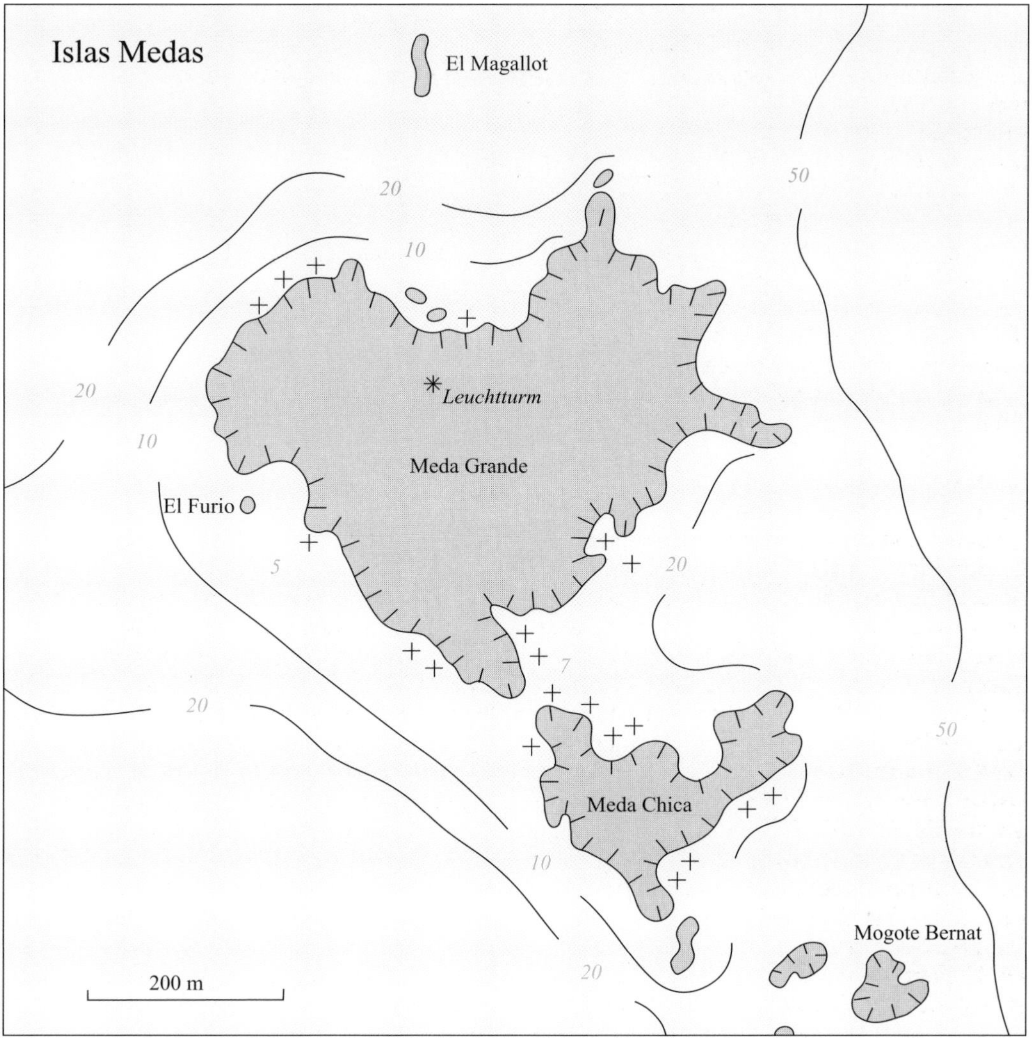

rechnen, aber mehr als 20 Boote passen hier nicht hinein. Man kann in der geräumigen Bucht jedoch sehr gut ankern. Zum einen im Süden in der Verlängerung eines Hotels oder im Westen vor einem Sandstrand, der sich zu Füßen des kleinen Sommerorts erstreckt. Aber es kann nicht schaden, sehr vorsichtig zu manövrieren, nicht allein wegen der vielen Ankerlieger, die das glasklare Wasser der Bucht zu schätzen wissen, sondern auch wegen der an vielen Stellen dicht unter der Wasseroberfläche liegenden Steine.
Am besten erkennt man die Bucht von Aiguablava bzw. Fornells an dem großen Hotelkomplex auf der Punta del Mut. Diese kleine Halbinsel trennt im Südosten die Bucht vom Meer ab. Bei der Ansteuerung von Norden wie von Süden kommend muss man auf blinde Klippen achten, die bis 300 m weit der Küste vorgelagert verstreut im Meer liegen.

Steckbrief

Für Boote bis 9 m Länge (im Hafen)
Sehr schöne Bucht, viele Ankerlieger
Strom und Wasser am Steg
Tankstelle, Kran
Wenige Versorgungsmöglichkeiten

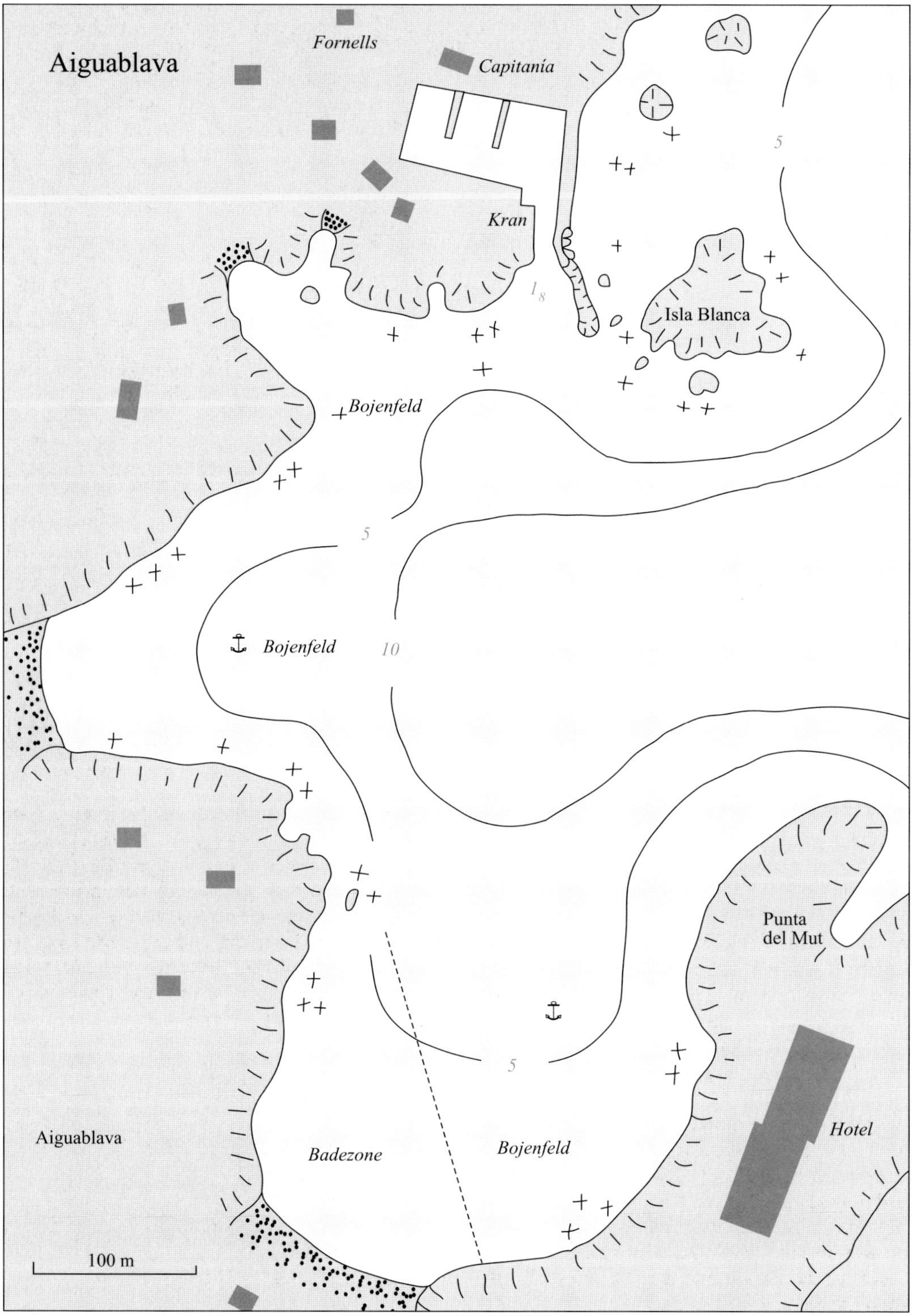
Aiguablava
Fornells
Capitanía
Kran
1 8
5
Isla Blanca
Bojenfeld
5
Bojenfeld
10
Punta
del Mut
5
Hotel
Aiguablava
Badezone
Bojenfeld
100 m

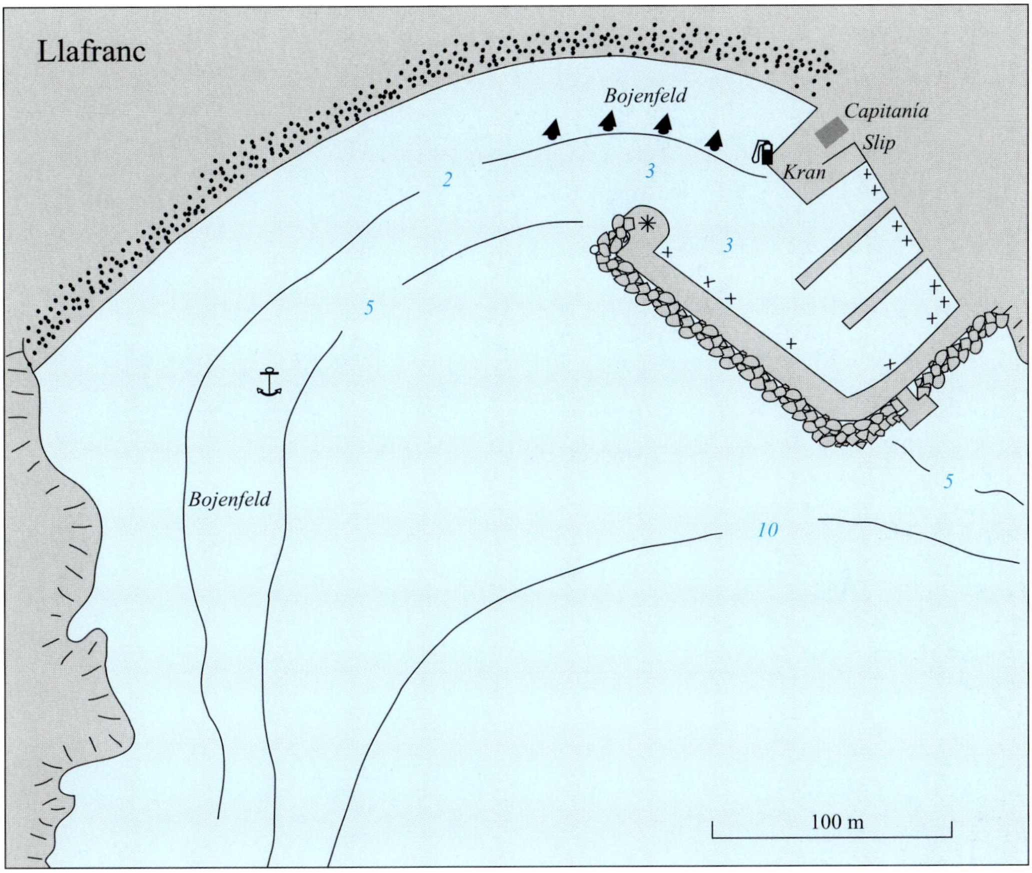

Llafranc

41°54'N003°12'E

Westlich von Cabo San Sebastián liegt die schöne Bucht von Llafranc, an deren Nordostseite sich der kleine Sportboothafen direkt an die felsige Küste schmiegt. Llafranc kann bei Tag wie bei Nacht leicht angelaufen werden. Lediglich bei starkem Wind aus Süd bis Südost sollte man das nicht versuchen.
Der Hafen liegt unmittelbar westlich zu Füßen des Cabo San Sebastián, einem der herausragendsten Punkte der gesamten Costa Brava, ja der gesamten spanischen Küste. Das Kap trägt einen Leuchtturm, dessen Feuer 32 Meilen weit reicht. Am Fuße der Moleninnenseite liegen große Steine dicht unter Wasser, also Vorsicht beim Festmachen.

Leider ist der Hafen in der Sommersaison überfüllt, und man wird auch mit einem kleinen Boot schwer einen Liegeplatz finden. Dafür kann man dicht westlich des Hafens vor der Ortschaft mit ihrem Sandstrand auf 5 bis 6 m Sandgrund herrlich ankern. Außer gegen Wind aus Süd ist die Bucht gut geschützt. Es ist ein sehr hübsches Plätzchen inmitten einer natürlich wirkenden Umgebung.

Steckbrief

Für Boote bis 12 m Länge
und 2,5 m Tiefgang
Gute Ankerbucht
Strom und Wasser am Steg
Tankstelle
Lebensmittel im Ort

Ausflugstipp: Südlich von Llafranc liegt auf dem Cabo Roig ein Botanischer Garten, den man unbedingt besuchen sollte. Der Weg dorthin und zurück (ca. 2 Stunden) führt über Calella de Palafrugell, das von Llafranc durch die Punta d'els Canions getrennt ist. Calella zählt mit seinen alten Fischerkaten, denen sich die Neubauten im Stil völlig angepasst haben, zu den malerischsten Orten der Costa Brava.
Von Calella führt der Weg Richtung Cabo Roig bis zu einem kleinen Bauernhaus, wo sich der Eingang zum Botanischen Garten befindet. Er ist von März bis Dezember täglich geöffnet (im Sommer von 9 bis 21 Uhr, sonst 9 bis 18 Uhr). Der 8 Hektar große Landschaftsgarten befindet sich in Privatbesitz. Sein Gründer, der russische Oberst a.D. Wrevowsky, ließ inmitten des in reizvollen Terrassen oberhalb des Meeres gelegenen Parks einen Landsitz errichten, das so genannte Castillo Cabo Roig. Seine letzte Ruhestätte fand er auf der für die Öffentlichkeit nicht zugänglichen Spitze des Cabo Roig. Ein kürzerer Spaziergang führt von Llafranc ostwärts auf das Cabo San Sebastián.

Auf der Fahrt von Llafranc entlang einer wilden, zerklüfteten Küste passiert man die kleinen Klippeninseln Las Hormigas. Man kann zwischen ihnen und dem Festland ungefährdet hindurchlaufen. Das Wasser im Pass hat eine Tiefe von 12 bis 15 m. Peilt man die äußerste Spitze von Cabo San Sebastián in 30°, ist die Passage problemlos.

Palamós

41°51'N003°07'E

Der Hafen ist einer der wenigen an der Costa Brava, der bei jedem Wetter gefahrlos angelaufen werden kann. Er ist gut befeuert. Von Norden kommend ist er jedoch erst spät zu erkennen. Ca. 1/3 Meile südlich des Kopfes der Schutzmole liegt die Klippe La Llosa. Sie ist befeuert und muss mit mindestens 100 m Abstand passiert werden. Die Durchfahrt zwi-

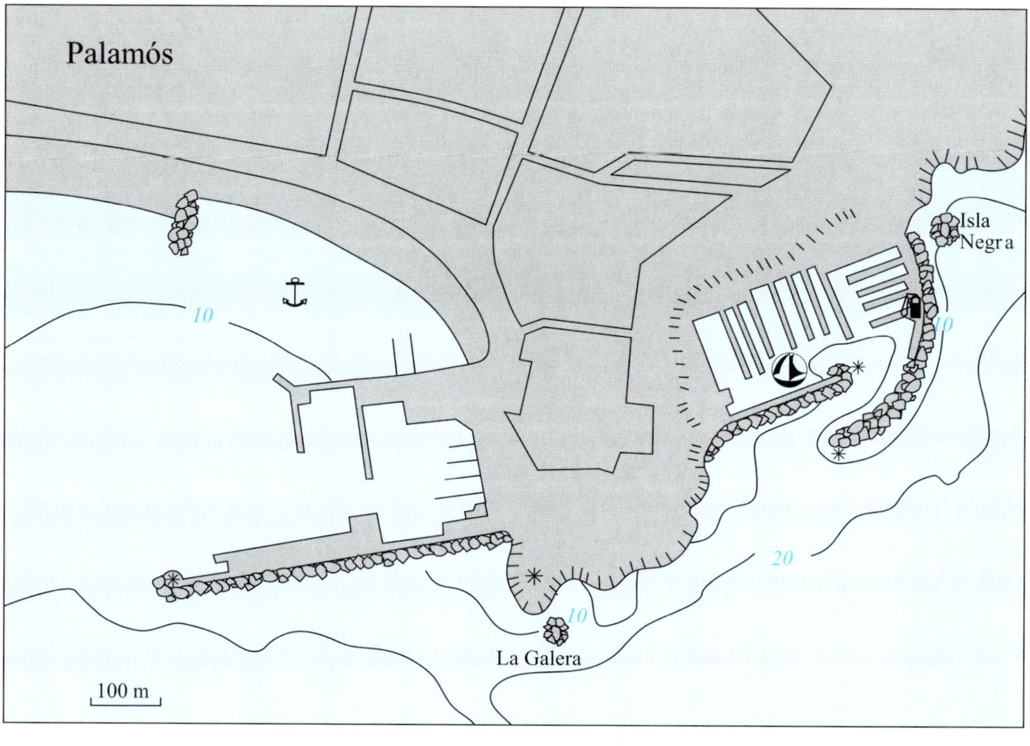

schen ihr und der Hafeneinfahrt ist rein und die Passage gefahrlos möglich. Ankerplätze findet man unmittelbar nördlich des Hafens auf ca. 5 m Sandgrund. Beim Ankern ist aber Umsicht geboten. Tramontana pfeift hier manchmal recht heftig. Es ist also schweres Grundgeschirr und viel Kette anzuraten.

Der Hafen ist zwar groß, bietet durchreisenden Yachten aber nur wenige Liegeplätze, insbesondere auf dem kurzen Stück auf halber Länge der Südmole. An der Innenseite der leider recht hohen Betonpier liegt man gut geschützt und ungestört vom Trubel der sehenswerten Altstadt. Man kann auch vor Kopf des kurzen Molenstücks in der Einfahrt liegen, aber zum einen verursachen ein- und auslaufende Boote manchmal starken Schwell und zum anderen weht Tramontana genau auf die Mole an dieser Stelle zu.

Die etwas schwierige Liegeplatzsituation hat sich durch den Bau einer modernen Marina östlich der klassischen Hafenanlagen deutlich entspannt. Diese Marina, die in die ehemalige Strandlinie gebaggert wurde, bietet überall mindestens 3 m Wassertiefe und den üblichen Komfort eines modernen Sportboothafens.

Der 15000 Einwohner zählende, von den Römern gegründete Ort hat schon seit dem Mittelalter einen bedeutenden Handels- und Fischerhafen gehabt. Kein geringerer als Miguel de Cervantes Saavedra – Hauptwerk »Don Quixote« – schiffte sich 1560 hier zu einer Pilgerfahrt nach Rom ein. Damals war Palamós der wichtigste Ausgangshafen für die Italienexpeditionen, und hier versammelten sich die Galeeren der christlichen Armada, um gegen die Türken auszulaufen. Ein Teil jener schweren Auseinandersetzung, die in der Seeschlacht von Lepanto 1571 ihren blutigen Höhepunkt fand.

Steckbrief

Für Boote jeder Größe
Marina und Stadthafen
Strom und Wasser am Steg
Tankstelle
Kran
Slip
Bootszubehör

Playa d'Aro

41°48'N003°04'E

Am Südende des langen Sandstrandes von Playa d'Aro ist inmitten reinster Natur eine besonders hübsche moderne Marina entstanden. Als langer Schlauch schmiegt sich der Hafen an einen mit Pinien dicht bestandenen Hügel, vollkommen geschützt und ohne die sonst häufig vorhandene aufdringliche Bebauung. Sicher sind auch hier einige Appartementhäuser gebaut worden, aber eben stilvoll und der Landschaft weitgehend angepasst. Auch die landeinwärts erfolgte deutliche Hafenerweiterung bis zur Nationalstraße fügt sich dem harmonisch an.

Von Palamós kommend ist der Hafen leicht auszumachen. Er liegt nach 3,5 Meilen am Ende der Hochhauskette und vor den ans Meer vorstoßenden Bergen. Gut zu erkennen ist die halbrunde, weit vorstoßende Außenmole und näherkommend das großzügig gestaltete Clubhaus am Beginn der Außenmole. Bei gutem Wetter ist die Einfahrt leicht, bei starkem auflandigem Wind soll man sie allerdings meiden.

In einem solchen Fall ist Palamós, und zwar der Stadthafen, die sichere Alternative. Die Einfahrt ist ca. 40 m breit und an der Landseite klippenreich. Die halbrunde Mole kann zwar nahebei passiert werden, man muss aber auf die Steinschüttung dicht unter der Wasseroberfläche achten. Das gilt auch für die Betonpier südlich der Tankstelle.

Ungefähr 1/4 Meile östlich der Hafeneinfahrt liegt die Klippe La Llosa (nicht zu verwechseln mit dem gleichnamigen Felsen vor Palamós!). Sie ist nur von ca. 30 cm Wasser bedeckt und deshalb meist, aber nicht immer an brechenden Wellen kenntlich. Die Versorgungsmöglichkeiten am Hafen selbst sind gering, doch befindet sich ca. 500 m entfernt an der Nationalstraße ein großer Supermarkt, der keine Wünsche offen lässt.

Steckbrief

Für Boote bis 2,5 m Tiefgang
Hafen in natürlicher Umgebung
nicht bei jedem Wetter anzulaufen
Strom und Wasser am Steg
Tankstelle
Lebensmittel 500 m entfernt
Travellift
Slip

San Feliú de Guíxols

41°46'N003°02'E

Weniger international und weniger städtisch als zum Beispiel Palamós präsentiert sich der Ort. San Feliú ist bei Tag und Nacht gut anzusteuern. Bei Nacht sind der Leuchtturm von Tossa im Südwesten und das Leuchtfeuer von Cabo San Sebastián im Nordosten gute Ansteuerungshilfen. Näher herangekommen fal-

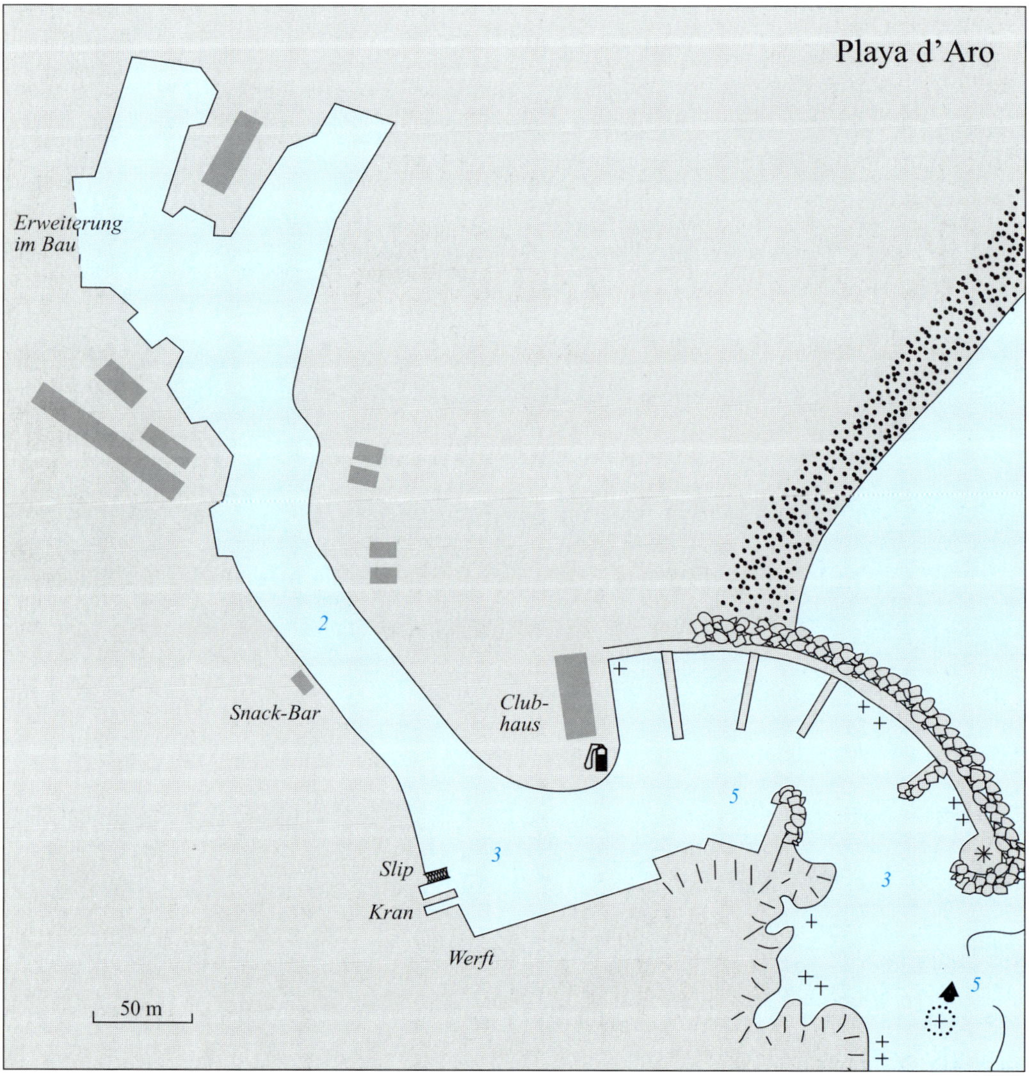

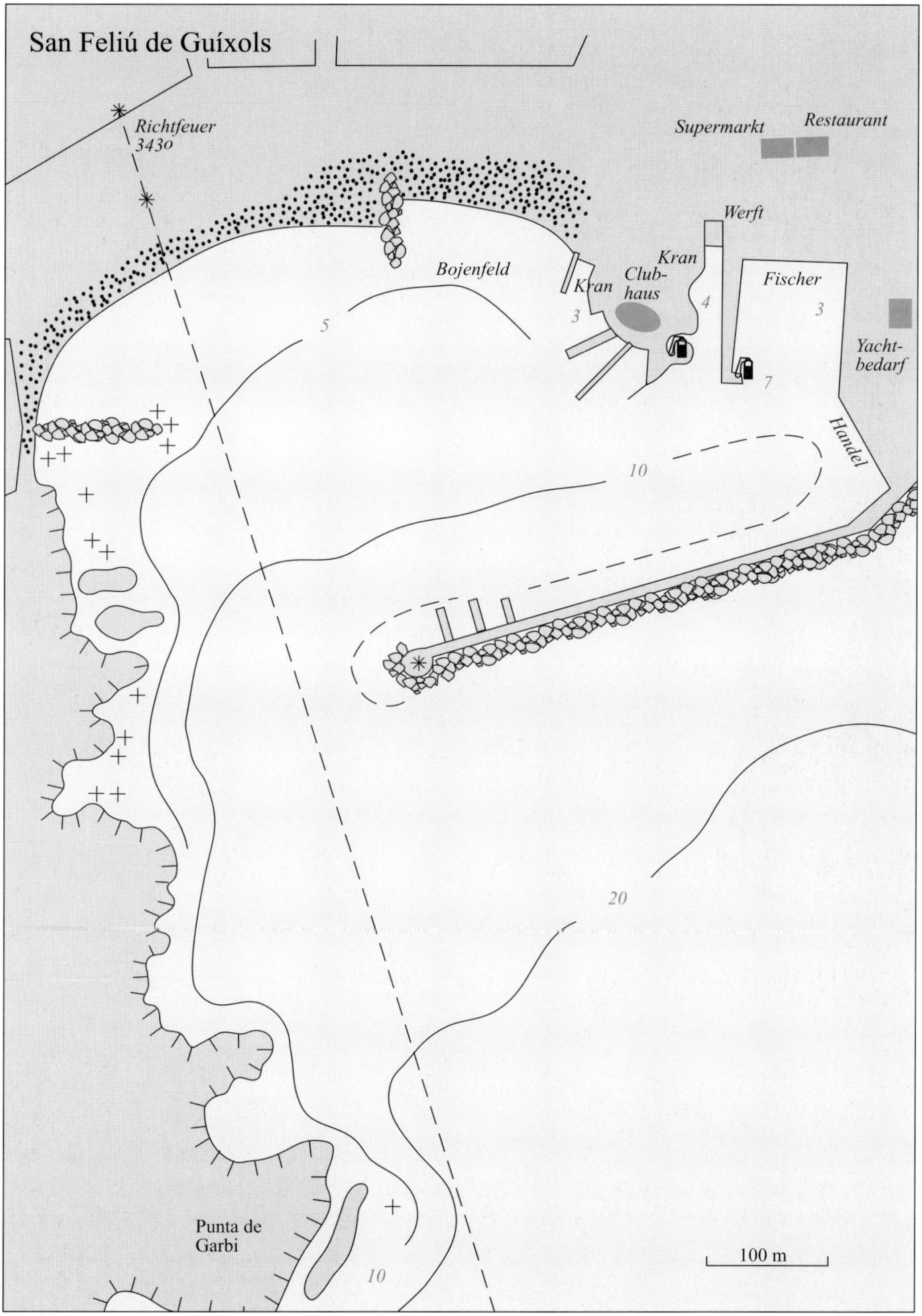
San Feliú de Guíxols
Richtfeuer
343o
Supermarkt
Restaurant
Werft
Kran
Bojenfeld
Club-
haus
Kran
Fischer
Yacht-
bedarf
Handel
5
3
4
3
7
10
20
10
Punta de
Garbi
100 m

len zunächst die rötlichen Felsen westlich des Hafens auf, die schroff ins Meer abfallen. Die grüne Molenbefeuerung von San Feliú trägt 6 Meilen weit und ist als Orientierungshilfe wesentlich besser geeignet als die rote Richtfeuerlinie 343°. Zum einen führt die Richtfeuerlinie in gefährlich knappem Abstand an den Klippen der Isla de la Freu vorbei, zum anderen ist sie auch bei guter Sicht nur schwer von dem Hintergrund der Stadt- und Straßenbeleuchtung San Feliús auszumachen. Am besten orientiert man sich ausschließlich an dem grünen Feuer der Schutzmole.

Der Hafen ist gut ausgeleuchtet. Bei Tage dient die Punta de Garbi als Ansteuerungshilfe. Bei der Einfahrt halte man guten Abstand zum Kopf der Schutzmole, hier liegen einige große Steine dicht unter der Wasserfläche. Der Hafen ist heute von Fischern geprägt, seltener wird er von Frachtschiffen angelaufen.

Der Club Náutico betreut drei Stege und ungefähr die Hälfte der Schutzmole. Die Stege nahe am Clubhaus sind voll belegt, und es ist kein Grund ersichtlich, warum man nicht an dem clubfreien Innenteil der Schutzmole oder an der Handelskaje festmachen sollte. Hier ist fast immer viel Platz frei, und man zahlt nur das amtliche Hafengeld.

Die Schutzmole hat dicht unter Wasser eine Stufe, beim Längsseitsgehen also auf ausreichend dicke Fender achten. Sollte doch einmal ein großer Frachter einlaufen, muss man die Handelskaje freimachen. Man kann kurzfristig vor dem Club ankern. Obwohl Ankern im Hafengebiet offiziell verboten ist, scheint niemand daran Anstoß zu nehmen. Traut man sich nicht, bleibt immer noch, ein Plätzchen an der Schutzmole aufzusuchen. Bei Tramontana ist der äußere Teil der Schutzmole heikel, da ist die Handelskaje deutlich besser geeignet.

Steckbrief

Für Boote jeder Größe
Fischer- und Handelshafen
Strom und Wasser am Steg
und auf der Pier
Bootszubehör
Tankstelle
Lebensmittel in Hafennähe

Ausflugstipp: San Feliú de Guíxols war im Mittelalter Sitz des mächtigen Benediktiner-Ordens. Das Kloster, das 968 erstmals urkundlich erwähnt wird, war eine fränkische Gründung, vielleicht schon durch Karl den Großen 785, die im Zusammenhang mit der Rückeroberung des zeitweise arabisch besetzten Kataloniens durch die karolinger Könige zu sehen ist. San Feliú de Guíxols war neben Sant Pere de Roda bald das wichtigste religiöse Zentrum der christlichen Gebiete südlich der Pyrenäen. Im Umkreis des Klosters entstand spätestens im 12. Jh. der Ort San Feliú, der durch seinen Hafen und die hier ebenso wie in Palamós angesiedelte Korkherstellung schnell an Bedeutung gewann.

Die Klosterruinen befinden sich am Stadtrand an der Straße nach Tossa. Man erreicht den Klosterplatz zu Fuß in ca. 20 Minuten. Das Kloster erhielt seinen Namen übrigens vom hl. Felix, katalanisch San Feliú, der der Legende nach um 304 n. Chr. in der Nähe des Ortes den Märtyrertod starb. Er soll im Meer ertrunken sein.

Ein Spaziergang führt in weiteren 20 Minuten vom Kloster hinauf zur Anhöhe von San Telmo auf der uns schon von der Ansteuerung bekannten Punta de Garbi, die der Bucht von San Feliú südlich vorgelagert ist. Hier befindet sich die Kapelle San Telmo. Von der Landspitze genießt man eine herrliche Aussicht. Diese Aussicht war es, die 1908 den katalanischen Dichter Ferran Agullio dazu veranlasste, den Begriff »Costa Brava«, gleich »Wilde Küste«, zu prägen. Im Jahre 1113 startete von hier die katalanische Flotte zur Eroberung Mallorcas.

8 Seemeilen sind es von San Feliú de Guíxols bis Tossa de Mar. Hier findet man eine ganze Reihe verschwiegener kleiner Ankerbuchten. Die Gegend ist wenig bebaut, urwüchsig und klippenreich. Als Tagesankerplätze kommen sie fast alle in Frage, wenn man präzise und detaillierte Karten dabei hat. Auf viele kleine Klippen muss man aber sehr sorgfältig achten.

1

2

1 Cap Cerbère

2 Puerto de la Selva

3

4

5

6

7

8

3 Ankerplatz vor Puerto de la Selva

4 Benediktinerkloster Sant Pere de Roda hoch über der Bucht von Puerto de la Selva

5 In sommerlicher Flaute kann Kap Creus auch so aussehen

6 In der Altstadt von Cadaqués

7 Haus von Salvador Dalí in Port Lligat

8 Das ehemalige Piratennest Cadaqués

9

10

9 Die Linsenwolke ist ein untrügliches Anzeichen für den Tramontana (Ampuriabrava)

10 Typisches katalanisches Fischerboot in Port Lligat

Tossa de Mar

41°43'N002°56'E

Die Stadt, als Touristenort weithin bekannt, ist eine kleine, mittelalterlich anmutende Siedlung, die von einer mächtigen, rötlich schimmernden Festungsanlage umgeben ist. Außerhalb der Ferienzeit lohnt es sich auf jeden Fall, in der Ensenada de Tossa vor Anker zu gehen und die mittelalterliche Stadt mit ihrer Festung zu besuchen. Man muss hier ankern, weil Tossa einer der wenigen Orte an der Costa Brava ist, der keinen Hafen hat.

Am besten rundet man die Isla de la Palma und läuft in den nördlichen Bereich der Bucht von Tossa hinein. Im äußersten Nordzipfel vor dem Sandstrand auf ca. 5 m Sandgrund kann man auch vor Nordwestwind recht gut geschützt liegen. Bei Winden aus anderen Richtungen, insbesondere östlichen und südöstlichen, verbietet sich der Ankerplatz. Beim Einlaufen muss man auf die blinde Klippe La Palma achten, auf ihr stehen nur 2 m Wasser. Tossa lohnt einen Besuch wegen seiner einzigartigen Lage und seines malerischen Stadtbilds, dank dessen es zu einem Symbol der Costa Brava schlechthin wurde. Die Altstadt (Vila Veilla) ist von einer mächtigen Stadt-

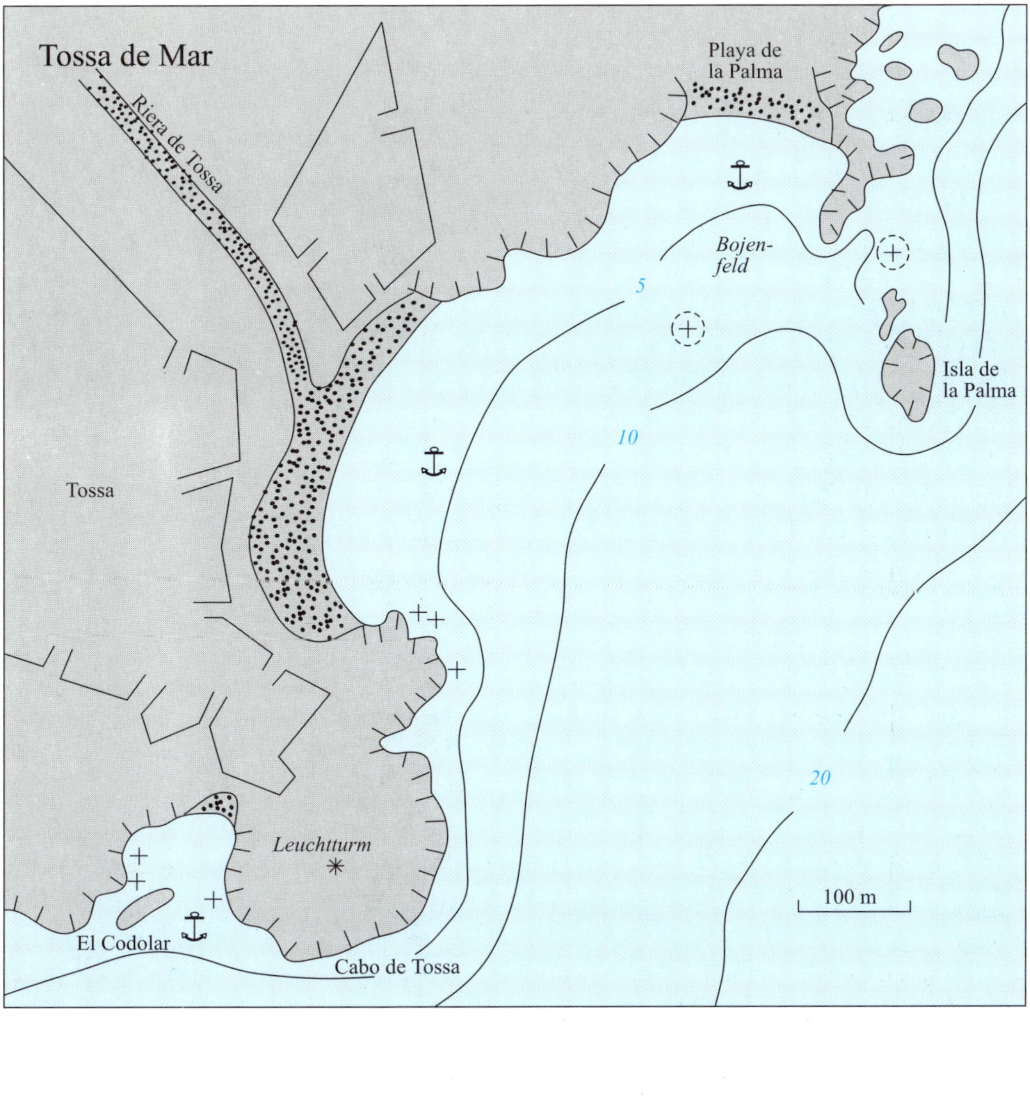

mauer aus dem 12. Jh. umgeben. Dahinter verbergen sich einfache Fischerhäuser aus grauem Naturstein. Von den ursprünglich fünf Türmen der Stadtbefestigung sind heute noch drei in ihrem ursprünglichen Zustand erhalten bzw. restauriert, nämlich der Huldigungsturm (Torre del Codolan), der Stundenturm (Torre de les Hores) und der Turm Enjoanas.
Unverkennbares Wahrzeichen von Tossa ist vor allem der wehrhafte Huldigungsturm, vor dem sich der kleine Naturhafen El Codolar befindet, wo die Fischerboote noch heute an den Strand gezogen werden. Diese an sich hübsche Stelle ist für durchreisende Yachten allerdings nicht zu empfehlen. Viele Klippen liegen hier dicht am Strand, und das Wasser läuft sehr flach aus.
Die bis heute erhaltene mittelalterliche Atmosphäre machte Tossa im letzten Jahrhundert für Künstler interessant. Kurz nach 1900 entdeckten vor allem katalanische Landschaftsmaler den Ort. Zwischen den beiden Weltkriegen war Tossa eine beliebte Künstlerkolonie. Bedeutendster Besucher war 1933 Marc Chagall, der den Ort als »blaues Paradies« bezeichnete. Im Stadtmuseum hängt eines seiner Bilder, daneben Werke von anderen Künstlern, die Tossa besuchten.

Blanes

41°41'N002°48'E

Geographisch endet hier die Costa Brava. Die Burg San Juan mit dem runden, wiedererrichteten Bergfried, 165 m hoch gelegen, überragt Ort und Hafen. So bildet sie eine wichtige Landmarke, die schon von weitem unverwechselbar und gut auszumachen ist. Die Bucht, in deren nördlichem Scheitel der Hafen liegt, wird im Südwesten durch die beiden

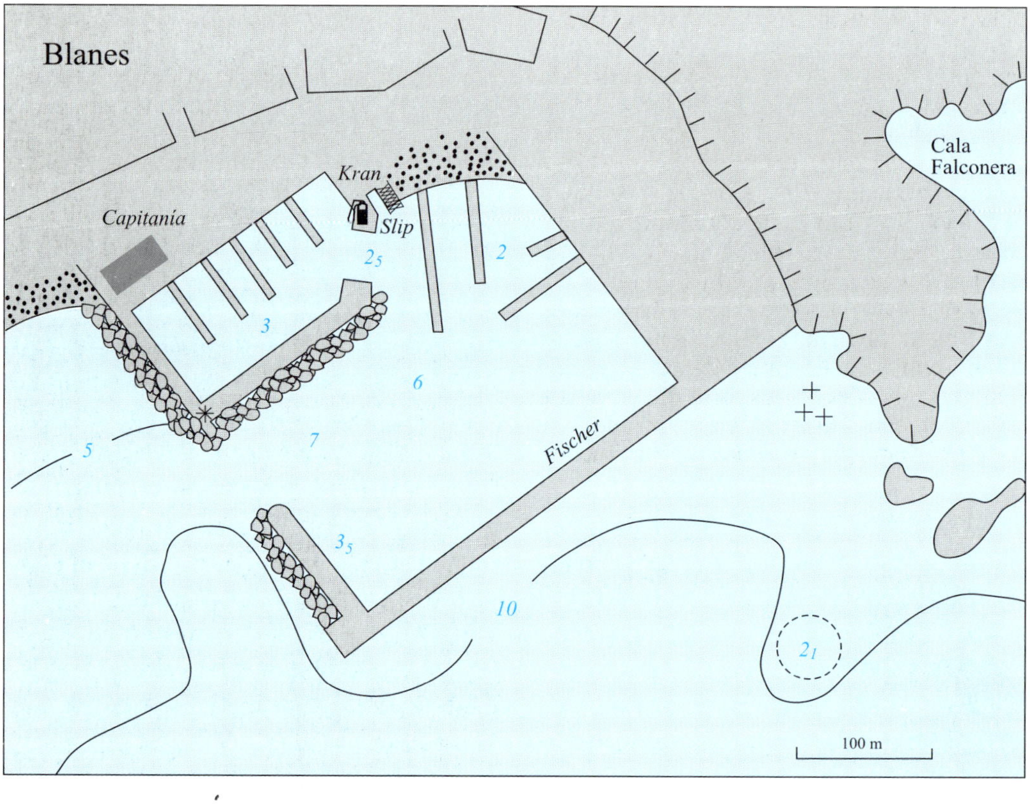

Klippen La Palomera und La Palomerata und im Osten von der Punta Santa Ana begrenzt. Von Norden kommend sollte man nicht eher die Hafeneinfahrt anliegen, bis man die äußerste Spitze der Außenmole in 275° peilt. Erst dann ist der Kurs frei von allen Unterwasserhindernissen. Von Süden kommend halte man sich nicht zu dicht unter Land.
Der Yachthafen ist eigentlich ein Hafen im Hafen. Er liegt in der Nordwestecke des geräumigen Fischerbassins gut geschützt, ist aber im Sommer extrem überfüllt. Daher sollte man gleich versuchen, wie die Fischerboote auch, an der Westseite der Schutzmole mit Bugleine und Heckanker festzumachen. Für Boote von mehr als 12 bis 13 m Länge ist dies ohnehin der einzig mögliche Platz. Empfehlenswert ist er wegen der Enge, des Schwells der ein- und auslaufenden Fischerboote und der schwer zu erklimmenden hohen Pier kaum. Der Ostteil des Fischerhafens ist für Yachten tabu. Im Sommer tut man gut daran, nicht mit einer Liegemöglichkeit in Blanes zu rechnen.
Blanes ist schon seit dem Altertum als griechische Siedlung Blanda bekannt. Schon damals galt die Bucht als Zufluchtsort für Schiffe aus Emporion und aus Italien. Im Mittelalter wurde die Stadt mehrfach von Sarazenen und Normannen zerstört und geplündert. Heute ist Blanes ein bekannter Fischerhafen und nicht zuletzt ein wichtiges Touristenzentrum.
Ca. 2 Meilen südwestlich Blanes mündet der Rio Tordera ins Mittelmeer. Im Sommer ist er meist völlig trocken und fällt als Fluss überhaupt nicht auf. Nach winterlichen Regenfällen kann er aber eine Menge Sand und Schlamm ins Meer transportieren. Deshalb sollte man den Wassertiefenangaben auch in aktuellen Karten hier besonders misstrauen.

Steckbrief

Für Boote jeder Größe (Fischerhafen)
Strom und Wasser am Steg
Tankstelle
Lebensmittel im Ort
Slip
Travellift
Wenig Platz für durchreisende Boote

Ausflugstipp: Blanes wurde international bekannt durch den Botanischen Garten »Mar y Murtra« (Meer und Myrthe). Dieser liegt direkt oberhalb des Hafens in der Nähe des blumengeschmückten Goetheplatzes. Der hessische Kaufmann und Pflanzenliebhaber Karl (Carlos) Faust legte 1921 den Grundstein zu der Anlage und machte in den folgenden Jahrzehnten beinahe 4000 Pflanzenarten nicht nur aus dem Mittelmeergebiet, sondern auch aus Südafrika, Kalifornien und Mittelamerika hier heimisch.
In dem milden Klima der Costa Brava fühlen sich die Pflanzen sichtlich wohl. Die interessante Lage auf einem felsigen Küstenvorsprung und auch der herrliche Ausblick machen die große, reichhaltige Anlage besonders reizvoll. Der Garten ist ganzjährig geöffnet.

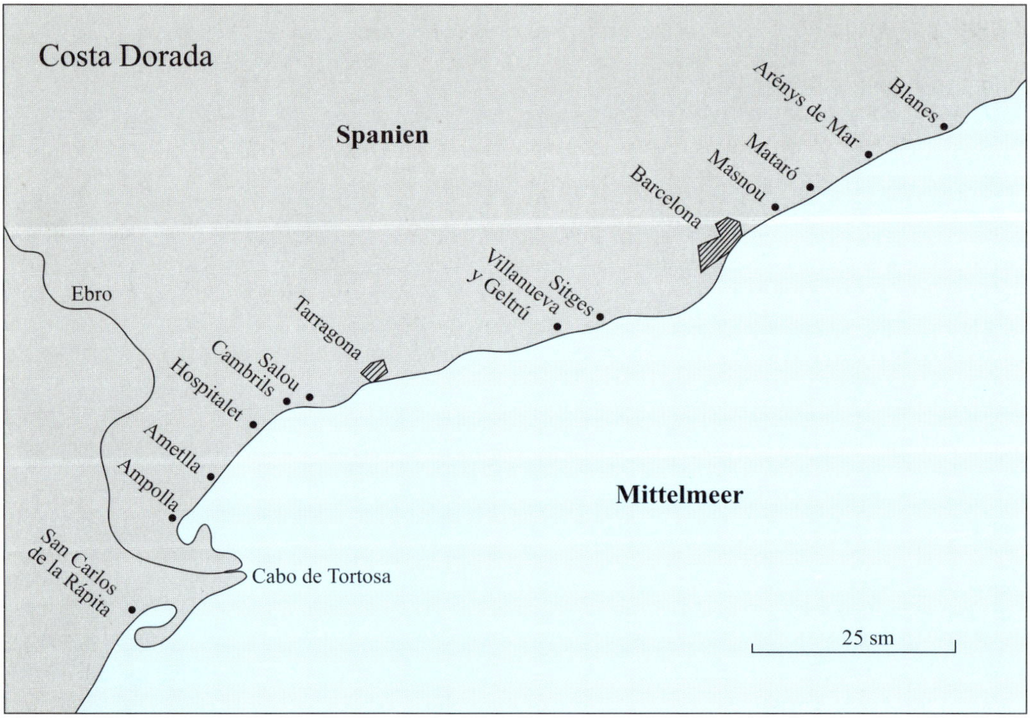

Costa Dorada

Blanes bis Ebrodelta

Über 140 Meilen erstreckt sich von Blanes bis Cabo de Tortosa die meist sandige Costa Dorada. Die Berge treten hier etwas von der Küstenlinie zurück. Ein Sandstrand bildet das Ufer.

Hinter einer schmalen Küstenebene sieht man an eher flachen Hängen eine ganze Reihe interessanter, zum Teil urtümlicher Städte, deren ehemalige Fischersiedlungen heute durch den Tourismus bekannter sind als die eigentlichen, meist gleichnamigen Ortschaften im Hinterland.

Unmittelbar nördlich von Barcelona treten die Berge weit zurück, und erst 12 Seemeilen südlich des flachen Flusstals des Rio Llobregat fällt das Bergmassiv des Mazizo de Garraf über 600 m hoch steil zum Meer hin ab. Aber schon bei Villanueva y Geltrú sind die Berge wieder weit von der Küste entfernt. Erst bei Tarragona treten die Sierra de Mont Sant und die Sierra de Balaguer erneut unmittelbar an die Küste heran und lassen sie bis ans Ebrodelta wieder wilder erscheinen.

Wie an der Costa Brava, so gibt es auch an der Costa Dorada eine große Menge von Sportboothäfen, wenn auch bei weitem die Hafendichte an dieser Küste nicht mehr so groß ist wie an der Costa Brava. Der Küstenabschnitt zwischen Blanes und Barcelona hat dann auch das größte Hafenangebot. Leider sind die Liegeplätze hier mehr als knapp.

Für einen längeren Aufenthalt scheint mir dieser Küstenstrich auch nur von begrenztem Interesse zu sein, da die vielbefahrene Küstenstraße und die Eisenbahn zwischen Blanes und Barcelona unmittelbar an der Küste entlangführen und schon mit ihrer Geräuschkulisse einen Aufenthalt in einem der Häfen dort ziemlich unschön gestalten können. Das »eigentliche« Spanien beginnt nach einer weit verbreiteten Ansicht ohnehin erst südlich von Barcelona.

Winde und Wetter

Südlich Barcelonas beginnt das Klima recht plötzlich milder zu werden, und es ist darüber hinaus auch trockener. Schaut man sich eine kleinmaßstäbige Karte an, sieht man, dass zwischen Barcelona und Cabo de la Nao bei Denia die spanische Küste eine großräumige Einbuchtung aufweist. Die hohen Sierras des gebirgigen Spaniens schirmen diese Gegend wie kaum einen anderen Landstrich im Mittelmeer ab. Deswegen liegt hier im Sommer genauso wie im Winter eine der sturmärmsten Regionen des ganzen Mittelmeerraums. Sind im Jahresdurchschnitt in Barcelona noch 4,3 % der Winde stärker als Beaufort 6, so sind es in Tarragona noch 1,6 % und in Valencia gar nur noch 0,1 %. Die gefürchtete Tramontana weht nördlich von Barcelona zwar noch, aber bei weitem nicht mehr so stark wie in der Nähe der französischen Grenze. Südlich Barcelonas ist sie so gut wie nicht mehr zu spüren.

Das gilt aber nur für küstennahe Fahrt. Insbesondere der Küstenstrich zwischen Tarragona und dem Ebrodelta ist berüchtigt für seine Fallböen, die bei Tramontanalagen aufs Meer fauchen. Der Rio Ebro macht hinter der Küstenkordillere einen großen Bogen. Der Wind, der das Flusstal herabweht, staut sich hinter den Bergen und fließt dann quasi über den Bergkamm ins Mittelmeergebiet – Fallböen! Gut zu wissen, dass sie sich unmittelbar an der Küste nicht bemerkbar machen, einige Meilen weit draußen dafür aber um so deutlicher.

Im gleichen Maße wie die Sturmhäufigkeit abnimmt, wird Richtung Süden auch der Regen weniger. In Barcelona fallen pro Jahr etwa 587 mm Regen, in Tarragona sind es schon mehr als 10 % weniger. Im Winterhalbjahr besticht die klare Sicht, die 60 Meilen weit entfernte Berge noch wie Inseln über dem Horizont erscheinen lässt. Im Sommer ist es dazu in der Regel zu dunstig.

All dies lässt die Region südlich Barcelonas schon für einen Wintertörn geeignet erscheinen. Bei gutem Wetter ist dagegen wohl auch nichts einzuwenden. Aber man darf sich nicht darüber hinwegtäuschen, dass das Thermometer nachts regelmäßig bis an die Null-Grad-Marke fallen kann. Aber bis in den Dezember hinein ist Wintersegeln noch gut möglich. In den folgenden echten Wintermonaten sollte man aber südlich von Cabo de la Nao angelangt sein.

Der seltene, aber mitunter gefährliche Ostwind kündigt sich frühzeitig an. Das Barometer fällt, es wird dunstig, Wolken ziehen auf, und meist setzt die Dünung vor dem Sturm ein. Bei solchem Wetter gehört ein Boot in den Hafen. Und es dürfte in einem solchen Fall auch immer ein erreichbarer Unterschlupf in der Nähe sein.

Arénys de Mar

41°35'N002°34'E

Von Norden kommend ist Arénys de Mar der erste Yacht- und Fischerhafen an der Costa Dorada. Die Einfahrt ist frei von Hindernissen. Der Hafen ist gut befeuert und sogar bei starkem Wind aus Osten noch anzulaufen. Dann aber nur mit äußerster Aufmerksamkeit. Die Einfahrt ist breit genug, und es steht im Hafen genug Manövrierraum zur Verfügung, um auch gefahrlos unter Segeln einlaufen zu können. Ca. 2 Meilen nordnordöstlich des Hafens liegt ein Hügel mit auffälligem Kreuz darauf, der als Landmarke hilfreich ist.

An drei Betonstegen betreut der noble Club Náutico gut 300 Yachten, weitere 70 liegen in einem kleinen Nebenhafen. Alle Plätze sind gut belegt, und man muss schon Glück haben, einen passenden Liegeplatz zu ergattern. Von der Fischermole soll man sich fernhalten. Sieht sie tagsüber auch verlockend leer aus – gegen 17 Uhr kehren die Fischer heim. Die Kaje vor der Lonja füllt sich, und am Ende liegen die Boote in Dreierpäckchen. Besser ist es da, in dem durch die neue Westmole geschaffenen Hafenbecken vor Anker zu gehen und sich zwischen die zur Reparatur festliegenden Boote vor der Werft in der Nordostecke des Hafens zu legen. In der Nähe des Travellifts im ersten Drittel der Außenmole festzumachen, empfiehlt sich nicht, da hier nachts heftiger Schwell steht.

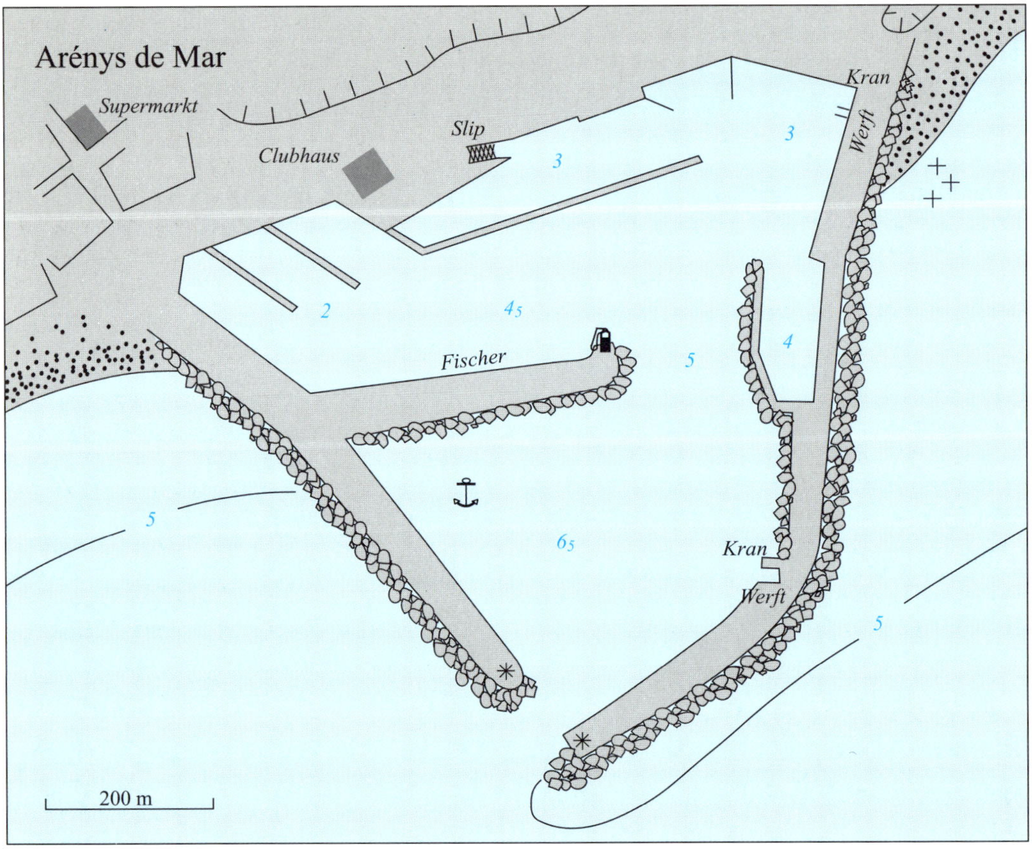

Steckbrief

Für Boote jeder Größe
Freie Liegeplätze rar
Strom und Wasser am Steg
Tankstelle
Lebensmittel im Ort
Bootszubehör
Werften
Slip

Ausflugstipp: Arénys gehört zu den am frühesten besiedelten Orten Kataloniens. Schon Iberer waren hier in vorrömischer Zeit sesshaft. Funde von Tongefäßen, die heute im Stadtmuseum (Museo Municipal) ausgestellt sind, zeugen von einer römischen Ortsgründung. Bedeutendstes Baudenkmal von Arénys dürfte der Torre del Encantats (Zauberturm) sein, eine Festung aus dem 13. Jahrhundert, die über den iberischen Siedlungsresten errichtet wurde. Daneben findet vor allem die Pfarrkirche (16. Jh.) Interesse, die einen der prachtvollsten Barockaltäre Kataloniens birgt – ein Werk des Künstlers Pau Costa Osvic aus dem Jahre 1706.

Barcelona

41°22'N002°10'E

Schon aus der Ferne ist die Stadt in Südwest auszumachen, wie sie sich zu Füßen ihres Hausberges Montjuich ausbreitet. Direkt an den von weitem auszumachenden wolkenkratzerähnlichen Gebäuden mitten im Zentrum der Stadt liegt das Olympiagelände mit dem neu angelegten Olympiahafen. Er wurde für 800 Yachten konzipiert, seine Einfahrt ist mit 6 bis 7 m Wassertiefe tief, und auch die Wassertiefen im Hafen, überall mindestens 3 m, sind ordentlich. Vom Olympiahafen sind es noch gut 4 Meilen bis zur eigentlichen Hafeneinfahrt nach Barcelona oder sogar 7 Meilen bis in denjenigen Hafenteil, der der Sportschifffahrt dient.

Von Süden kommend passiert man die Punta de Llobregat, wo der gleichnamige Fluss mündet, in mindestens 0,5 Meilen Abstand (Sand!) und steht dann genau vor der Einfahrt nach Barcelona. Fast immer trifft man auf viele vor Anker liegende Großschiffe aus aller Welt. Barcelona ist nun einmal einer der bedeutendsten Häfen des gesamten Mittelmeerraums. Es ist eine Weltstadt von Format, die sich dennoch das typisch Katalanische bewahrt hat. Man sollte es auf seiner Reise auf keinen Fall auslassen und sich vor allem nicht von dem hier manchmal recht starken Großschiffsverkehr davon abhalten lassen, einzulaufen.

Die Marina Port Vell befindet sich am äußersten Nordende des Hafens. Sucht man sie, hält man sich am besten so lange innen entlang der Außenmole, bis rechter Hand das erste Hafenbecken abzweigt. Das ist nach ca. 2 Meilen der Fall. Von hier halte man genau auf den Kopf der Pier zu, auf der man deutlich den kleinen »Eiffelturm« sieht – ein Stützpfeiler der Seilbahn auf den Montjuich. Hat man den Kopf dieser Pier erreicht, steuert man rechts ein und

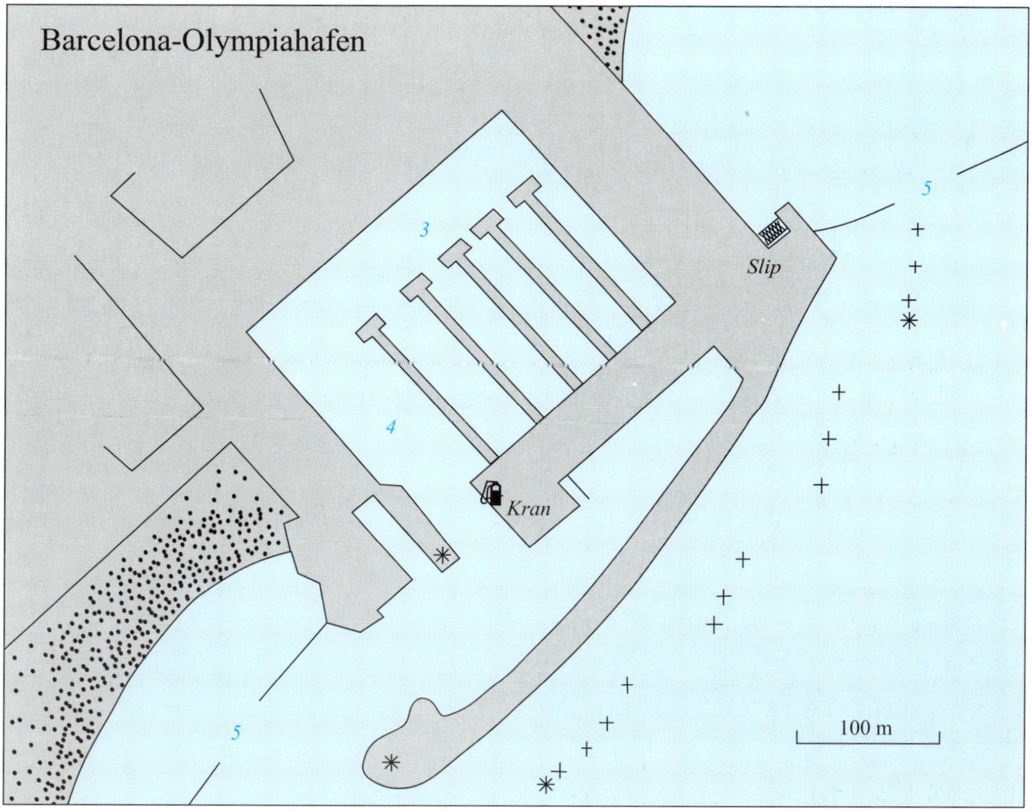

hält auf das große Gebäude mit der Aufschrift »Marina Port Vell« zu. Sieht die Einfahrt nach Barcelonas Sportboothafen auf der Seekarte auch recht einfach aus, so haben sich doch schon viele durch die Weitläufigkeit der Hafenanlage täuschen lassen und erst nach unnötig langer Suche ihren Liegeplatz gefunden.

Die Marina bietet allen erdenklichen Komfort, und man wird auch problemlos einen freien Liegeplatz bekommen. Da der Hauptdurchgangsverkehr auch nicht an der Marina vorbeibrandet, kann man sogar relativ ungestört sehr nahe am Altstadtkern liegen. Von hier aus ist es nur ein Katzensprung mitten ins Herz der

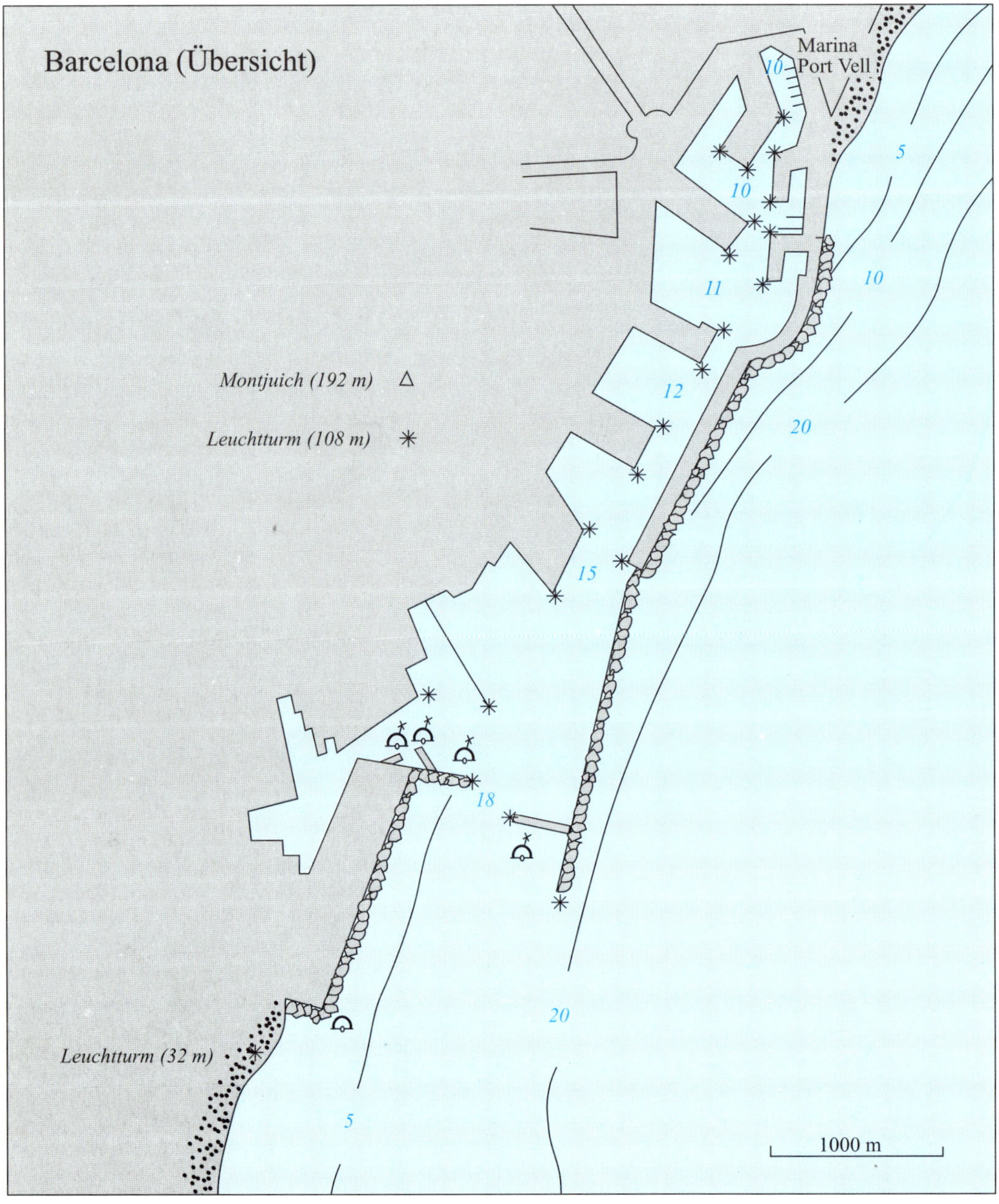

Stadt. Die Versorgungslage mit Lebensmitteln ist allerdings paradoxerweise etwas schwierig. Man sollte also entweder genügend gebunkert haben oder in den verwinkelten Altstadtgassen nach Lebensmittelgeschäften forschen, von denen es einige kleinere gibt. Schiffsbedarf, insbesondere nautische Literatur und Seekarten, sind hingegen leicht zu beschaffen.

Steckbrief

Für Boote jeder Größe
Strom und Wasser am Steg
Tankstelle
Werft
Yachtzubehör
Seekarten
Nautische Buchhandlung

Ausflugstipp: Keine Stadt an der spanischen Mittelmeerküste bietet dem Besucher so zahlreiche Sehenswürdigkeiten wie Barcelona, die Hauptstadt Kataloniens. Hier können nur einige der wichtigsten herausgegriffen werden. Für den Seefahrer wohl am interessantesten dürften die Atarazanas Reales sein, die ehemalige königliche Schiffswerft. Von den Katalanen werden die mächtigen gotischen Hallen, in denen 30 Galeeren gleichzeitig gezimmert werden konnten, »Drassanes« genannt. 1378 begann man mit dem Bau des Schiffsarsenals. Später wurde es mehrfach erweitert. Hier wurden die Flotten gebaut, die die Handelsmacht des mittelalterlichen Kataloniens aufbauten und sicherten. In ihrer Art sind die Werfthallen einmalig in Europa. Heute bilden sie den Rahmen für ein Schifffahrtsmuseum, in dem unter anderem interessante Schiffsmodelle und -originale, daneben Galionsfiguren und historische Seekarten ausgestellt werden. Die Atarazanas Reales befinden sich unmittelbar in Hafennähe hinter dem Kolumbusdenkmal.

Gleich neben den Drassanes beginnen die berühmten Ramblas, eine der prächtigsten

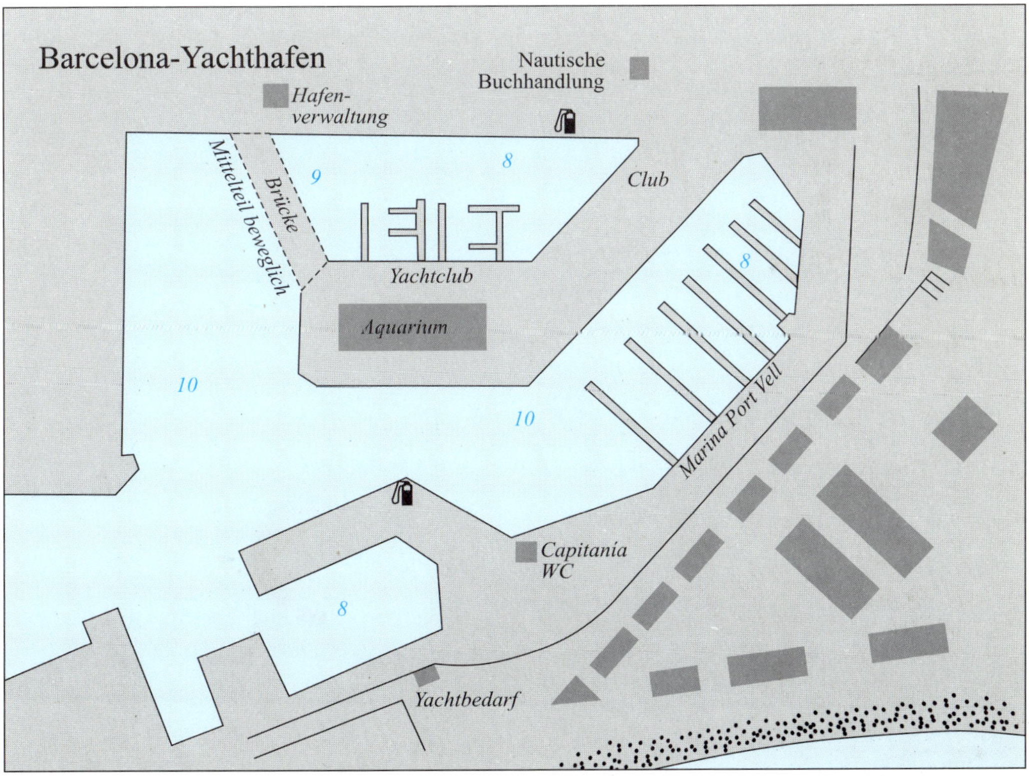

Flanierstraßen Europas. Man sagt, hier schlüge das Herz Barcelonas: Zeitungskioske, Blumenstände, Cafés und vielerlei Läden säumen den Weg, auf dem Tag und Nacht ein Menschenstrom flutet. Mehr als einen Kilometer weit führen die Ramblas von der Kolumbussäule am Hafen bis zur lebhaften Plaza de Catalunya und verändern unterwegs immer wieder ihr Gesicht.
Nordöstlich der Ramblas liegt der Kern der Altstadt, das gotische Viertel (Barrio Gotico). Im Umkreis der Kathedrale standen hier vom 13. bis 15. Jh. über den Resten einer weitaus älteren Stadt, die bis in die Römerzeit zurückverfolgt werden kann, prächtige Bauten im gotischen Stil. Es war die Blütezeit Barcelonas, das damals Hauptstadt des Königreichs Aragón und bedeutendste Handelsmetropole des westlichen Mittelmeerraums war. Man hat sich bemüht, spätere Umbauten der gotischen Architektur anzupassen, so dass der gesamte Komplex noch heute eine recht stilreine mittelalterliche Stadt darstellt, die aber keineswegs museal wirkt.
Hervorragendes Baudenkmal des gotischen Viertels ist ohne Zweifel die Kathedrale. Sie gilt als eines der Meisterwerke katalanischer Gotik. Unter ihren Grundmauern konnten Reste einer altchristlichen Basilika nachgewiesen werden. Der heutige Bau stammt aus dem 13. bis 15. Jh. Allerdings wurde die nach Westen gerichtete Hauptfassade erst im vorigen Jahrhundert vollendet.
Nicht versäumen sollte man einen Besuch des Montjuich, des Hausbergs von Barcelona. Der bis zu 192 m hohe Hügel erhebt sich in Hafennähe südlich des Stadtzentrums. In iberischer Zeit stand hier oben die älteste Ansiedlung im Bereich Barcelonas, und die Römer sollen hier einen Jupitertempel errichtet haben, wodurch der Montjuich vielleicht zu seinem Namen kam (Mons Jovis = Jupiterberg). Eine andere Version besagt, dass der Name sich aus dem Judenfriedhof ableitet, der sich einst auf dem Montjuich befand. Die frühere militärische Bedeutung zeigen die aus dem 17. Jh. stammenden Befestigungsanlagen.
Anlässlich der Weltausstellung von 1929 errichtete man auf dem Montjuich zahlreiche Gebäude, die heute Museen und Ausstellungen beherbergen, unter anderem das berühmte Museum für katalanische Kunst, das Archäologische Museum und die Miró-Stiftung. Man erreicht den Berg entweder zu Fuß über die Plaza d'España (dorthin mit Metro-Linie L3 ab Drassanes) oder mit dem Lift vom Hafen oder von der Carrer Nou de la Rambla.
Nicht nur der Name Joan Miró ist eng mit Barcelona verbunden, auch ein weiterer katalanischer Künstler hat das Bild der Stadt unverwechselbar geprägt: der Architekt Antonio Gaudí (1852–1926). Als Barcelona nach jahrzehntelangem Verbot durch die Zentralregierung in Madrid Ende des 19. Jh. endlich seine viel zu eng gewordenen Stadtmauern niederreißen durfte, begann eine Ausbauphase, in der die breiten, schachbrettartig angelegten Straßenzüge entstanden, die heute die Altstadt halbkreisförmig umspannen. Gaudí erhielt in dieser Phase des Aufstrebens und der Weltoffenheit Freiraum für seine Bauten. Er schuf eine katalanische Form des Jugendstils, den so genannten »Modernismo«, der bereits surrealistische Züge trug. Seine Schöpfungen zählen zu den fantasiereichsten Gebäuden überhaupt. Zahlreiche beachtenswerte Bauwerke des Künstlers stehen in Barcelona. Wohl das berühmteste ist die unvollendet gebliebene Kirche der Heiligen Familie (Sagrada Familia), in deren Krypta sich das Grab Gaudís befindet. Zu Lebzeiten des Künstlers konnten außer Krypta und Apsis nur die gewaltige, von Barock anmutenden Verzierungen überdeckte Westfassade mir vier Türmen vollendet werden. Derzeit baut man an der Ostfassade, die ebenfalls vier Türme erhält. Da das Vorhaben auf private Spenden angewiesen ist, geht der Bau nur langsam voran. Geplant sind zwölf Türme von jeweils mehr als 100 m Höhe, die die zwölf Apostel symbolisieren. Dazu eine 160 m hohe Hauptkuppel. Ob das heute hauptsächlich als Touristenattraktion dienende Lebenswerk Gaudís jemals fertiggestellt wird, bleibt ungewiss. Ein Besuch der außergewöhnlichen Baustelle, die zum Wahrzeichen Barcelonas geworden ist, lohnt allemal. Zu erreichen ist die Sagrada Familia vom Hafen aus mit den Metro-Linien L4 und L5 (umsteigen in Verdaguer).
Auch der fantastische Güell-Park (Metro-Linie L3 ab Drassanes bis Lesseps, dann zu Fuß bergan) wurde im wesentlichen durch

Gaudí gestaltet. Ursprünglich hatte der Gaudí-Mäzen Eusebi Güell hier eine Gartenstadt geplant, doch nur wenige Wohnhäuser wurden tatsächlich gebaut. Geblieben ist eine einfallsreiche Parkanlage mit skurrilen Plastiken Gaudís und schönem Ausblick auf Barcelona. Ein Tagesausflug kann zum berühmten Wallfahrtskloster Montserrat führen. Dafür fährt man mit der elektrischen Schmalspurbahn Ferrocarilles Catalanes (F.C.) von der Plaza d'España Richtung Martorell bis zur Station Aeri de Monteserrat, die durch eine Seilbahn mit dem Berg verbunden ist. Das Kloster schmiegt sich von weitem fast unsichtbar in Schwindel erregender Höhe an den steilen Hang des Bergmassivs Montserrat. Der Name bedeutet »zersägter Berg«, eine treffende Beschreibung der bizarren Felsformation. Die Gralssage sieht im Montserrat den heiligen Berg. Sicher ist, dass hier im 10. Jh. ein erstes Kloster errichtet wurde, das seit dem 11. Jh. vom Benediktiner-Orden verwaltet wurde und nach seiner Zerstörung während der Napoleonischen Kriege am Anfang des 19. Jh. im modernen Stil wiedererbaut wurde.

Nur die Klosterkirche im Renaissancestil stammt noch aus dem 16. Jh. Sie birgt im Altarraum eine dunkle Madonnenstatue (La Moreneta), deren angebliches Auffinden auf dem Monteserrat Anlass zur Errichtung des Klosters gewesen sein soll. In Wahrheit dürfte sie aus dem 12. oder 13. Jh. stammen. Die tiefschwarze Färbung verdankt sie wohl dem Kerzenrauch der Jahrhunderte. Die Moreneta, die als wundertätig gilt, ist Ziel zahlreicher Pilger und macht Montserrat zum bedeutendsten Wallfahrtsort Kataloniens.

Port Ginesta

41°15'N001°55'E

Nur 13 Meilen von Barcelonas Hafeneinfahrt entfernt liegt diese neu errichtete, moderne Marina. Als Absprunghafen für die Fahrt nach

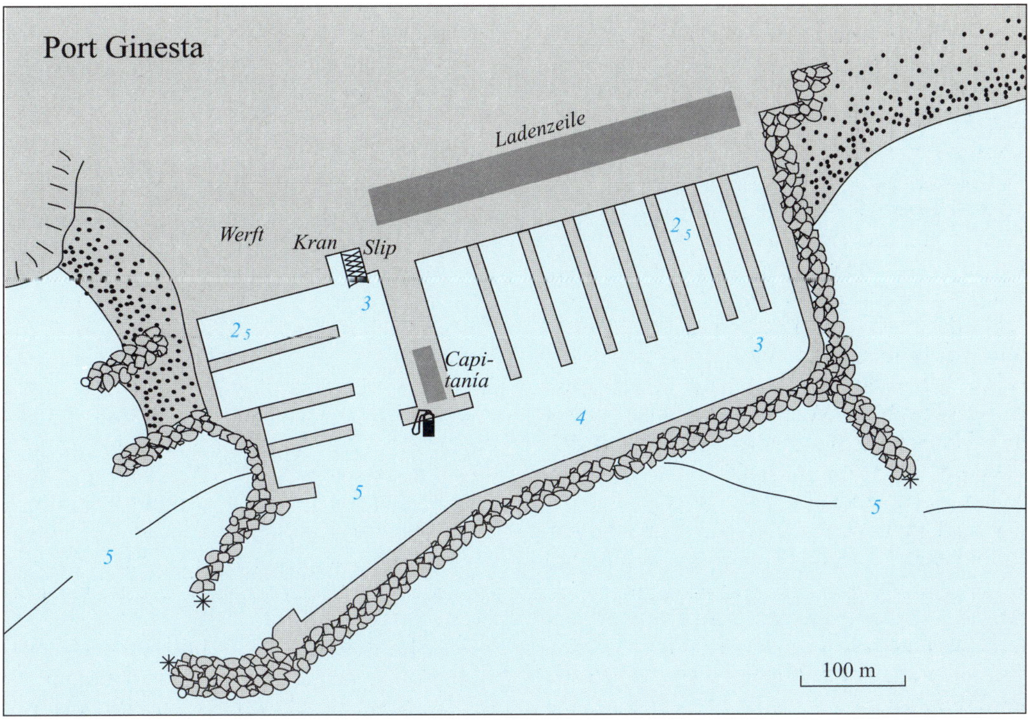

Mallorca bietet sie sich geradezu an. Auch die Verkehrsanbindung an Barcelona (Eisenbahn, Straße) ist perfekt. Barcelonas Flughafen ist ebenfalls ganz in der Nähe, stört aber den Gast nur wenig.
An dieser Stelle beginnt auch die Landschaft eine Verwandlung. An Land trifft man recht plötzlich auf die Zwergpalme – die einzige europäische Palmenart. Dies lässt auf mildes Klima das ganze Jahr über schließen, und so ist es auch. Zwei Meilen ostnordöstlich von der Stelle, an der die Berge steil abfallend wieder ans Meer treten, liegt die durch starke Molen gut geschützte Einfahrt des Hafens; sie ist auf 6 bis 7 m ausgebaggert und rein.

Steckbrief

Für Boote jeder Größe
Strom und Wasser am Steg
Tankstelle
Werft
Lebensmittel
Restaurants

Garraf

41°15'N001°54'E

In unmittelbarer Sichtweite (1 Meile westlich) von Port Ginesta liegt Garraf. Aus dem ehemaligen Ladeplatz für die Steinbrüche von La Falconera ist heute ein moderner kleiner Yachthafen geworden. Der Ort selbst ist ein kleines Industriestädtchen von vielleicht 500 Einwohnern.
Weiße Häuser ducken sich in die Schatten des hier bis zu 500 m hoch steil aufragenden Kalkmassivs. Seine Hänge sind dicht mit Zwergpalmen bestanden, deren kräftiges Grün zum hellen Kalkstein einen reizvollen Kontrast bildet. Die Wassertiefe in der Einfahrt des Hafens wird auf 3 m gebaggert.

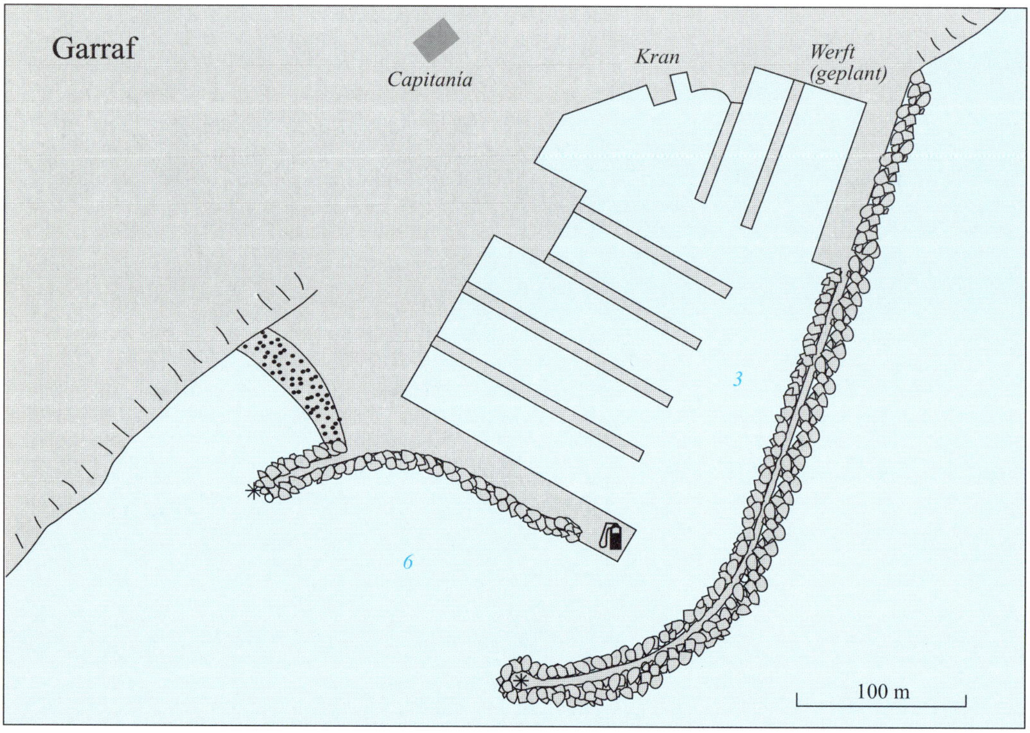

Steckbrief

Für Boote bis 2 m Tiefgang
Strom und Wasser am Steg
Tankstelle
Lebensmittel im Ort
Slip und Kran
Eisenbahnhaltestelle in Hafennähe

Aiguadolc (Sitges)

41°14'N001°50'E

Mit der Marina von Aiguadolc ist es gelungen, eine Siedlung im klassisch mediterranen Baustil zu erstellen, die sich harmonisch in die Landschaft einfügt.

Der Hafen strahlt ein internationales Flair aus, ist dabei aber nicht laut und aufdringlich. Man findet alle Serviceeinrichtungen eines modernen Sportboothafens, dazu mehrere Shipchandler und eine Reihe zum Teil guter Restaurants.

Vom äußersten Westende des Hafens hat man einen schönen Blick auf die Stadt Sitges mit ihrem wuchtigen, sechseckigen Kirchturm vor den hier flachen, weit von der Küste zurücktretenden Bergen. Dieser sechseckige Kirchturm, ca. 1 Meile westlich des Hafens, ist auch als markante Landmarke günstig.

Der Hafen verfügt über 670 Liegeplätze mit bis zu 3 m Wassertiefe. Die Einfahrt wird zwar auf 4,5 m Tiefe gehalten, neigt aber zum Versanden.

Bei hohem, auflandigem Seegang ist die Einsteuerung nicht zu empfehlen. Westlich der Einfahrt rücken viele steinerne Schutzmolen bis zu 100 m ins Meer vor. So soll der Strand von Sitges geschützt werden. Dank ihrer guten Befeuerung ist die Einfahrt auch in der Dunkelheit problemlos.

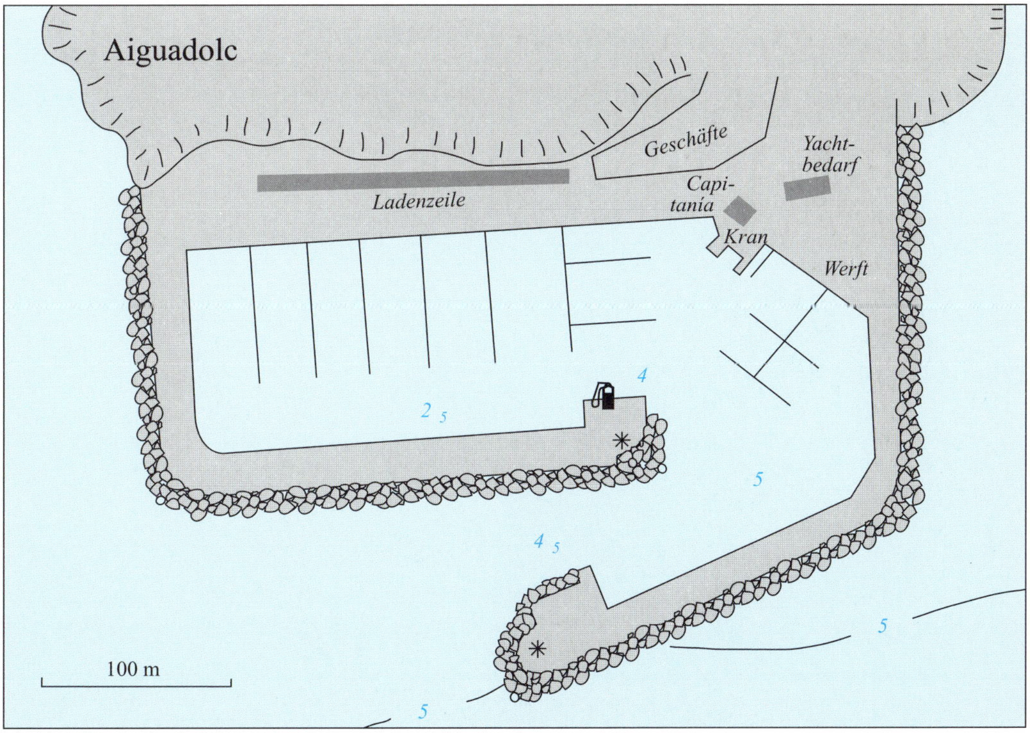

Steckbrief

Für Boote bis 2,5 m Tiefgang
Strom und Wasser am Steg
Tankstelle
Lebensmittel
Werft
Bootszubehör
Gute Restaurants

Villanueva y Geltrú

41°13'N001°44'E

Die Ortschaft, schon im 11. Jh. erwähnt, wurde aus den Orten La Geltrú und Villanova zusammengelegt. Heute sind beide Orte untrennbar miteinander verbunden. Der Leuchtturm auf der Punta San Cristóbal trägt ein starkes Feuer. Er steht unmittelbar nordöstlich des Hafens und ist zusammen mit der Hafenbefeuerung eine sichere Ansteuerungsmarke. Auch unter schwierigen Seebedingungen und

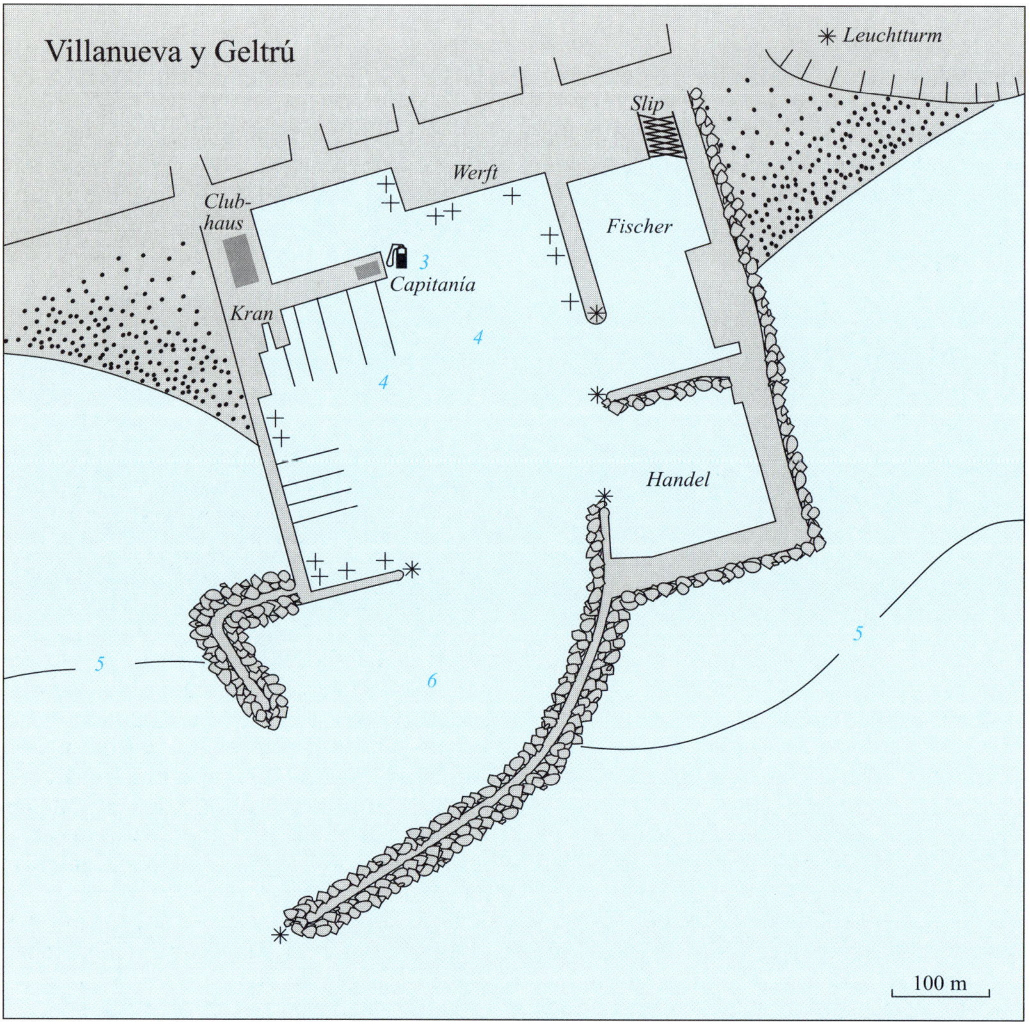

auch dann unter Segeln kann der Hafen problemlos angelaufen werden. Seine Einfahrtstiefe beträgt 6 m, und die weit ins Meer hinaus gebaute Schutzmole gibt gute Deckung auch gegen groben, auflandigen Seegang. Bei Tage orientiert man sich am besten an der auffällig hohen Schutzmole. Ankermöglichkeiten gibt es in der Ecke nördlich der Tankstelle, empfehlenswert sind sie jedoch nicht. Am Nordostende des Hafens befindet sich der Fischerhafen mit öffentlichem Slip. Am Südostende liegt das Hafenbecken für die Großschifffahrt, hier haben Yachten nichts zu suchen. Der Hafen ist großzügig angelegt, von Felsen, Palmen und Olivenhainen gesäumt und mit einem ausgedehnten Werftgelände. Hier können alle Reparaturarbeiten ausgeführt werden. Die Landschaft ist flach, die Berge stehen weit im Hinterland, und die Stadt wirkt mit ihrer palmengesäumten Uferpromenade einladend. Westlich an das Hafengelände grenzt, von diesem durch einen kleinen Park getrennt, der lange, breite Sandstrand.

Steckbrief

Für Boote jeder Größe
Strom und Wasser am Steg
Lebensmittel im Ort
Tankstelle
Werft
Gut für Trailerboote geeignet
Viel freier Parkraum

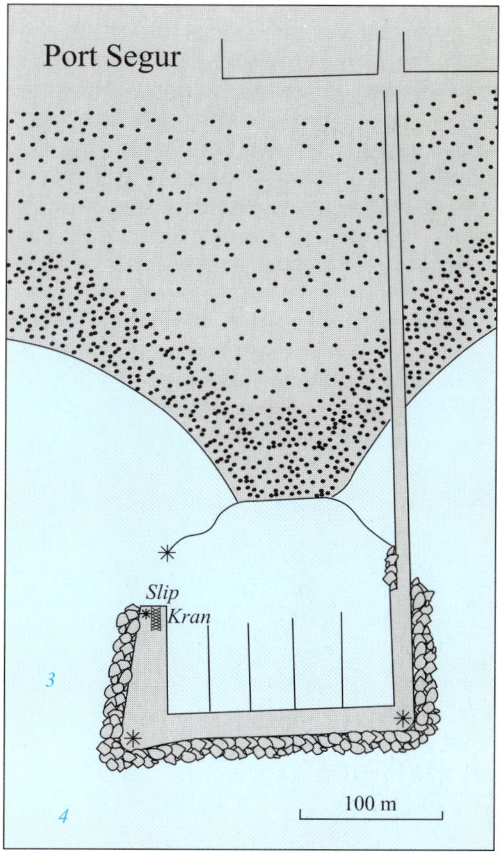

Segur de Calafell

41°12'N001°34'E

Genau wie sein Nachbarhafen Comarruga ist Port Segur eine Kuriosität. Ein Hafen, 300 m vor der flachen Sandküste im Meer erbaut. Warum dieser Aufwand? Nun, die dahinter stehende Idee klingt gut. Die Küste ist flach, sie ist sandig – viele Häfen neigen zum Versanden. In der Regel setzt eine schwache Strömung vor der Küste nach Süden. Baut man nun den Hafen statt an Land in das Meer, hält diese Strömung die Hafeneinfahrt automatisch sandfrei. Eine feine Idee, nur in der Praxis funktioniert sie nicht. Deshalb sind in Segur nur flachgehende Motorboote zu Hause.
Feiner Sandstrand grenzt nördlich und südlich an. Aber die einfallslose Bebauung erstreckt sich über die gesamte Küstenbreite, und das 3 Meilen nördlich gelegene Kraftwerk trägt nicht eben zu einem positiven Gesamteindruck bei. Von See kommend ist der Hafen leicht an der langen, auf Pfeilern errichteten Verbindungsbrücke zum Land zu erkennen. Trotz Befeuerung (unzuverlässig!) sollte man bei Nacht die Einfahrt nicht wagen, zu dicht liegt sie am unbeleuchteten Strand und die Wassertiefen sind unsicher. Im Hafen findet man Strom und Wasser am Steg, Sanitäreinrichtungen befinden sich im Club Náutico.

Steckbrief

Vorsicht: Einfahrt versandungsgefährdet
Nur für flachgehende kleine Boote
Keine Versorgungsmöglichkeiten
Einige Restaurants an der Strandpromenade

Comarruga

41°11'N001°32'E

Der Hafen krankt zwar im Prinzip, genau wie Segur, am Versandungssyndrom, jedoch nicht ganz so heftig. Hier hinein wagen sich auch Kielboote, aber es ist größte Vorsicht geboten. Die Wassertiefen in der Einfahrt variieren ständig zwischen 3 m und weniger als 1,5 m, was trotz häufigen Ausbaggerns keine Seltenheit ist.
Landschaftlich ist die Marina nicht ohne Reiz. Sie strahlt eine gepflegte Atmosphäre aus. Hinter einer hübschen Uferpromenade stehen Villen, von Gärten umstanden. Ein Vorteil des Inselhafens ist zweifellos die Ruhe vor der Küste und das ungewohnte Gefühl, trotz festgemachten Bootes die Küste gleichsam von draußen zu sehen.
Mit insgesamt 265 Liegeplätzen besteht der Hafen aus zwei voneinander durch eine breite Betonpier getrennten Hafenbecken. Das Westliche bietet mit bis zu 2,5 m Wassertiefe auch größeren Booten Raum. Der östliche Hafenteil ist besser für kleine Boote geeignet. An den beiden Mittelstegen kann man mit gut 2 m Wasser rechnen.
Auch dieser Hafen ist von See gut an der langen, pfeilergestützten Brücke zum Land zu erkennen. Beide Hafeneinfahrten sind gut befeuert. Dennoch sollte man bei Dunkelheit besser nicht einlaufen, wenn man den Hafen noch nicht kennt. Trotz regelmäßiger Baggerarbeiten in der Einfahrt sind die Wassertiefen unsicher. Bei hohem, auflandigem Seegang können sich vor der Einfahrt schnell Barren bilden. In der Saison bietet der Ort gute, außerhalb der Saison nur eingeschränkte Versorgungsmöglichkeiten. Besser ist es dann, sich vorher zu verproviantieren.

Steckbrief

Vorsicht: Einfahrt versandungsgefährdet
Kuriose Inselhafenanlage
Strom und Wasser am Liegeplatz
Tankstelle
Werft

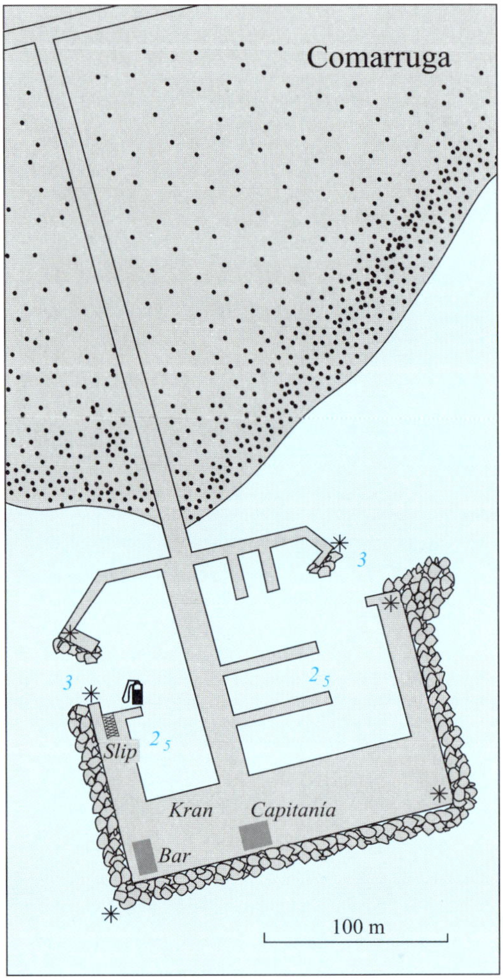

Torredembarra

41°07,5'N001°24'E

Zwischen Comarruga und Tarragona ist hier eine neue Marina entstanden. Sie bietet mehr als 800 Liegeplätze für Boote von 6 bis 18 m Länge. Die Anlage dieses Hafens ist wohl mit ein tragender Grund dafür, dass im Hafen von Tarragona keine Ausbauaktivitäten zu verzeichnen sind.

Steckbrief

Moderne Marina
für Boote jeder Größe
Tankstelle

Tarragona

41°07'N001°15'E

Die mächtigen Hafenanlagen Tarragonas sind weithin sichtbar. Von Süden kommend wird man nach dem Runden von Cabo de Salou in gut 2 Meilen nordöstlicher Peilung die gigantische Ölverladepier sichten. Von Barcelona kommend fällt die sich fast 3 Meilen von der Stadt ins Meer erstreckende Ostmole ins Auge, die in den letzten Jahren noch deutlich verlängert wurde. Damit ist Tarragona neben Barcelona einer der Häfen der Region, die auch unter übelsten Wetterverhältnissen sicher angelaufen werden können.
Die Wassertiefe in der Einfahrt beträgt mehr als 20 m. Nordöstlich des Hafens liegt die Alt-

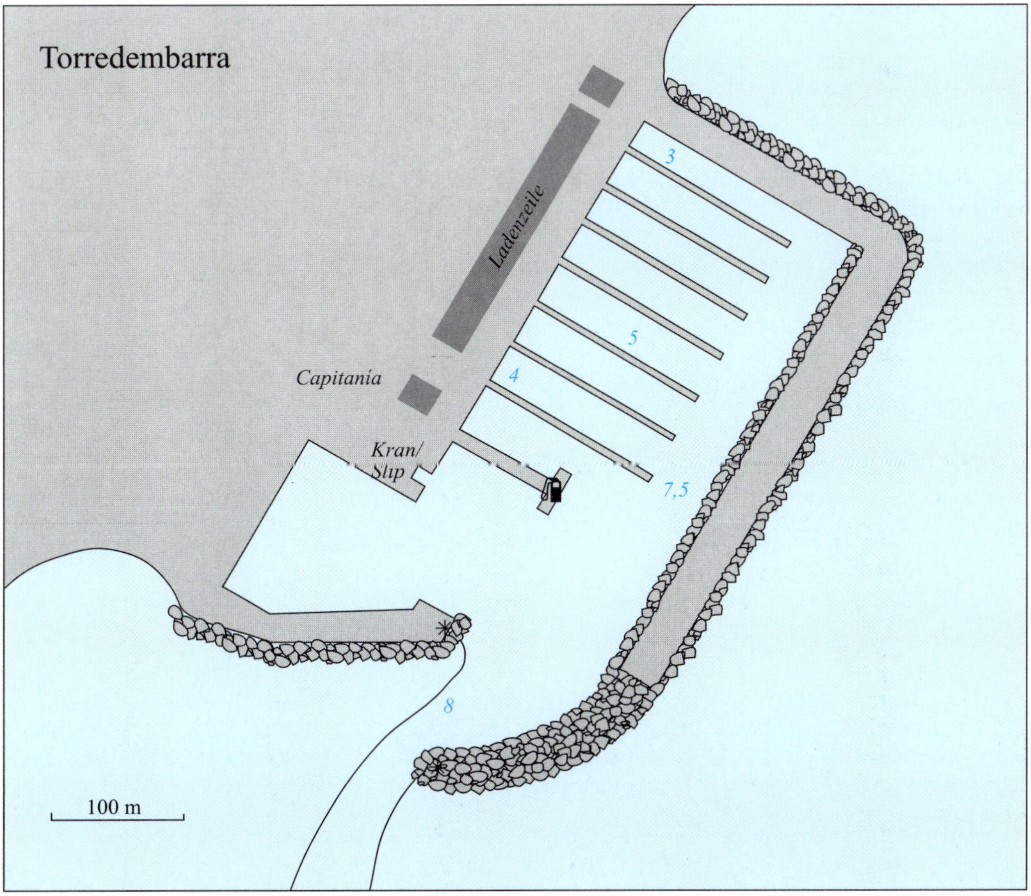

stadt, an deren Rand auf einem 118 m hohen Hügel die berühmte Kathedrale liegt – von Norden kommend eine gute Landmarke. Der Hafen ist zwar gut befeuert, aber von weitem ist nachts die von Neonlicht durchflutete Ölraffinerie mit ihren Landungsbrücken westlich der Stadt die bessere Ansteuerungshilfe.

Obgleich der Sportboothafen 2,5 Meilen von der Hafeneinfahrt entfernt liegt, ist er nicht schwierig zu finden. Man läuft zunächst entlang der Innenseite der Ostmole, bis man ganz automatisch nach 2 Meilen vor der Einfahrt zu einem »Hafen im Hafen« steht. Dann läuft man genau in nördlicher Richtung in diesen alten Hafenteil ein, genau auf das Gebäude des Club Náutico zu. Aber auch das innere Hafenbecken gehört zu einem lebhaften Industriekomplex. Stets sind irgendwelche Berufsschiffe unterwegs und verursachen nennenswerten Schwell. Der Yachthafen ist dem schutzlos preisgegeben und entsprechend arbeiten die Boote an ihren Festmachern. Rundherum ist es umtriebig und laut. Die Hafenstraße zum Freihafen wird stark von Lkw befahren – ein ungemütliches Liegen.

Das aufwendig gebaute, alte, ehrwürdige Clubhaus spiegelt den Charme früherer Tage wieder. Es drängt sich der Verdacht auf, dass viele Tarragoner ihre Boote in die umliegenden modernen Marinas gebracht haben. Der Hafen liegt zwar weit vom Stadtzentrum entfernt, es fährt aber direkt vom Clubhaus ein Bus ins Zentrum. In Hafennähe gibt es nur wenige Restaurants. In der Stadt sieht dies anders aus. Unmittelbar in Hafennähe gibt es eine sehr gut sortierte nautische Buchhandlung (Seekarten!) und einige Shipchandler. Wenn der Hafen selbst vielleicht auch wenig einladend ist, so hat die Stadt Tarragona doch einiges zu bieten.

Steckbrief

Für Boote jeder Größe
Industriehafen mit Sportboothafen
Sicher bei jedem Wetter anzulaufen
Strom und Wasser am Steg
Tankstelle
Wenig komfortables Liegen
Lebensmittel im Ort und am Hafen
Bootszubehör und nautische Literatur am Hafen

Ausflugstipp: Tarragona zählt zu den kulturhistorisch interessantesten Städten Spaniens. Man sollte sich deshalb die Mühe machen,

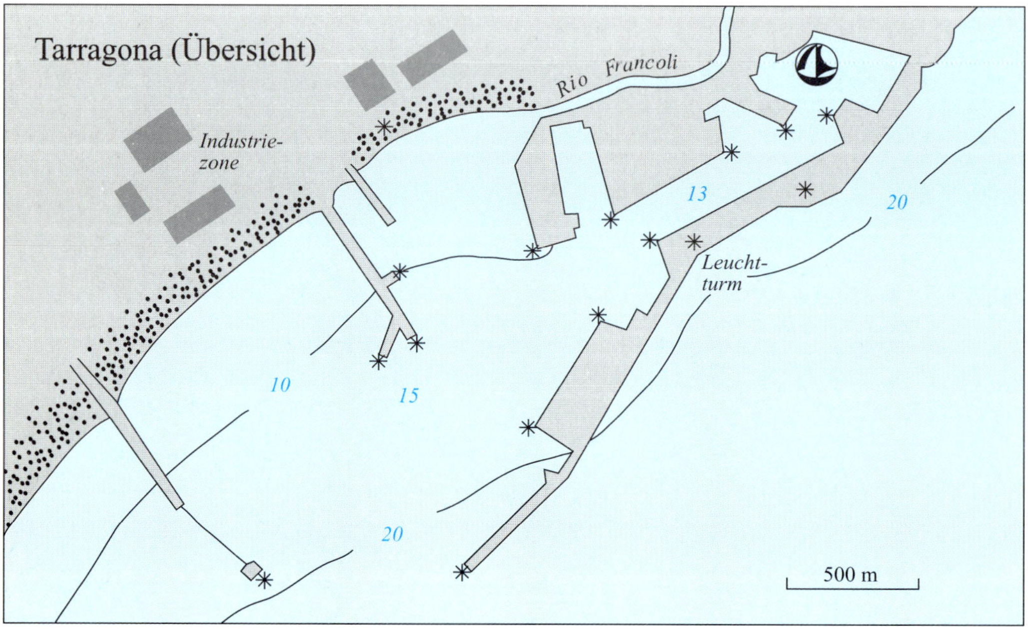

vom Hafen aus per Bus in die Innenstadt zu fahren. Die Bushaltestelle befindet sich unmittelbar gegenüber des Yachtclubs. Von der Hauptstraße der Stadt, der Rambla Nova, steigt man in nordöstlicher Richtung hinauf in die Altstadt, deren Wahrzeichen, die Kathedrale, hoch über die engen Gassen emporragt. Einst erhob sich hier ein römischer Jupitertempel, später eine maurische Moschee. Mit dem Bau des heutigen Gotteshauses begann man 1171 im romanischen Stil. Später wurde dann gotisch weitergebaut (die Kathedrale blieb unvollendet), woraus sich ein für Katalonien besonders charakteristischer Übergangsstil ergab. Die Hauptfassade ist rein gotisch gehalten. An ihr fällt die außergewöhnlich große Fensterrosette auf, eine der größten Europas. Im Innern sind der Hauptaltar aus Alabaster (15. Jh.) und verschiedene reich geschmückte Seitenkapellen von Interesse. Sehenswert ist auch der Kreuzgang mit dem volkstümlichen Relief der so genannten »Prozession der Mäuse« an einem der Kapitelle, auf dem dargestellt ist, wie eine Katze von Mäusen zu Grabe getragen wird, und die islamische Gebetsnische, die an die arabische Zeit Tarragonas erinnert. Auch sind verschiedene Baudenkmäler aus der Antike in Tarragona zu besichtigen. Da wäre zunächst auf die archäologische Promenade (Passeig Arqueólogic) zu verweisen, die am Nordrand der Altstadt zu Füßen einer mächtigen Befestigungsmauer verläuft, deren Ursprünge vielleicht in iberischer Zeit zu suchen sind. Sicher ist, dass die Zyklopenmauer, wie sie häufig genannt wird, in römischer Zeit und im Mittelalter mehrfach verstärkt wurde. Heute ist die Mauer, die einst die ganze Stadt umgab, noch auf rund 2 Kilometer Länge erhalten. Von der von Zypressen und Lorbeer gesäumten Promenade ergeben sich immer wieder schöne Ausblicke auf das Meer und das Landesinnere.

Ruinen eines römischen Amphitheaters aus der Zeit des Kaisers Augustus befinden sich

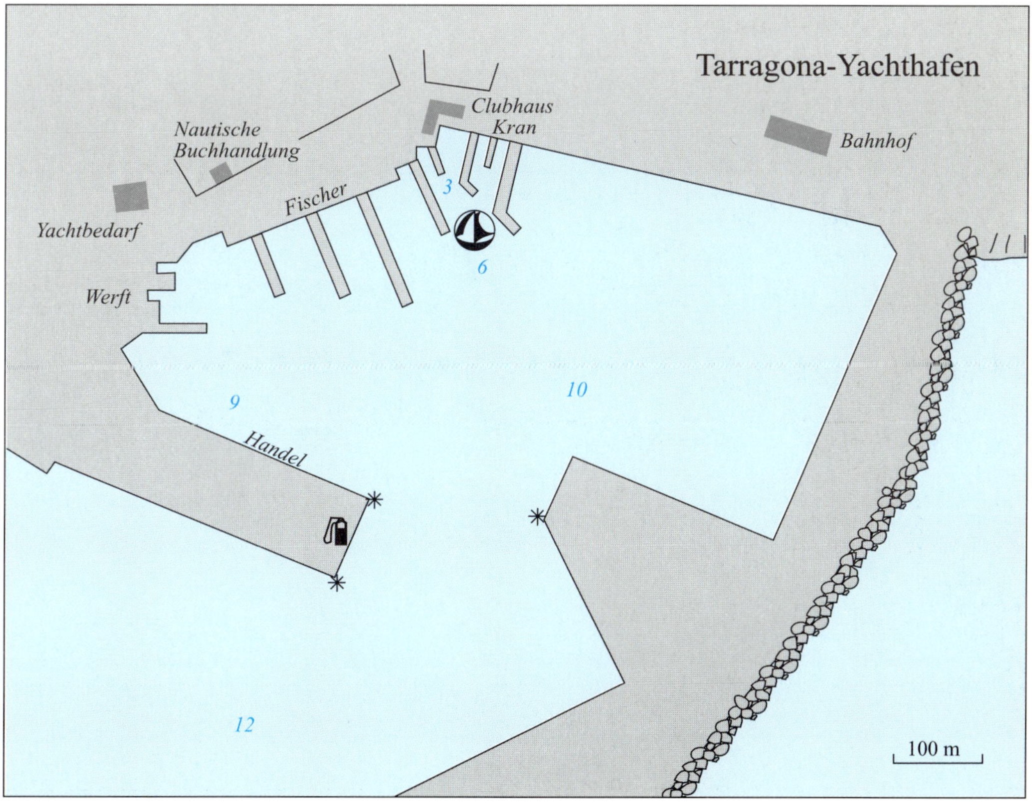

südlich der Altstadt in Strandnähe. Es wurde unter Ausnutzung der natürlichen Gegebenheiten an den Hang gebaut, an dem heute der Milagro-Park liegt. Das Stadion soll im Jahre 259 Schauplatz des grausamen Märtyrertodes dreier christlicher Würdenträger gewesen sein, zu deren Ehren später inmitten des Amphitheaters eine Basilika errichtet wurde, deren Fundamente man unter einer ebenfalls nur als Ruine erhaltenen romanischen Kirche ausgegraben hat.

Cambrils

41°04'N001°04'E

Der kleine Ort hat ein städtisches Gepräge und verfügt über einen großzügig ausgebauten Hafen. Die Ansteuerung von Cambrils ist problemlos. Die Hafeneinfahrt liegt genau 5 Meilen westlich von Cabo Salou, das von weitem mit seiner Höhe von 80 m gut erkennbar ist. Die Hafeneinfahrt ist breit und das dahinter liegende Hafenbecken so ausgedehnt, dass auch ein Einlaufen unter Segeln ohne Schwierigkeiten machbar ist. Die Wassertiefe in der Einfahrt beträgt 6,5 m. In der Einfahrt zum Yachthafen liegt sie bei etwa 2,5 m. Beide Einfahrten sind befeuert.

Tramontana, der starke bis stürmische Nordwestwind, heißt hier eigentlich schon Mestral oder Maestral. Er weht manchmal heftig über das große Hafengebiet. Dann liegt man am besten an der Innenseite der Molen, die den Yachthafen vom übrigen Teil abtrennen. Die Westmole ist Fischereifahrzeugen vorbehalten, nur der Ostteil des Hafens ist für Sportboote gedacht. Man lasse sich nicht dazu verleiten, an der Westseite festzumachen, selbst wenn dieser Teil des Hafens beim Einlaufen frei ist. Die Fischer sind in der Regel tagsüber auf See und landen ihren Fang abends an. Dann ist die Westmole sehr schnell in Dreierpäckchen voll belegt. Wegen manövrierender

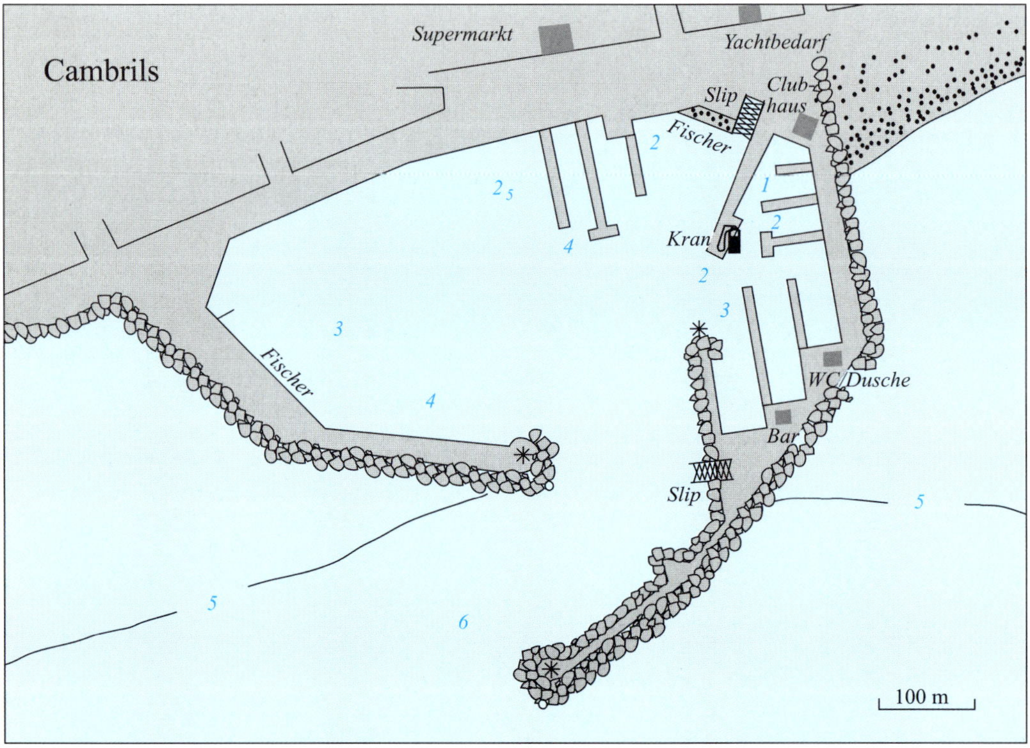

Fischerboote kann auch vom Ankern (prinzipiell vor den beiden Bootsstegen östlich des Strandes möglich) nur abgeraten werden.
Die moderne Marina im Ostteil des Hafens ist zwar gut belegt, aber ein Platz für die Nacht ist immer zu haben. Vom Hafen aus hat man einen eindrucksvollen Blick auf die im Westen ins Meer ausstreichenden imposanten Berge. Trotz häufig manövrierender Fischerboote liegt man im Yachthafen ruhig. An der Westseite des Yachthafens befindet sich ein Slip für Arbeitsboote, insbesondere Fischkutter. Man kann aber auch Yachten, vorzugsweise mit Langkiel, aufslippen. Im Ort sind alle Versorgungsmöglichkeiten gegeben.

Steckbrief

Für Boote bis 2 m Tiefgang
Geräumiger Hafen
Strom und Wasser am Steg
Tankstelle
Lebensmittel im Ort
Vorzügliche Restaurants im Ort
Slipanlage preiswert (nur für Langkieler geeignet)

Hospitalet del Infant

40°59'N000°56'E

Der moderne Yachthafen liegt 8 Seemeilen südwestlich Cambrils. Der eigentliche Ort Hospitalet liegt 0,5 Meilen vom Hafen landeinwärts. An den rechtwinklig ins Meer hinaus gebauten Steinmolen und den dahinter stehenden mehrgeschossigen Appartementhäusern ist der Hafen gut auszumachen. Er bietet knapp 600 Liegeplätze für Boote bis zu 15 m Länge und 2,5 m Tiefgang.
Schon im frühen Baustadium des 1986 fertig gestellten Hafens zeigte sich, dass die Einfahrt stark zum Versanden neigte. Deshalb wurde ca. 200 m südwestlich der Einfahrt noch eine Schutzmole rechtwinklig ins Meer gebaut und in jüngster Zeit noch um ein Stück verlängert. Dadurch hat sich vor dem eigentlichen Hafen noch eine Art Vorhafen gebildet, der flachgehenden Booten eine gute Ankermöglichkeit bietet. Da dieser Teil aber nicht ausgebaggert wird, darf man nur mit größter Vorsicht einen Ankerplatz suchen. Mit mehr als 1,5 m Wassertiefe darf man hier wohl nicht rechnen.

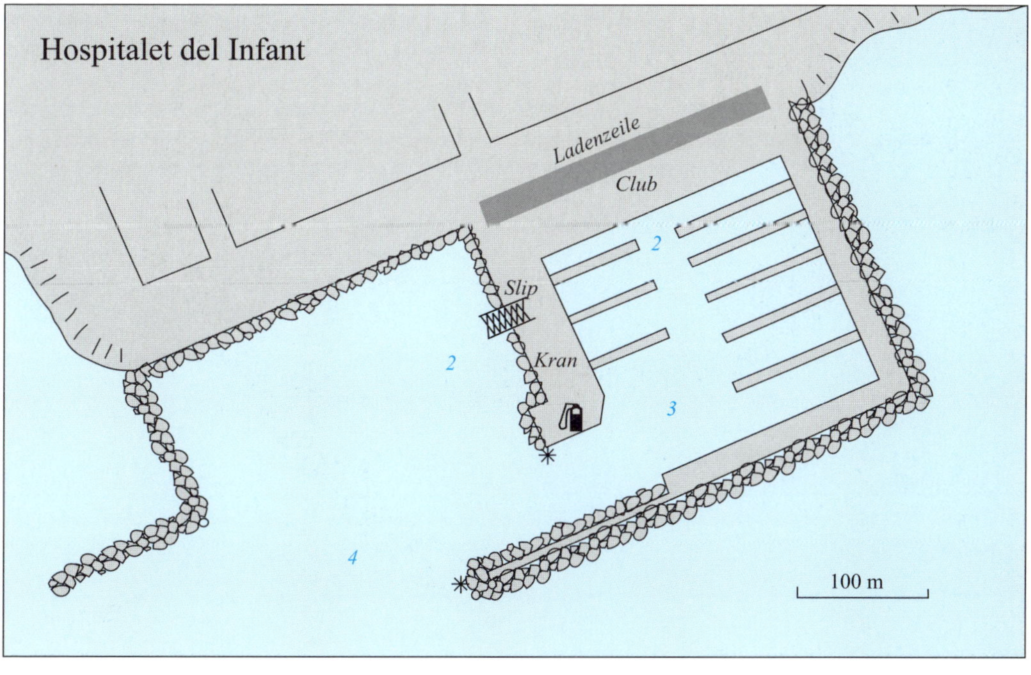

Der Hafen liegt vor einer beeindruckenden Felskulisse und ist sachlich und zweckmäßig gehalten. Einige Restaurants an der Uferpromenade verheißen Gaumenfreuden, und gottlob ist von dem einzigen spanischen Atomkraftwerk, das einige Meilen südwärts liegt, kaum etwas zu sehen – es sei denn, man schaut böswillig dorthin!

Steckbrief

Für Boote bis 15 m Länge
und 2,5 m Tiefgang
Gut geeignet für Trailerboote
Tankstelle
Lebensmittel am Hafen
Slip
Bootszubehör

Cala Fat

40°55,5'N000°51'E

In Cala Fat ist eine moderne Marina in landschaftlich reizvoller Lage entstanden. Der Hafen liegt auf halbem Wege zwischen Hospitalet und Ametlla de Mar. Der Hafen bietet 400 Booten bis 15 m Liegeplatz. An den Stegen darf man mit 3 m Wassertiefe rechnen, die Einfahrtstiefe liegt bei ca. 4 m. Im Übrigen ist es eine kleine Marina mit den üblichen Einrichtungen. Ein Supermarkt in der steil bergauf liegenden Urbanización ist leider nur mühsam zu erreichen.

Steckbrief

Für Boote bis 15 m Länge
und 2,5 m Tiefgang
Hübscher, stiller Hafen
Tankstelle
Lebensmittel in der Urbanización

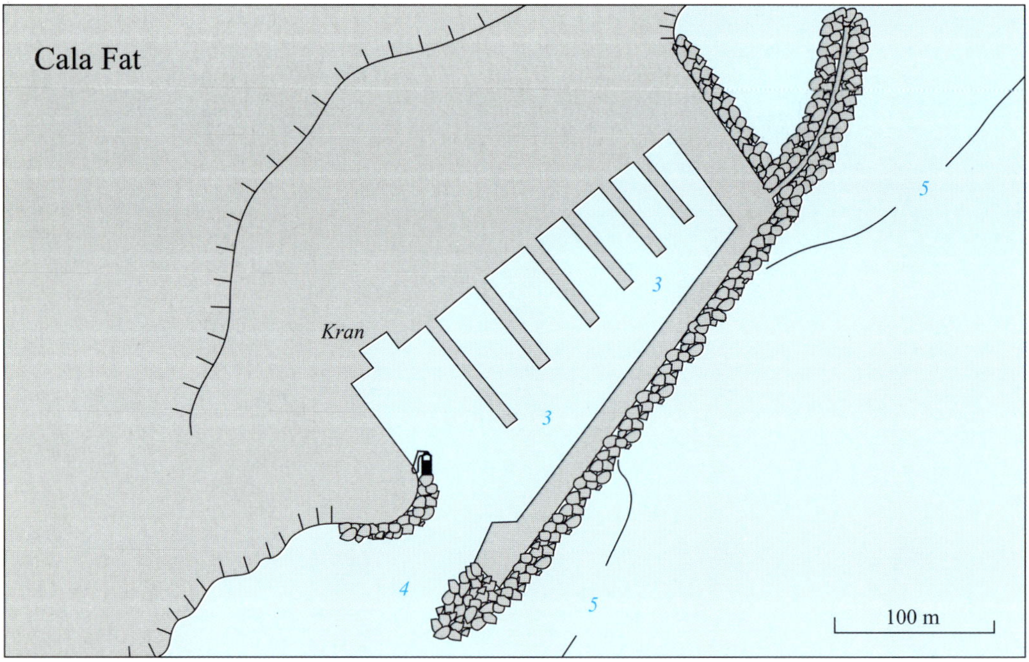

Sant Jordi d'Alfama

40°54,7'N000°49,9'E

Ein schmucker, kleiner Hafen zu Füßen einer neuen Urbanización. Er ist von Land aus praktisch unzugänglich und bietet Gewähr für ein Verweilen in landschaftlich reizvoller, hübscher Umgebung. Man sollte aber voll verproviantiert sein, da es praktisch keine Versorgungsmöglichkeiten gibt. Für ein Boot von mehr als 9 bis 10 m Länge ist der Hafen wohl zu eng. Eigentlich wurde er ausschließlich für die Bewohner der angrenzenden Siedlung angelegt. Gäste sind aber willkommen. In der Einfahrt beträgt die Wassertiefe 3 m, und in dem anschließend ins Land hineingebauten Hafenbecken kann man mit 2 m Tiefe rechnen. In dem schmal auslaufenden Zipfel unmittelbar vor dem Gebäude des Clubs nimmt die Tiefe sehr schnell auf nur knapp 1 m ab.

Der Hafen ist befeuert. Beim Einlaufen darf man den steinigen Molenköpfen nicht zu nahe kommen, sie reichen unter Wasser deutlich über die Befeuerung hinaus. Kennt man den Hafen nicht, sollte man ihn bei Dunkelheit besser nicht anlaufen. Bei starkem, auflandigem Wind und entsprechendem Seegang kann die Einfahrt nicht empfohlen werden, da der Pass sehr dicht an der felsigen Küste liegt.

Steckbrief

Für Boote bis 10 m Länge
Kleiner, freundlicher Hafen
Landschaftlich schöne Umgebung
Ruhig gelegen
Keine Versorgungsmöglichkeiten

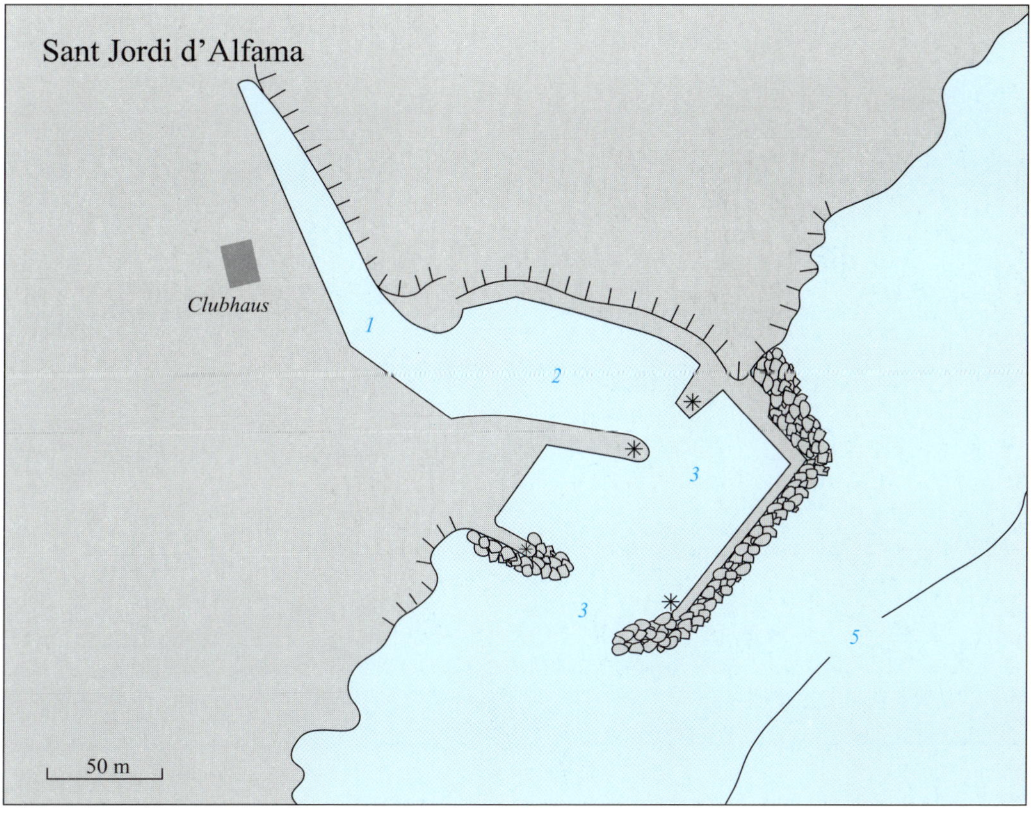

Ametlla de Mar

40°53'N000°48'E

Eigentlich ein reiner Fischerhafen, dessen Fangflotte, bestehend aus großen Trawlern und kleinen, offenen Lampenbooten, wegen ihrer zahlenmäßigen Größe beeindruckt. Ein kleiner Teil des verwinkelten Hafenbeckens dient der Sportschifffahrt, aber diese hat hier nur zweitrangige Bedeutung.
Nachdem die Außenmole deutlich um ca. 200 m verlängert wurde, konnte der Hafen vergrößert und im Südwesten ein kleiner Teil für die Sportschifffahrt abgeteilt werden. Hier liegen jetzt die Boote, die zuvor in Estany Gras gelegen haben.
Ametlla ist eine typisch spanische Stadt. Die hohe Mole und die weiß gekalkten Häuser, die auf einem Felsplateau 15 m über dem Hafen stehen, sind eine gute Landmarke. Hinter der auffällig hohen Schutzmole kann man gut und sicher bei jedem Wetter liegen. Auf der seewärtigen Seite der südlichen Mole befindet sich eine kleine Badebucht (mit kalter Dusche), die durch einen niedrigen Stollen im Fels vom Hafen aus direkt zugänglich ist. Diese kleine Bucht ist flach und felsig und deshalb mit dem Boot nicht anzulaufen.
Die Molenköpfe sind befeuert. Die Wassertiefe in der Einfahrt und im neuen Hafen beträgt etwa 5 m. Im Yachthafen liegt sie bei 2 bis 3 m. An der vorderen Hälfte der Außenmole liegen große Steine bis dicht unter die Wasseroberfläche. Hiervon muss man sich gut freihalten.

Steckbrief

Für Boote bis 2,5 m Tiefgang
Fischerhafen
Lebensmittel im Ort
Wasser und Strom am Steg
Kran

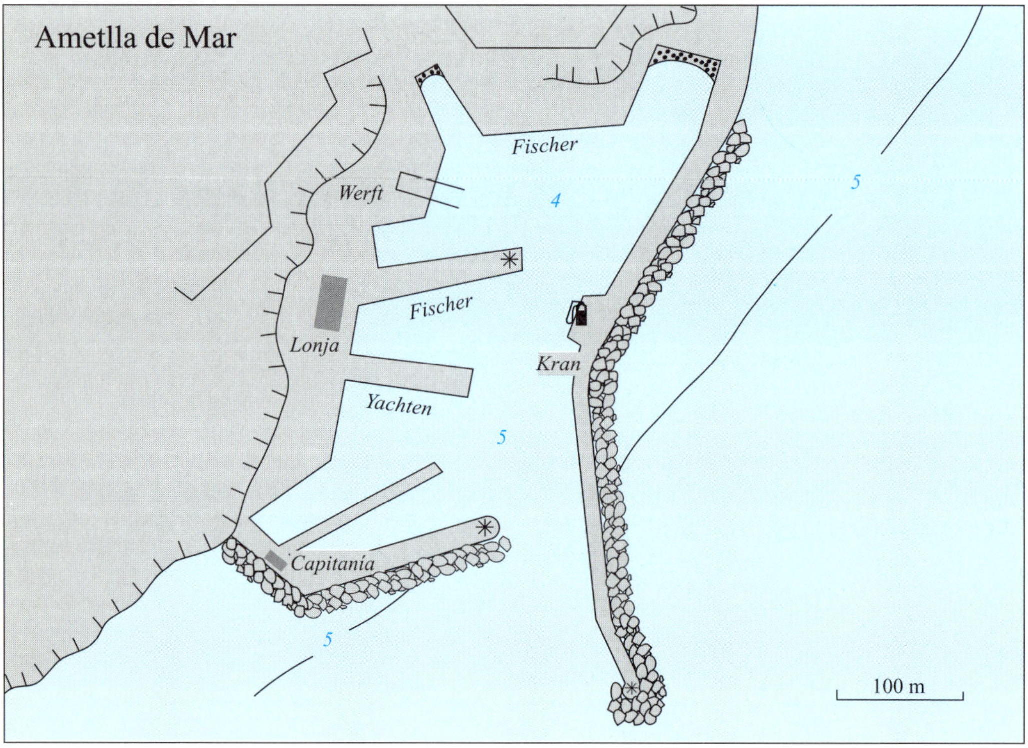

Puerto del Estany Gras

40°52'N000°47,8'E

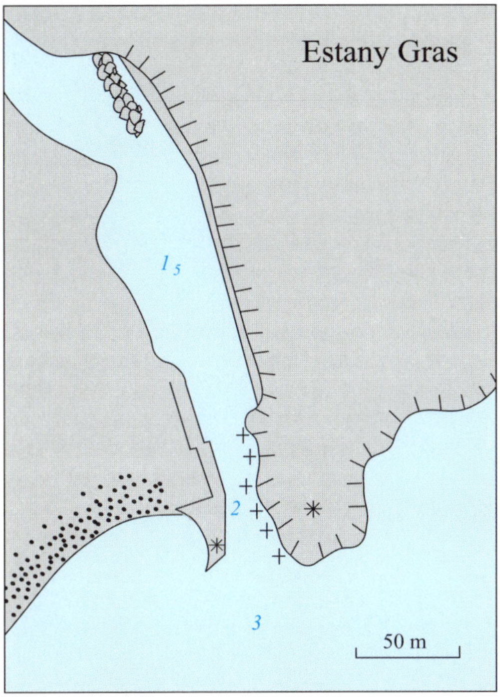

Von alters her war Puerto del Estany Gras ein gut geschützter, winziger Hafen für die Fischerboote von Ametlla. Nachdem die Fischereiflotte völlig nach Ametlla verlegt wurde, diente er den einheimischen Sportbooten als Liegeplatz. Aber auch diese sind jetzt weitgehend nach Ametlla verlegt.
Die Hafeneinfahrt ist von weitem nicht zu sehen. Erst dicht unter Land kann man sie am Fuße eines kleinen Kaps, auf dem früher ein kleiner Turm stand, erkennen. Am besten wird die Einfahrt kenntlich, wenn man auf den ca. 200 m langen Sandstrand westlich von ihr achtet. Hinter diesem stehen einige kleine Häuser verstreut im dunklen Grün der Pinien. Die Einfahrt ist mit knapp 15 m recht schmal und kann wegen ihres felsigen Untergrundes nur einfahrend links, dicht an der Betonmauer entlang, passiert werden. Bei hohem, auflandigem Seegang ist die Einfahrt unpassierbar. Hat man die Wand hinter sich, führt das Fahrwasser wieder nach rechts auf die Reste eines im Fels verankerten Holzstegs zu.
Vorsicht, die Stahlträger des ehemaligen Holzstegs ragen an einigen Stellen rechtwinklig in den Hafenraum. Vom alten Steg sind nur sehr weit innen einige Reste vorhanden. Am besten ist es, im Hafen zu ankern und den Schwoikreis des Schiffes eng zu begrenzen. Die Reste des Holzstegs sind in einem jämmerlichen Zustand, zum Teil zusammengebrochen und zerstört. Mit großer Vorsicht kann sich ein vielleicht 8 bis 9 m großes Boot in den Hafen hineinwagen, wenn das Wetter es zulässt. Für größere Schiffe fehlt es im Hafen einfach am nötigen Manövrierraum.
Bei Estany Gras handelt es sich um eine 200 m lange und vielleicht maximal 30 m breite, trichterförmige Flussmündung, die in nordnordwestlicher Richtung in die Küste eindringt. Wer die Einfahrt geschafft hat, findet ein schönes, absolut geschütztes Plätzchen. Aber nur an der Ostseite des langen Hafenschlauches ist es mit 1,20 m bis 1,60 m tief genug. Bei Regenfällen kann nennenswerte Strömung im Hafen aufkommen.
Der Puerto del Estany ist ein guter Ausgangspunkt zur Umrundung des Ebrodeltas. Versorgungsmöglichkeiten gibt es hier allerdings keine.

Steckbrief

Für Boote bis maximal 1,50 m Tiefgang und 9 m Länge
Romantischer, naturverbundener Liegeplatz
Keine Versorgungsmöglichkeiten

La Ampolla

40°49'N000°42'E

Der dem Ebrodelta von Norden kommend am nächsten gelegene Hafen ist La Ampolla. Südlich Ampollas erstreckt sich flach und sumpfig das Gebiet des Ebrodeltas, nördlich steigt die Landschaft gebirgig an, die Küste ist steil und felsig. Ungefähr eine Seemeile nordöstlich des Ortes liegt Cabo Roig, das mit seiner rotbraunen Färbung eine gute Orientierungshilfe ist. Von Süden, vom Ebro-Delta kommend, passiert man zunächst den grau-weißen Leuchtturm Punta del Fango. Auch bei Nacht ist das 20 m hohe Feuer die wichtigste Ansteuerungsmarke der Umgebung. Beim Passieren des Ebro-Deltas halte man sich sicherheitshalber dicht entlang der 10-m-Tiefenlinie. Peilt man dann den Leuchtturm El Fangar in 212°, liegt die Hafeneinfahrt in 280°. So ist die Einfahrt frei von Hindernissen.

Da sich im Gebiet des Ebrodeltas die Wassertiefen aber ständig ändern, sollte man den Tiefenangaben auch aktueller Seekarten mit Misstrauen begegnen. Keine nautische Aufzeichnung oder Segelanweisung kann hier das Echolot und die eigene Aufmerksamkeit ersetzen. Bei starkem, auflandigem Wind und ent-

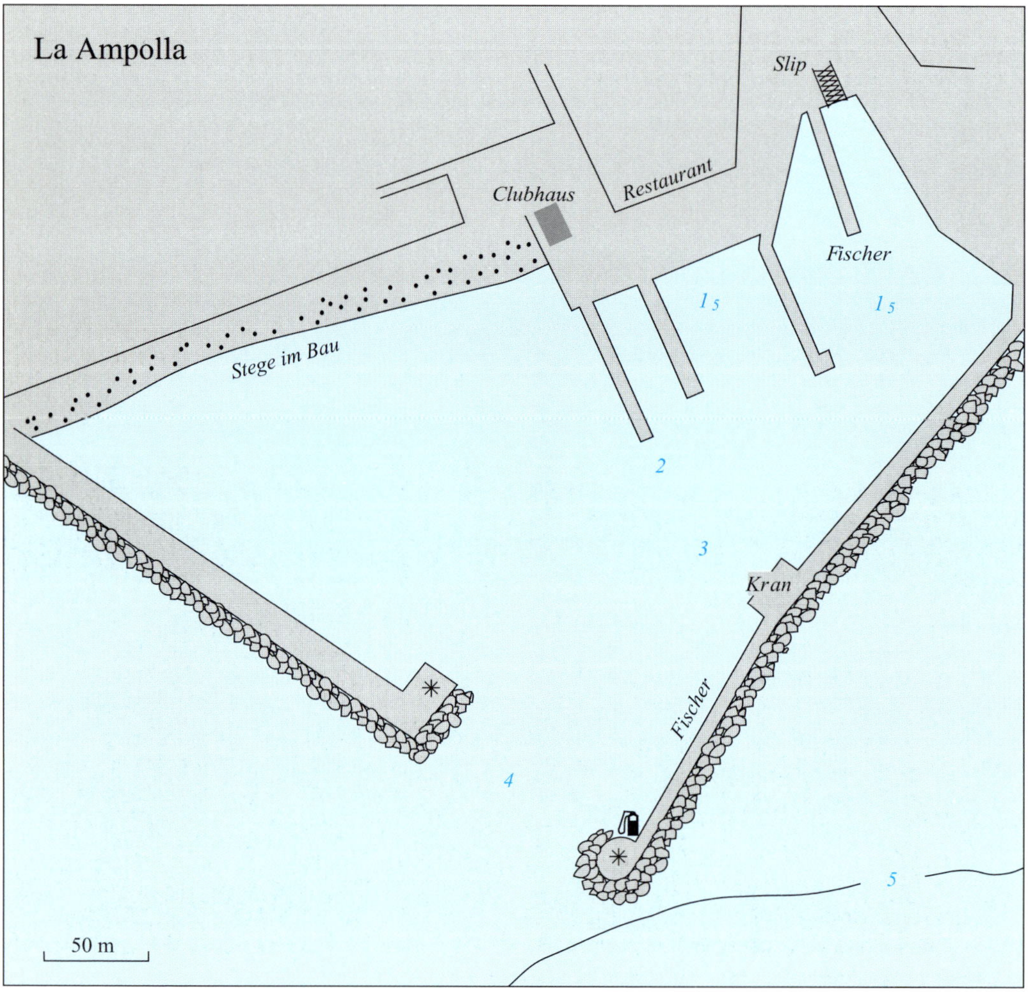

sprechendem Seegang sollte man in Ampolla nicht anliegen. Im flachen Wasser vor dem Hafen können sich üble Grundseen und Brecher bilden. Bei solchem Wetter ist Ametlla der bessere Schutzhafen.
Das Anlaufen von Ampolla auch in der Dunkelheit ist unproblematisch, der Hafen gut befeuert. Der innere Hafen wird von einer großen Fischereiflotte tagsüber voll belegt. Im Westteil sind neue Liegeplätze für Yachten eingerichtet worden. Mehr als 1,5 m Wassertiefe sind dort aber nicht anzutreffen. Größere Schiffe liegen am inneren Teil der Außenmole auf 3 m Wasser. Die Einfahrt wird auf 4 m gehalten. Der Ort bietet gute Einkaufsmöglichkeiten, wird aber kaum zum längeren Verweilen einladen.
Blickt man von der Außenmole südwärts, sieht man einsam in einer flachen, am Horizont verschwimmenden Linie Puerto del Fangar, dessen östliches Ende vom Leuchtturm gleichen Namens markiert wird. Früher war Puerto del Fangar ein natürlicher Schutzhafen, bei Fischern und Sportskippern gleichermaßen wohlbekannt und geschätzt. Heute ist die tiefe Einbuchtung im Norden des Ebrodeltas praktisch unzugänglich versandet, so dass ein Kielschiff nicht mehr einlaufen kann.

Steckbrief

Für Boote bis 2,5 m Tiefgang
Ruhiger Fischerhafen
Kein Strom
Kein Wasser
Tankstelle
Lebensmittel im Ort
Kran

In der Nähe des Ebrodeltas trifft man auf solche Naturhäfen.

Ebrodelta

Für den Naturliebhaber ist das Ebrodelta von ganz besonderem Reiz. Es wird in seiner Ausdehnung gerne unterschätzt. Es ist mehr als 300 km2 groß, reicht 9 Meilen über die Küstenlinie ins Meer hinaus und erhebt sich streckenweise nicht mehr als knapp 0,5 m über den Meeresspiegel. Obgleich am oberen Lauf des Ebro mittlerweile mehrere Stauwerke errichtet wurden und der wilde Ebro dadurch recht gezähmt ist, verändert er die Landschaft seines Deltas doch ständig.

Die Sedimentfracht des Flusses ist indes schwächer geworden. Früher schob sich die Spitze des Deltas, Cabo Tortosa, jedes Jahr um 10 m weiter hinaus ins Mittelmeer. Das hat sich in der Zwischenzeit geändert. Seither hat das Meer mehrere Kilometer der Deltaspitze abgenagt, so dass die Fundamente des alten Leuchtturms jetzt zerbrochen im Meer stehen. Das neue Leuchtfeuer von Cabo Tortosa liegt der Küstenlinie um 2 Meilen vorgelagert.

Man muss sich vorstellen, dass zwischen den Häfen La Ampolla, nördlich des Ebrodeltas, und San Carlos de la Rápita, südlich des Deltas, eine Luftlinienstrecke von nur 12 Meilen liegt. Über das Meer hat man es fast mit der dreifachen Strecke, nämlich 33 Meilen, zu tun. Man darf die Größe und die hier ständig vorkommende Veränderung des Deltas auf keinen Fall leicht nehmen.

Gut eine Meile nördlich von Cabo Tortosa liegt der jetzige Mündungsarm des Rio Ebro. Das Delta ist völlig versandet, und der Fluss wirft eine Barre auf. Die Tiefe über der Barre soll 1,6 m betragen, aber um es vorweg zu nehmen: Ich habe mich nicht hineingewagt. Die braun-schlammigen Fluten des Flusses kontrastieren zu dem blau-klaren Wasser des Mittelmeers so stark, dass einem allein aufgrund der Wasserfärbung mulmig werden kann. Selbst an der 5-m-Tiefenlinie ist das Land, besonders bei flimmeriger Hitze, kaum auszumachen. Hinter der Barre soll der Fluss eine Wassertiefe von 2 bis 3 m haben. Bei schlechter Sicht und/oder hohem, auflandigem Seegang verbietet sich die Annäherung an die flache Küste von selbst. Üble Brecher können hier ernsthaft gefährlich werden. Man halte sich dann auf jeden Fall außerhalb der 20-m-Linie, die Cabo Tortosa weit außerhalb des Leuchtfeuers rundet. Bei starken nördlichen und nordwestlichen Winden kann man mit einer heftigen, südwärts setzenden Strömung vor Cabo Tortosa rechnen.

Es gibt an dem gesamten Streckenabschnitt zwischen La Ampolla und San Carlos de la Rápita außer dem Faro del Fangar und dem Leuchtfeuer von Cabo Tortosa keine geeigneten Landmarken. Wandernde Dünenfelder und sumpfige Lagunen sind eben keine guten Orientierungshilfen. Aber gerade diese Lagunenlandschaft ist es, die das Ebrodelta für Naturfreunde und Vogelliebhaber besonders interessant erscheinen lässt. Landschaftlich ist es vergleichbar mit der Camargue, aber touristisch völlig unerschlossen. Zu einem großen Teil wird das Delta für Reisfelder und einige Salinen gebraucht, aber dicht am Fluss und nahe der Spitze bei Cabo Tortosa finden sich auch viele ungenutzte Flächen. Mit ein wenig Zeit kann man von San Carlos de la Rápita aus per Fahrrad oder mit einem dort geliehenen Motorrad die Lagunenlandschaft erkunden.

Geschichtlich ist der Ebro als größter spanischer Mittelmeerfluss von nicht zu unterschätzender Bedeutung. Jahrhundertelang trennte er das moslemische Spanien vom christlichen Mitteleuropa und heute das eigentliche Katalonien vom Rest Spaniens. Auch dies wird der durchreisende Skipper bemerken. Für viele fängt das eigentliche Spanien erst südlich des Ebro an – und diese Ansicht hat vieles für sich.

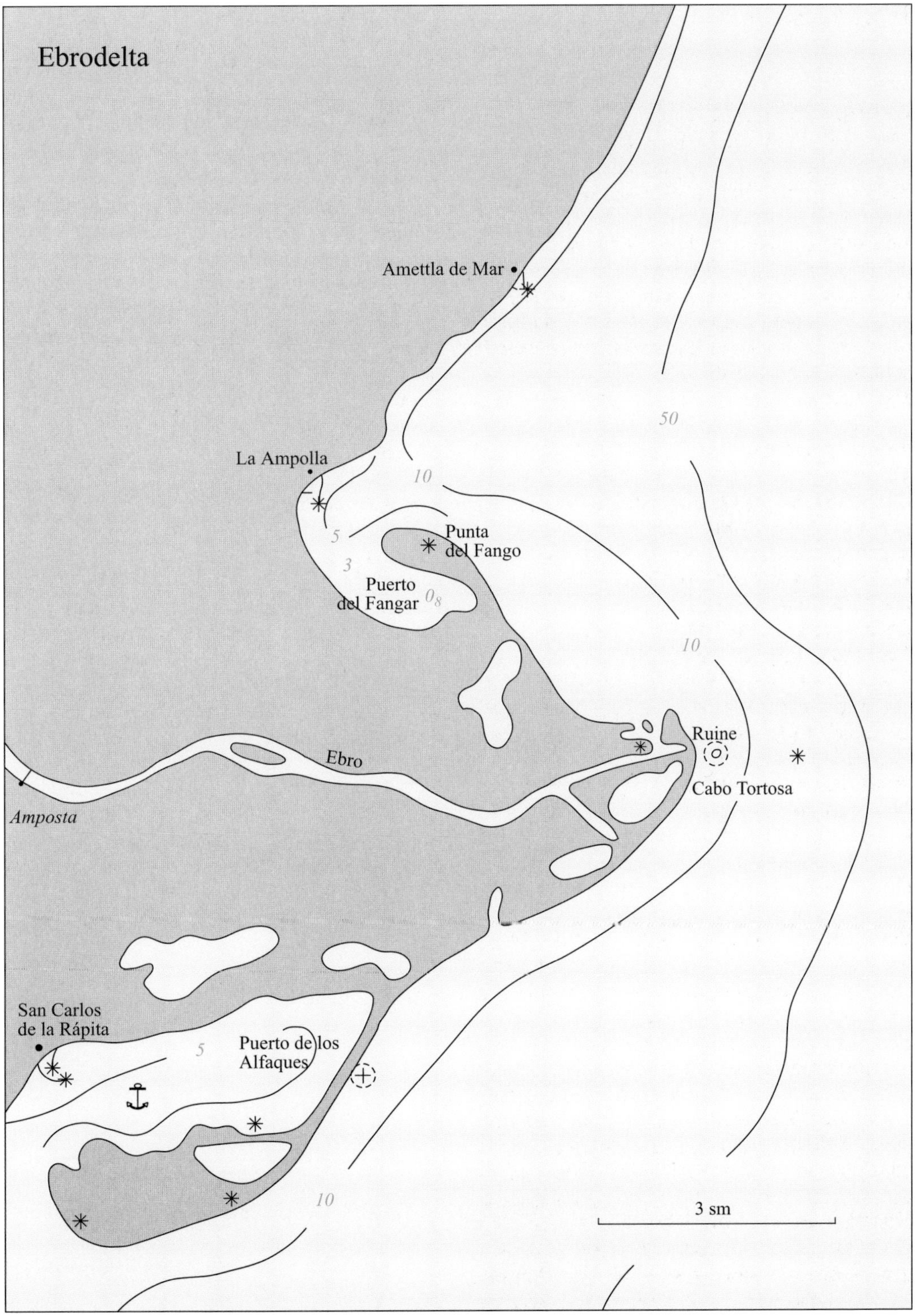
Ebrodelta
Amettla de Mar
50
La Ampolla
10
5
Punta del Fango
3
Puerto del Fangar
08
10
Ruine
Ebro
Cabo Tortosa
Amposta
San Carlos de la Rápita
5
Puerto de los Alfaques
10
3 sm

Costa del Azahar

Ebrodelta bis Cabo de San Antonio

Über 115 Meilen Länge erstreckt sich zwischen Cabo Tortosa und Cabo de San Antonio die Costa del Azahar (»Küste der Orangenblüte«). Die Küste nördlich von Gandía ist flach und sandig. Erst weit im Hinterland sieht man steile Berge bis 2000 m hoch schroff aufsteigen. Sie schotten diesen Teil der spanischen Mittelmeerküste weitgehend von atlantischen Tiefdruckgebieten, die insbesondere im Herbst und im Winter Schlechtwetter auf die spanische Halbinsel bringen, fast vollständig ab. An diesem Küstenstreifen ist es daher das ganze Jahr über mild, ja im Sommer sogar recht heiß. Es ist eine landwirtschaftlich intensiv genutzte Gegend. Nahe der Küste liegt die Huerta, wo jeder Quadratmeter bewässert und mit Orangen- und Zitronenbäumen bepflanzt

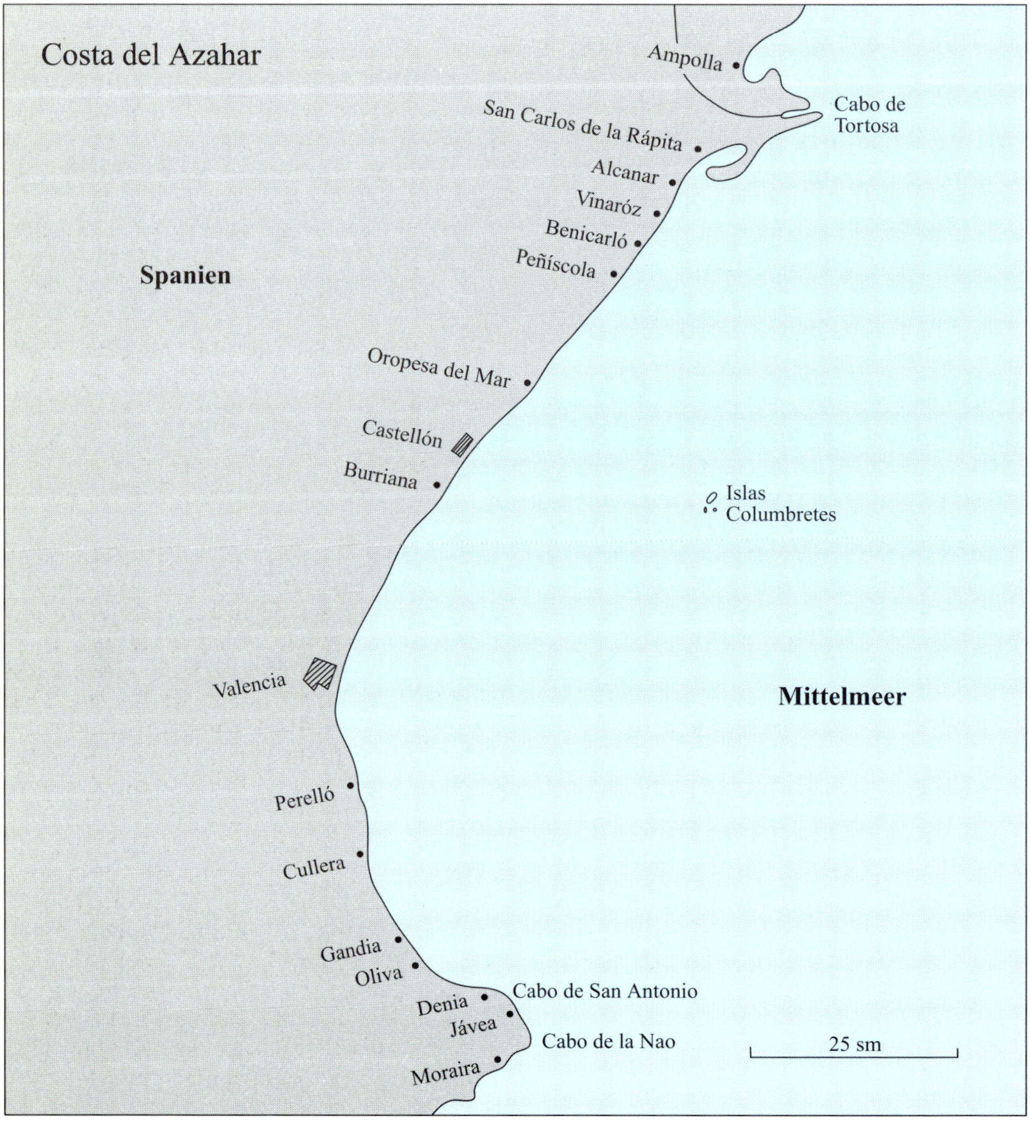

ist. Gemüse wird zumeist noch im Schatten dieser Bäume gezogen.
Weiter im Landesinnern, wo die ersten Hügelgärten ansteigen, trifft man auf Olivenbäume und insbesondere Mandelbäumchen. Schon im tiefsten Winter, gegen Ende Januar/Anfang Februar, kann man die unbeschreiblich schöne Mandelblüte hier in vollen Zügen genießen. Der Himmel ist dabei zumeist wolkenlos und strahlend-blau, ja es ist derart niederschlagsarm, dass in manchen etwas im Landesinnern gelegenen Regionen jahrelang kein Tropfen Regen fällt.
Die geschützte Lage des Küstenstrichs bedingt, dass die Windstärke in diesem Bereich gegenüber den weiter nördlich gelegenen Gebieten deutlich abnimmt. Im Sommerhalbjahr ist meist mit leichten nordöstlichen bis östlichen Winden zu rechnen. Land- und Seewindsysteme sind stark ausgeprägt. Selbst im Winterhalbjahr ist der Seegang in dieser Region mit der Niedrigste im ganzen Mittelmeergebiet. Industrieansiedlungen trifft man praktisch nur in der unmittelbaren Umgebung von Valencia und bei Castellón de la Plana. Ansonsten sind auch die Häfen zumeist Fischerhäfen. Viele Hafenanlagen der Gegend erscheinen dem Durchreisenden überdimensioniert. Ursprünglich waren sie dazu gedacht, den Orangen-, Zitronen- und Gemüseexport zu bedienen. Seit aber diese Güter fast ausschließlich per Lkw transportiert werden, liegen die Hafenanlagen verwaist.

San Carlos de la Rápita

40°37'N000°36'E

Südlich des Ebrodeltas trifft man von Norden kommend erstmals auf das »richtige« Spanien. In der großflächigen Einbuchtung im Süden des Ebrodeltas vor einer imponierenden Bergkulisse liegt ein großer Hafen – San Carlos. Die Bucht heißt Puerto de los Alfaques und gilt als einer der am besten geschützten Ankerplätze der spanischen Mittelmeerküste. Allein nordwestliche Fallwinde können heftig wehen und kurzen, steilen Seegang aufwerfen. Winde aus anderen Richtungen wehen meist weniger heftig. In der flachen Bucht muss man darauf achten, dass nördliche Winde den Wasserstand nennenswert verringern können. In der Mitte der Bucht darf man mit einer Wassertiefe von gut 5 m rechnen. Zu den Ufern hin nimmt sie sehr rasch ab und beträgt nahe der flachsandigen Küste nur wenige Zentimeter.
Der Hafen von San Carlos ist an seinen überaus langen Außenmolen leicht zu erkennen. Auf dem Ende der Westlichen steht eine Halle. Zu dem afrikanischen Eindruck der Stadt trägt die Altstadt bei, die mit ihren typisch weiß gekalkten Häusern maurischen Einfluss verrät.
Wie andere Häfen dieser Region beherbergt auch San Carlos eine große Fischereiflotte. Deren munteres Treiben kann manchmal zu nennenswertem Schwell im östlichen Hafenteil führen. Man sollte sich also einen Platz möglichst weit im Westen des Yachtbassins suchen. Im Yachthafen trifft man auf eine Wassertiefe von 2 bis 3 m. Die Befeuerung des Hafens ist unverwechselbar, und auch Dunkelheit ist er daher leicht anzulaufen.
Bei der Ansteuerung soll man sich von der Punta Corballera, dem äußersten Zipfel der Ebro-Nehrung, auf jeden Fall gut freihalten. Der flache, sandige Untergrund verändert laufend seine Gestalt, und das Land nahe der Nehrung täuscht leicht über die wahre Entfernung zu ihm hinweg. Also lieber doppelt so viel Abstand halten als mancher für nötig hält, jenseits der 5-m-Linie liegt man auf der sicheren Seite.

Drei Meilen südlich von San Carlos liegt die Zementladestation Cargadero de Alcanar. Für Yachten gleich welcher Art ist sie völlig ungeeignet. Wegen ihrer Größe wird sie jedoch leicht für eine Hafenmole gehalten und mit San Carlos oder dem 1,8 Meilen südlich gelegenen Las Casas de Alcanar verwechselt.
Die Versorgungsmöglichkeiten nahe des Hafens von San Carlos sind gut, und einige Restaurants laden zum Verweilen ein.

Steckbrief

Für Boote bis 2,5 m Tiefgang
Großzügige Hafenanlage
Strom und Wasser am Steg
Tankstelle
Lebensmittel im Ort
Slip
Kran
Bootsbedarf

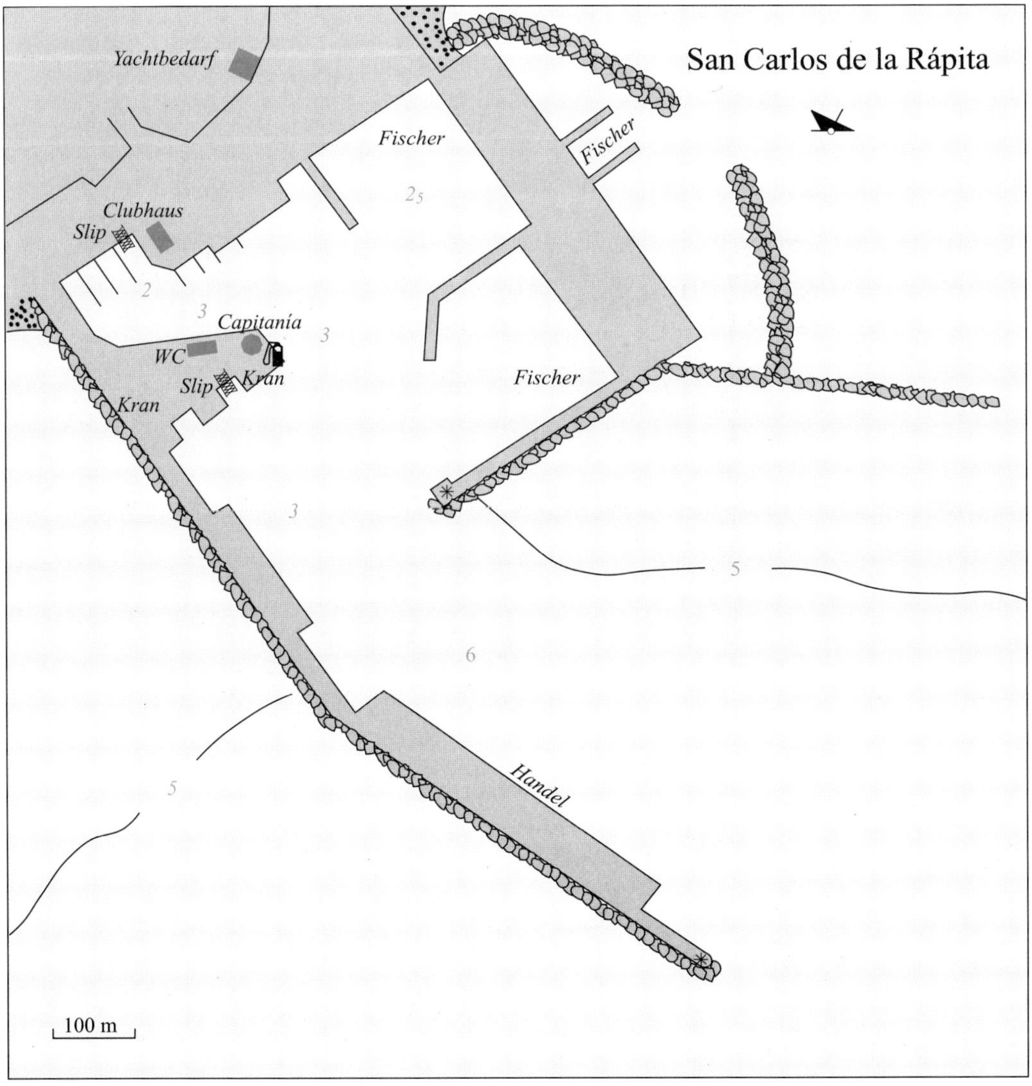

11 Küstenlandschaft beim Cabo Roig

12 Tossa de Mar aus der Luft

13 La Escala

14 Tossa de Mar – die Altstadt

15 Yachthafen von Blanes

12

13

14

15

16

17

18

16 Detail am Schiffahrtsmuseum von Barcelona

17 Die Kolumbusstatue in Barcelona

18 Die Ramblas in Barcelona

19

20

19 Peñíscola

20 Der Naturhafen von Estany Gras

Las Casas de Alcanar

40°33'N000°32'E

Ein kleiner, besonders uriger Fischerhafen, dessen auffällig hohe Außenmole guten Schutz bietet – so präsentiert sich Las Casas de Alcanar. Er ist 200 m breit, 100 m tief, mit einer 25 m breiten Einfahrt. Bei starkem Ostwind kann man hier nicht einlaufen – eine Situation, die aber bei vorsichtiger Planung eigentlich nicht vorkommen dürfte. Aber auch bei gutem ruhigem Wetter zeigt sich durchaus nennenswerter Sog im Hafen. Die Umgebung hat sich den Reiz des Ursprünglichen bewahrt. Die vielen netten Restaurants, die den Hafen säumen, sind Ausflugsziel der Bewohner der umliegenden Gegend, die die angebotenen Fischspezialitäten zu schätzen wissen.
Yachten machen gewöhnlich Bug oder Heck zur Innenseite der Nordmole fest, dort kann man mit 3 m im äußeren und 2 m Wassertiefe im inneren Teil rechnen. Der südwestliche Teil des Hafens ist den Fischerbooten vorbehalten, jedoch kann man an der Südmole festmachen, wenn der Platz im Sportboothafen knapp wird. Das Wasser ist hier gut 3 m tief.
Vorsicht ist allerdings aus zwei Gründen geboten – zum einen liegen dicke Steine nahe der Mole dicht unter der Wasseroberfläche und zum anderen ist der Platz bei Mestral aus Nordwest denkbar schlecht geschützt. Der Wind weht dann genau auf dieses Molenstück zu. Da der Hafen gut befeuert ist, kann er auch bei Dunkelheit problemlos angelaufen werden. Die Versorgungsmöglichkeiten sind allerdings begrenzt. Ein kleiner Supermarkt befindet sich im Ort rund 200 m entfernt.

Steckbrief

Für Boote bis 2,5 m Tiefgang
Hervorragende Fischrestaurants dicht am Hafen
Wasser auf der Pier
Tankstelle
Lebensmittel im Ort

Benicarló

40°25'N000°29'E

Auf halbem Weg zwischen Vinaróz und Peñíscola liegt dieser stille Fischerhafen. Trotz der einladenden Größe der Wasserfläche im Schutz hoher Molen ist der Platz für Yachten begrenzt. Selbst bei ruhigem Wetter steht

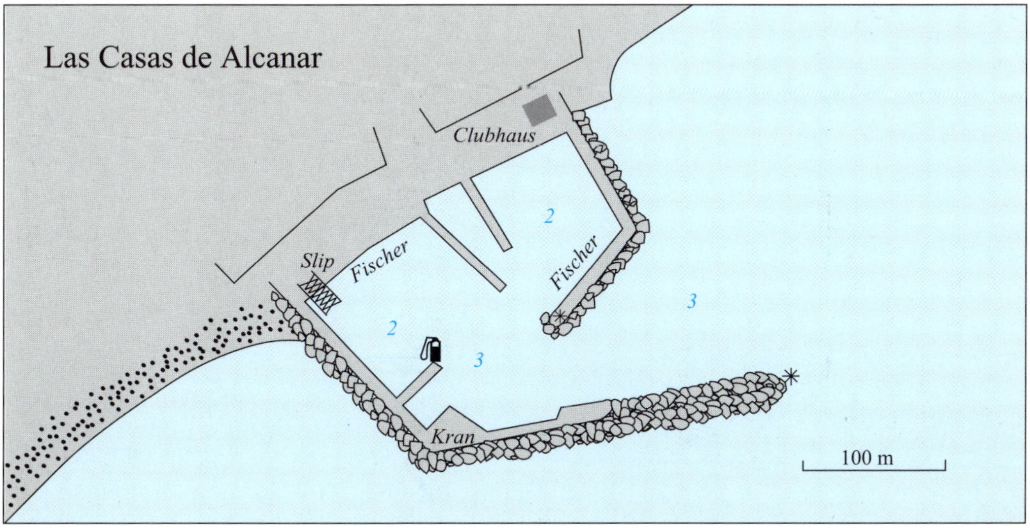

spürbarer Schwell im Hafen und kann das Liegen ungemütlich machen. Dafür bietet er hervorragenden Schutz gegen alle Richtungen außer Südost.
Die für Yachten vorgesehene Mittelmole ist in der Regel gut belegt. Man kann aber im Nordteil des Hafens auf 2 bis 3 m Wassertiefe ankern oder sich zwischen die Fischerboote mogeln. Interessant sind auch zwei Liegeplätze unmittelbar östlich an die Tankstelle angrenzend. Wenn man Glück hat, kann man dort ruhig und hübsch liegen – ausprobieren! Die Werft im Nordteil des Hafens ist auf den Bedarf der Fischer eingestellt, aber auch Yachten, vorzugsweise mit Langkiel, können hier preiswert geslipt werden.
Im Ganzen betrachtet ist Benicarló ein Hafen, der doch einigen Charme hat. Herausragend an diesem Küstenabschnitt sind insbesondere die terrassenförmig ansteigenden, orientalisch

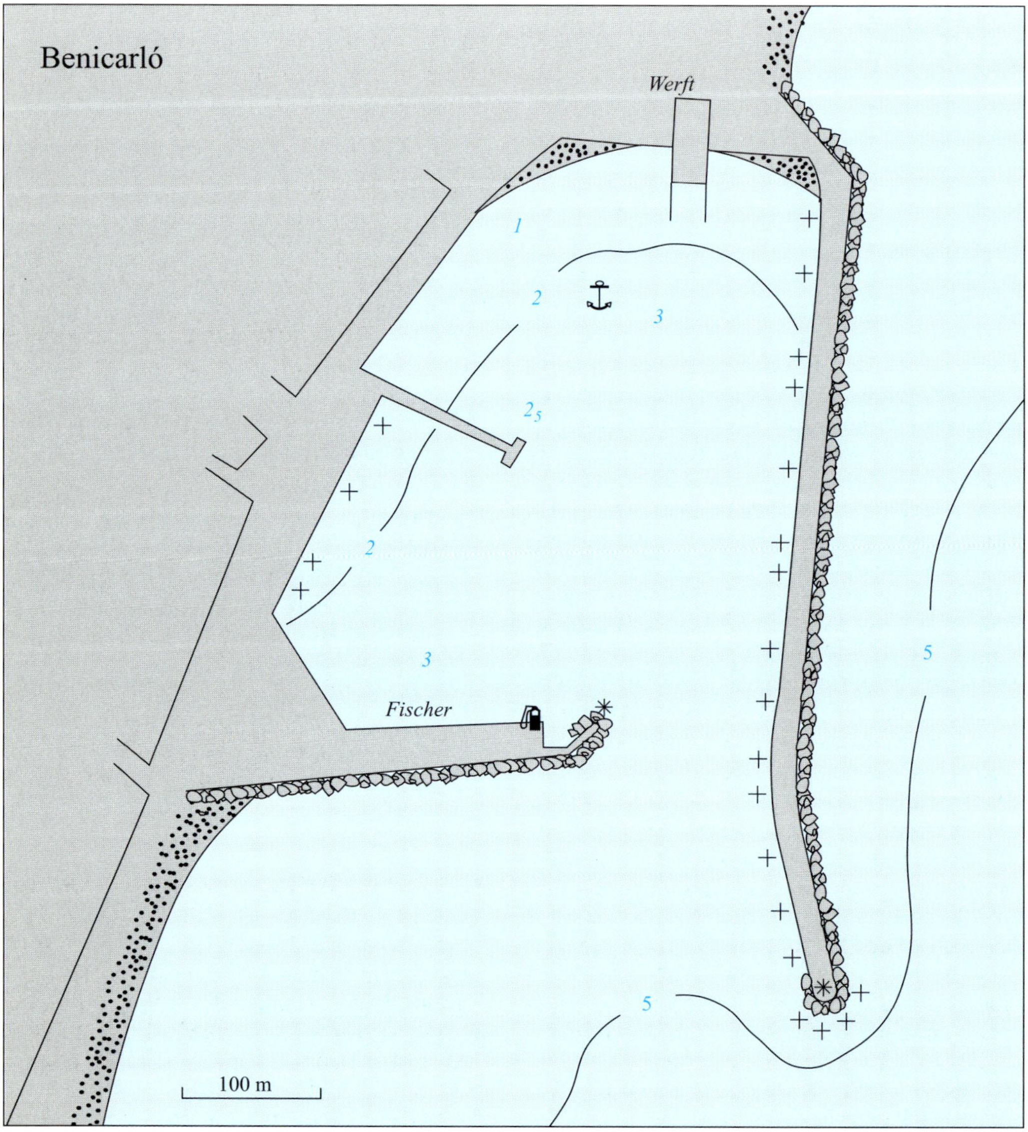

anmutenden Häuser des alten Dorfkerns. Auch bei schlechten Sicht- und Witterungsbedingungen sowie bei Nacht ist der Hafen dank guter Befeuerung leicht anzulaufen. Nördlich und südlich des Hafens erstreckt sich feiner Sandstrand. Die flache Küste steigt erst sehr weit landeinwärts etwas an.

Steckbrief

Für Boote bis 2 m Tiefgang
Wasser auf der Mittelmole
Tankstelle
Lebensmittel im Ort

Peñíscola

40°21'N000°24'E

Diesen Ort kann man getrost als ein Muss für den Küstenreisenden bezeichnen. Schon von weitem ist im Dunst der auf dem flach auslaufenden Sandstrand brechenden Wellen der wuchtige Kalkklotz auszumachen, auf dem sich die malerische Altstadt erhebt. Von einem Palmengarten gesäumt, hebt der wuchtige Fels sich 80 m empor und ist als Halbinsel der Küstenlinie ca. 300 m vorgelagert. Von weitem erscheint er so wie eine Insel. Die flache Landzunge, die die Altstadt mit dem Festland verbindet, bemerkt man erst wesentlich später. Nachts ist das auf der Ostspitze der Halbinsel stehende 56 m hohe starke Leuchtfeuer eine wichtige Orientierungshilfe.
Der Hafen befindet sich südlich der Altstadt. Die Wassertiefe in der Einfahrt liegt bei 4 m, im Hafen beträgt sie ca. 3 bis 4 m. Wegen des beengten Manövrierraums sollte nicht unter Segeln eingelaufen werden – die Größe des Hafens auf der Karte mag hier täuschen. Der nicht übermäßig große Fischerhafen bietet für Yachten relativ wenig Liegeraum, vorzugsweise an seiner Südwestseite, wo durchreisende Boote in Päckchen liegen können.
Von dieser Stelle hat man auch einen wunderbaren Blick auf die Zinnen der Festung, zu deren Füßen sich die afrikanisch geprägte Altstadt mit ihren weiß gekälkten Häusern an den Felsen schmiegt. Mit ihrem maurischen Gepräge sticht sie stark von den modernen Fassaden der Appartementhäuser der angrenzenden Strände ab. Auch bei ruhigstem Wetter ist das Dröhnen der brechenden Dünung vor dem Felsen zu hören. Der Strand läuft so flach aus, dass eigentlich ständig Wellen an der Außenmole brechen.
An der Innenseite dieser Mole sollte man möglichst nicht liegen, da hier zackige Steine bis dicht an die Wasseroberfläche reichen. Wer im Hafenbecken keinen Platz findet, kann in der westlich angrenzenden Bucht auf 2 bis 3 m Wassertiefe gut ankern. Aber Vorsicht, zum Strand hin nimmt die Wassertiefe schnell ab, und auch bei ganz ruhigem Wetter wird das Boot einigermaßen bewegt liegen.
Die besondere Schönheit der Altstadt entschädigt für die zusätzliche Mühe. Das neue Peñíscola, dessen Häuser sich die Bergflanken hinter dem Hafen hinaufziehen, hat außer den Versorgungsmöglichkeiten und Einrichtungen einer größeren Stadt nichts Besonderes zu bieten. An der Straße nach Castellón befinden sich ca. 1 km vom Hafen entfernt ein großer Supermarkt und eine Tankstelle.

Steckbrief

Für Boote bis 2,5 m Tiefgang
Romantischer Fischerhafen
Sehenswerte Altstadt
Wasser auf der Pier
Tankstelle
Lebensmittel im neuen Ortsteil
Autotankstelle und größerer Supermarkt an der Straße nach Castellón (ca. 1 km)

Ausflugstipp: Peñíscola lohnt den Besuch wegen seiner malerisch, zu Füßen einer trutzigen Festung gelegenen Altstadt. Den Namen erhielt der Ort wegen der Lage auf einer kleinen Halbinsel (lat.: paeninsula). Eine Stadtmauer aus der Zeit um 1600 umgibt den alten Ortskern mit seinen weiß gekälkten Häusern, die teils noch die Wappen der Adelsfamilien und Kardinäle tragen, die sich einst in dem durch

den Gegenpapst Benedikt XIII. zu Berühmtheit weit über die Iberische Halbinsel hinaus gelangten Peñíscola angesiedelt hatten.
Bei einem Rundgang betritt man die Altstadt durch eines der drei Tore, vielleicht durch die Puerta de Pedro de Luna mit dem Wappen des Gegenpapstes, einer Mondsichel. Als Benedikt XIII. trat 1394 zur Zeit des Kirchenschismas der aragonische Kardinal Pedro de Luna das schwierige Erbe seines Vorgängers Clemens VII. an, der sich nie gegen die Päpste in Rom hatte durchsetzen können. Von Avignon zog er sich verbittert nach Peñíscola zurück, wo er die letzten Jahre seines Lebens verbrachte. Sein Nachfolger trat bald nach Benedikts Tod zugunsten der römischen Päpste ab. Benedikt XIII. residierte in der Burg von Peñíscola, dem Castillo del Macho, das man beim Aufstieg zum höchsten Punkt der Altstadt erreicht. Es wurde teilweise restauriert und kann besichtigt werden.
Im Jahre 1294, achtzig Jahre nach der Rückeroberung Peñíscolas von den Mauren durch das Königreich Aragón, wurde die Stadt den

Kreuzrittern des Templerordens übergeben, die die Burg errichteten. Nach Auflösung des Templerordens übernahm der Ritterorden von Montesa Stadt und Festung und stellte sie Papst Luna zur Verfügung. In der Burg wird unter anderem das Studierzimmer des Papstes gezeigt, der ein gelehrter Mann war und Kunst und Wissenschaft förderte.

Islas Columbretes

39°53'N000°40'E

Knapp 30 Seemeilen südöstlich von Cabo d'Oropesa liegt diese merkwürdige Inselgruppe. Eine größere und eine Unzahl kleinerer In-

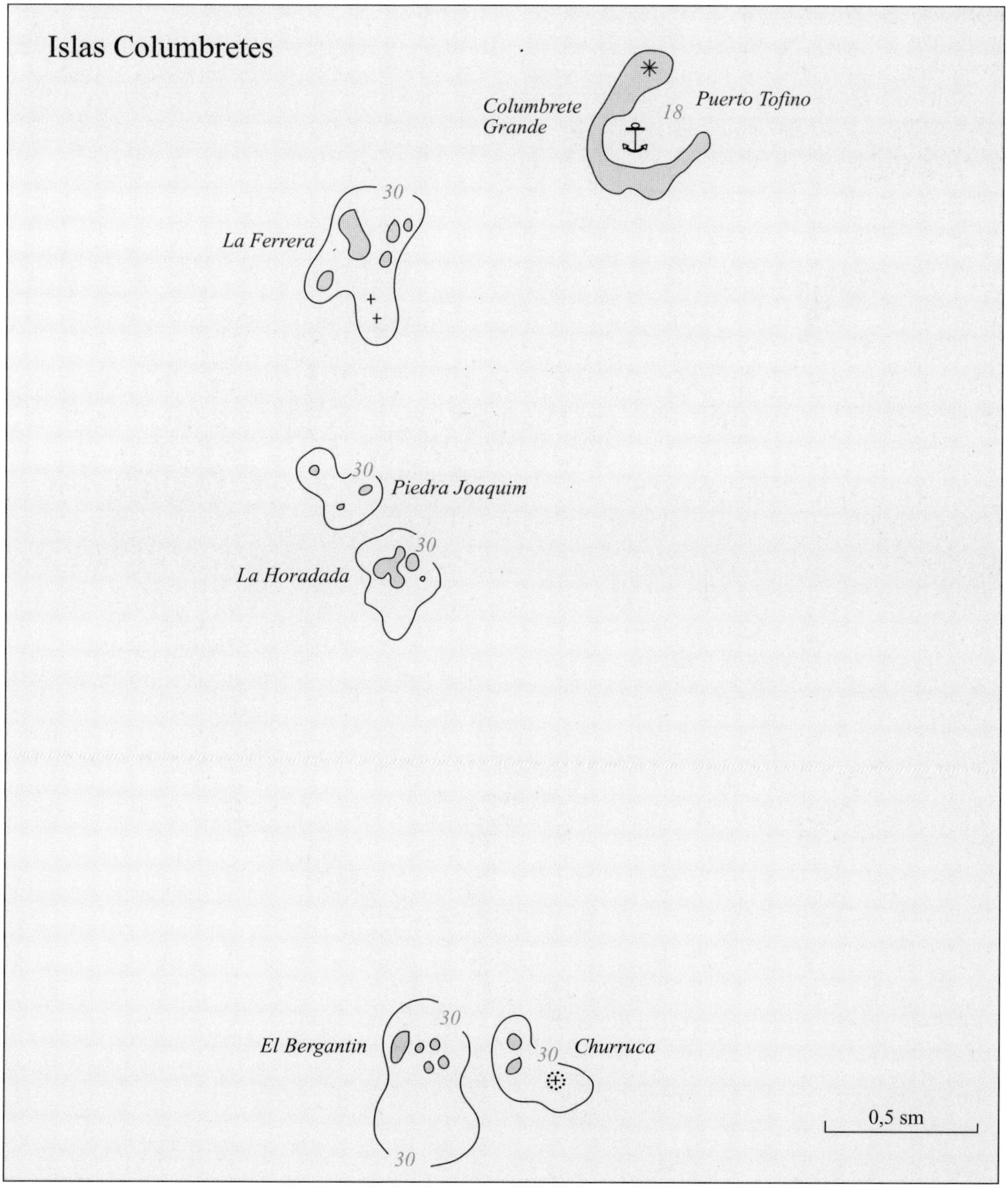

seln ragen unvermittelt steil aus 88 m tiefem Wasser auf. Die Inseln sind vulkanisch entstanden, worauf insbesondere die Form der größten von ihnen, Columbrete Grande, hinweist. Sie ist wie ein nach Osten offenes Hufeisen geformt, woraus man schließt, dass es sich um den Trichter eines Vulkanschlotes handelt, der nach seiner Entstehung vom Meer angenagt wurde und vollgelaufen ist.
Dass das Meer gerade auf der Ostseite durchbrach, ist nicht verwunderlich, denn bei Oststurm bremst hier nichts die Urgewalt der heranrollenden Seen. Deshalb muss man bei dem leichtesten Anschein östlichen Windes den einzigen Ankerplatz der Gruppe im Hufeisen der Columbrete Grande sofort verlassen. Er wird sonst zur gefährlichen Falle.
Die Inseln sind unbewohnt, nur im Sommer sind hier Boote aus Las Fuentes oder Castellón anzutreffen, die dicht unter Land der Columbrete Grande einen eher schlechten Ankerplatz finden. Der Grund ist steinig und hält nicht gut, außerdem muss man dicht unter Land laufen, um ankergerechte Wassertiefen zu finden. Im Sommer sind in der Bucht einige Festmachetonnen ausgebracht, die man nach Möglichkeit benutzen sollte.
Von den übrigen Teilen der Inselgruppe halte man guten Abstand, es liegen eine Menge blinder Klippen dicht unter Wasser. Das Re-

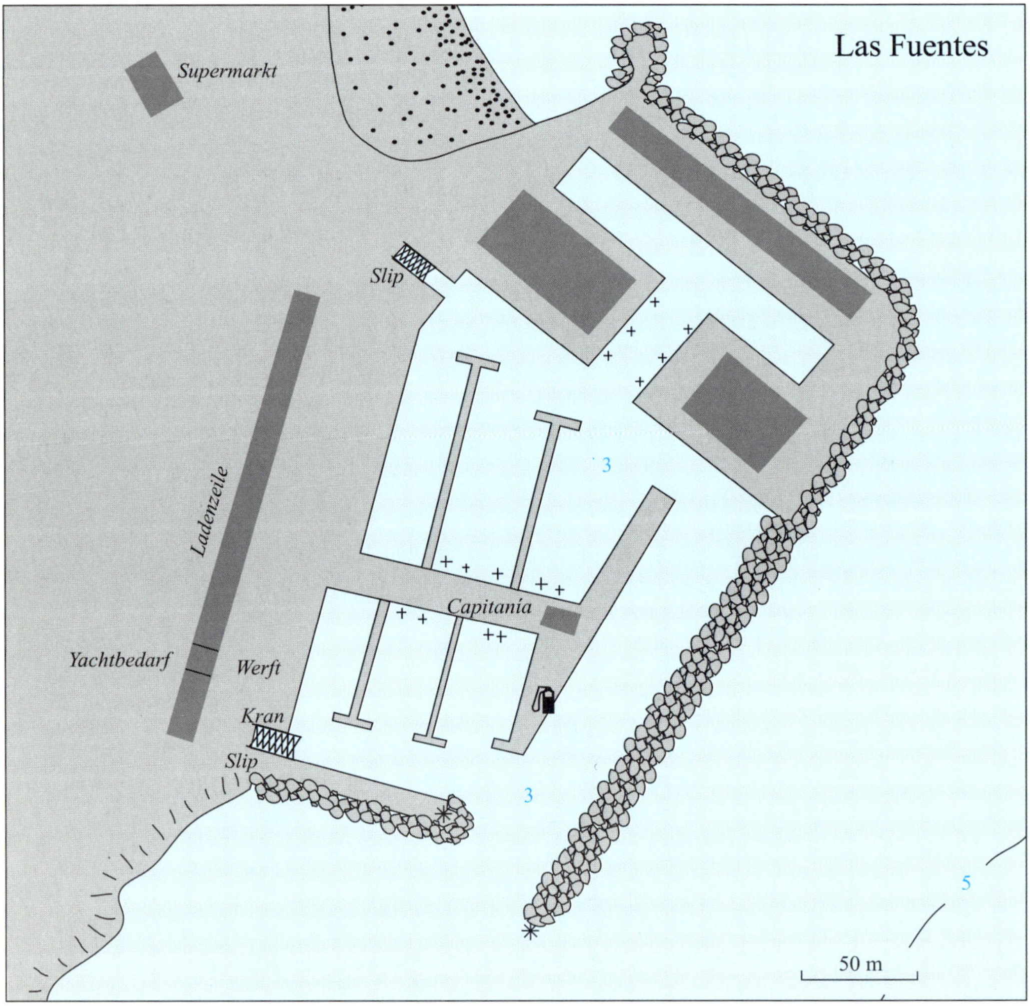

vier um die Columbretes ist Naturschutzgebiet. Tauchen ist nur mit Genehmigung möglich und das Fischen sowie die sonstige Entnahme von Tieren oder Pflanzen ist strikt verboten.
Versorgungsmöglichkeiten gibt es auf den Inseln naturgemäß nicht.

Las Fuentes

40°15'N000°17'E

Acht Meilen südwestlich von Peñíscola befindet sich inmitten einer Feriensiedlung diese neu erbaute moderne Marina. Von See her ist sie leicht auszumachen, da das Hafenbüro, in der Form von Vor- und Großsegel einer Slup gebaut, unverwechselbar weiß über die Mole scheint. Der Hafen wirkt gepflegt und strahlt eine internationale Atmosphäre aus. Einige Restaurants und Cafés laden zum Verweilen ein.
In der Einfahrt beträgt die Wassertiefe knapp 3 m und an allen Liegeplätzen ebenfalls rund 3 m. An der Mittelmole, an deren Spitze das Hafenbüro liegt, darf man auf keinen Fall festmachen, hier liegen Steine dicht unter der Wasseroberfläche.
Die Einsteuerung bei Tag und ruhigem Wetter bereitet keine Probleme. Bei Starkwind aus Ost kann die Einfahrt wegen der recht kurzen Außenmole schwierig werden. Dann sollte man sich doppelt hüten vor den der Einfahrt nächstgelegenen Plätzen. Dort herrscht auch im Hafen viel Schwell.
Die Liegeplätze an dem abgetrennten Hafenbecken im Nordostteil an der Appartementanlage sind privat. Im übrigen Teil des Hafens wird man aber leicht einen Platz finden. In der Nähe der Liegeplätze gibt es einen Supermarkt und auch Schiffsbedarf. Besonders für Trailerbootskipper scheint der Hafen ideal gerüstet zu sein. Es existieren ein großer umzäunter und abgeschlossener Trailerparkplatz und eine Slipanlage in hervorragendem Zustand.

Steckbrief

Für Boote bis 20 m Länge
und 2,5 m Tiefgang, lockere Atmosphäre
Besonders geeignet für Trailerboote
Strom und Wasser am Steg
Tankstelle
Lebensmittel
Restaurant
Bootszubehör

Oropesa del Mar

40°05'N000°09'E

In einer schön von Pinien bewaldeten Bucht, zu drei Seiten geschützt, von 80 m hohen Abhängen und seewärts von einer außergewöhnlich hohen Außenmole abgeriegelt, ist ein Yachthafen entstanden. Er liegt dicht südwestlich Cabo d'Oropesa.
Die Bucht war früher als guter Ankerplatz weithin bekannt. Damit ist es seither vorbei. Die hübsche neue Marina mit ihren ausgezeichneten technischen Möglichkeiten mag hierfür ein wenig entschädigen. Eigentlich ist nur eine einzige Schwachstelle des Projekts wirklich erkennbar – am Scheitel der Bucht führt die Eisenbahnlinie entlang und sorgt manchmal für einigen »Aufruhr«.

Castellón de la Plana

39°58'N000°02'E

Castellón ist einer der bedeutendsten Häfen der Region. Ehemals als Exporthafen für Orangen und als Fischereihafen konzipiert, ist aus ihm ein fast reiner Industriehafen für die

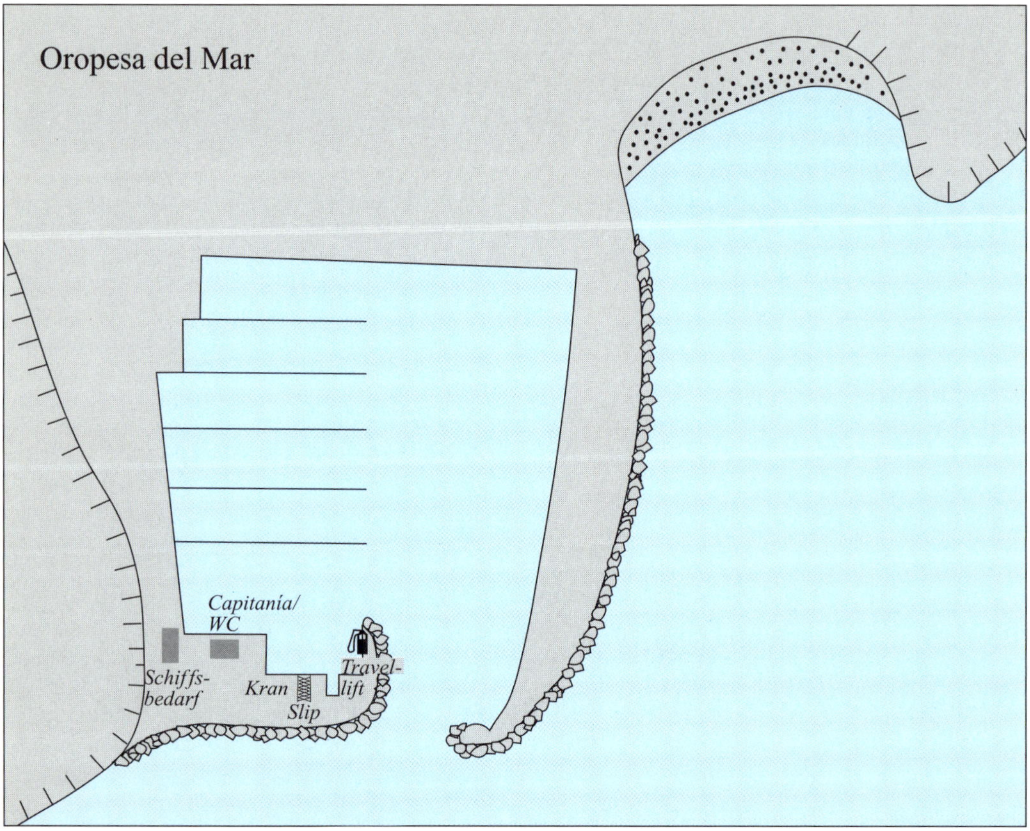

umliegende petrochemische Industrie geworden. Bei der Ansteuerung sieht man ca. 1 Meile südwestlich des Hafens zwei hohe Schornsteine einer Raffinerie.
Die hohen und starken Molen reichen weit ins Meer bis an die 10-m-Linie heran. Der Hafen ist bei Tag und dank guter Befeuerung auch nachts problemlos auszumachen. Die großen Öltanks der Raffinerie dicht nördlich des Hafens sind genauso eine gute Orientierungshilfe wie die Schornsteine südwestlich.
Die Wassertiefe in der Einfahrt und im Handelshafen liegt fast überall bei mehr als 8 m, und an den Stegen des Yachtclubs darf man immer noch mit rund 4 m Wasser rechnen. Als Schutzhafen ist Castellón gut geeignet und auch unter üblen Wetterbedingungen sicher anzulaufen.
Die Stadt bürgt dafür, sich gut verproviantieren zu können, aber darüber hinaus gibt es eigentlich keinen Grund, sie zu besuchen.

An der Westseite des Handelshafens liegt der Club Náutico mit zwei Stegen, die Platz für 150 Boote bieten. Das Liegen an den labilen Schwimmstegen des Clubs kann aber durch Schwell recht unangenehm werden.

Steckbrief

Für Boote jeder Größe
Industriehafen
Guter Schutzhafen
Strom und Wasser am Steg
Tankstelle
Lebensmittel im Ort
Werft
Slip

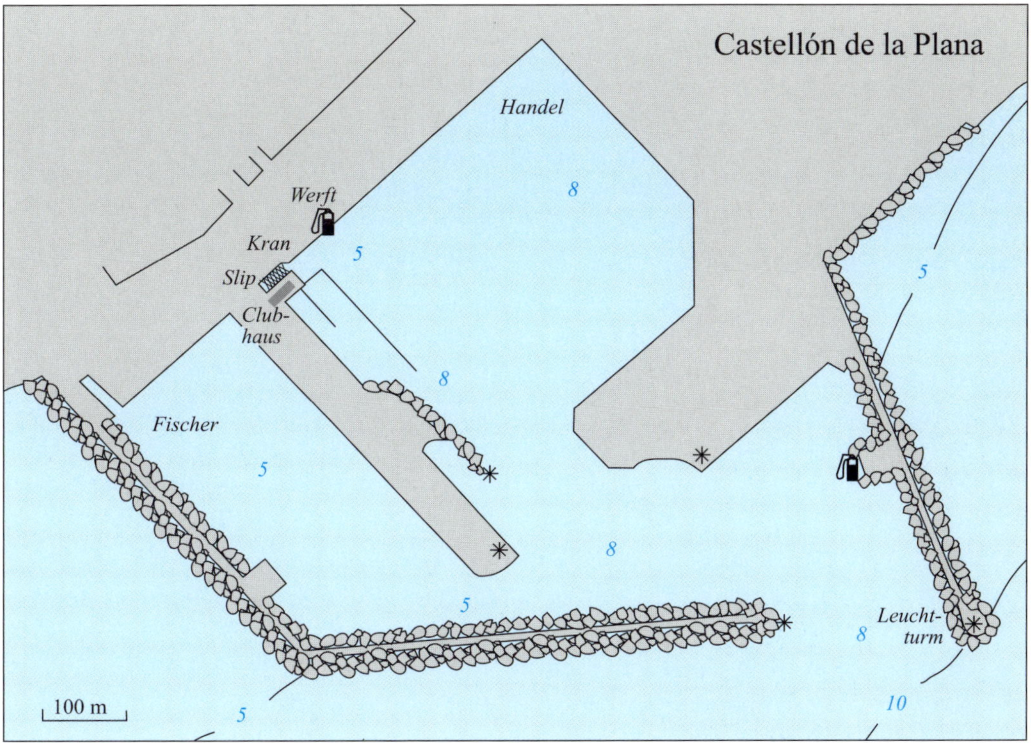

Burriana

39°51'N000°04'E

Auf dem Weg nach Burriana passiert man nahe der Bachmündung Gola Tarongera, 2,1 Seemeilen südsüdwestlich der Einfahrt von Castellón, den Meridian von Greenwich. Nur wenige Meilen entfernt empfiehlt sich der Hafen Burriana einer durchreisenden Yacht. Er wurde ursprünglich auch als Exporthafen für Südfrüchte erbaut. Diese Funktion hat er aber heute weitgehend verloren.

Das Hafenbecken bedeckt eine auffallend große Fläche und lädt geradezu zum Ankern ein. Das kann man im westlichen und südwestlichen Teil auch getrost tun. Nur ist insofern Vorsicht geboten, als im äußersten Nordwestzipfel große Steine im offenen Hafenbecken knapp unter der Wasseroberfläche liegen. Dank der Großflächigkeit des Hafenbeckens ist es auch ohne Probleme unter vollen Segeln anzulaufen.

Die Einfahrt ist mit 6 m so tief, dass auch ein Einlaufen bei hochgehender See aus Ost wenn nicht leicht, so doch gefahrlos möglich ist. Nachts sind die Molenköpfe gut befeuert, und kaum ein Licht vom Ort her verfälscht das Bild. Bei sehr starkem Ostwind sollte man aber versuchen, hinter der Handelsmole Deckung zu suchen. Bei den Clubstegen kann es dann unruhig werden.

Der Club Náutico verfügt über zwei Schwimmstege mit 200 Liegeplätzen und bietet allen Komfort eines modernen Yachthafens. Die Versorgung in der Nähe des Hafens ist etwas schwierig. Der Ort Burriana liegt wie Castellón einige Kilometer landeinwärts, ist aber mit dem Autobus leicht zu erreichen.

Im Frühjahr zur Apfelsinenblüte lohnt von hier ein Abstecher in die Huerta von Valencia. Von hier aus deshalb, weil Sagunt und Valencia nahe sind und alle weiteren Häfen schon als Vororthäfen dieser großen Städte bezeichnet werden können.

Burrianas Hafen ist sehr ruhig und macht schon fast einen weltvergessenen Eindruck.

Steckbrief

Für Boote jeder Größe
Viel Platz im Hafenbecken
Strom und Wasser am Steg
Sehr gut für Trailerboote geeignet
(Parkmöglichkeiten für Trailer)
Tankstelle, Slip

Valencia

39°28'N000°20'W

Die nach Madrid und Barcelona drittgrößte Stadt Spaniens verfügt über einen großen Handels- und Fischereihafen sowie eine Meile südlich dieses Komplexes über eine moderne Marina. Dicht nördlich der Mündung des Rio Turia liegt der Real Club Náutico. Seit hier eine große Sportbootmarina entstanden ist, ist der übrige Stadthafen Valencias für Sportboote tabu. Man tut gut daran, sich hierüber nicht hinwegzusetzen, denn nur beim Club Náutico liegt das Boot auch sicher vor unbefugtem Zugriff.
Durch den Bau neuer Kaianlagen wurde die Einfahrt zum Yachthafen, die ursprünglich nördlich des Hafens lag, auf die entgegengesetzte Seite an den Rio Turia verlegt. Hiervon erhoffte man sich auch, dass das Risiko der Versandung der Hafeneinfahrt – ein ständiger Begleiter festlandsspanischer Yachthäfen – gelöst ist. Verlassen sollte man sich hierauf jedoch nicht.
Die Einfahrt zum Yachthafen ist leicht zu finden. Man braucht bloß vom südlichen Ende der großen Außenmole von Valencia Südwest

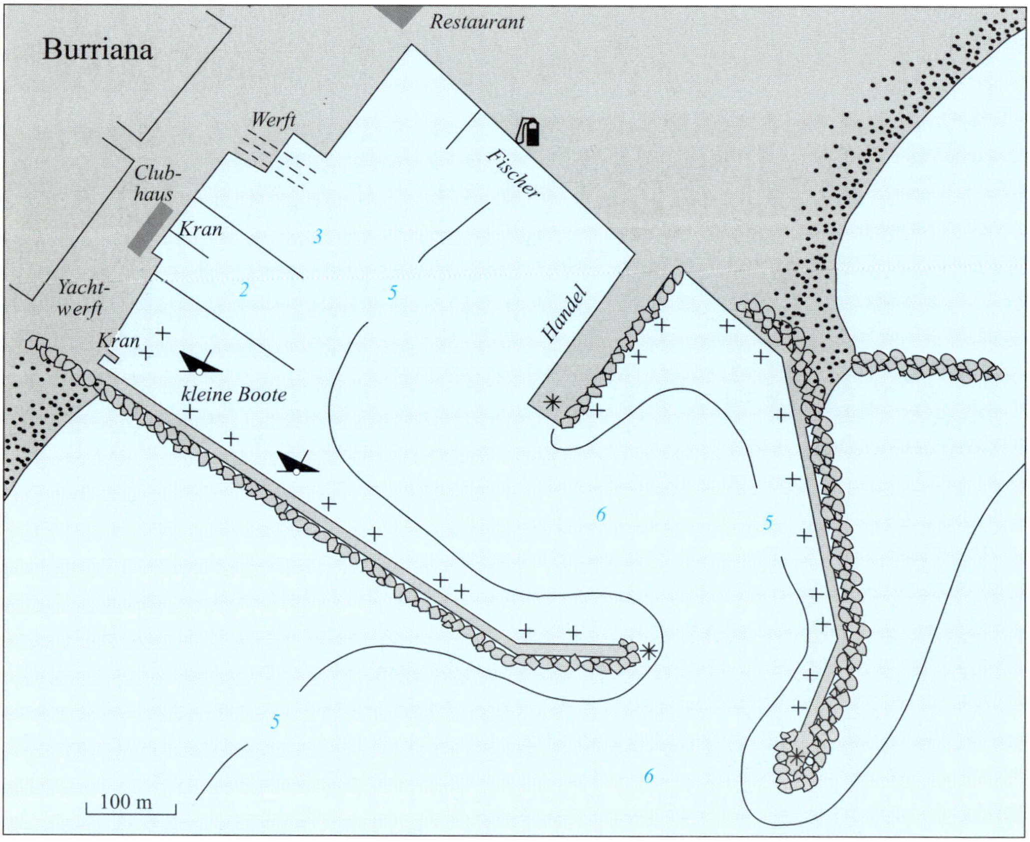

zu steuern und steht nach 1,5 Meilen dicht östlich der Einfahrt zum Sportboothafen. Mit 911 Liegeplätzen für Boote bis 20 m Länge ist er einer der größeren Häfen und gut geeignet, will man das Boot einige Zeit allein lassen. Der landschaftliche Reiz des Hafens ist eher beschränkt, und da die Verkehrsanbindung der nördlich und südlich angrenzenden Yachthäfen ungleich besser ist, muss man ihn auch nicht unbedingt anlaufen, um etwa Valencias Zentrum zu besuchen.

Die Einfahrt zum Yachthafen wird auf rund 5 m gehalten und ist bei jedem Wetter passierbar. An den Liegeplätzen kann man mit 2,5 m bis 4 m Wassertiefe rechnen. Mit der Lebensmittelversorgung sieht es indes schwierig aus, die Möglichkeiten in Hafennähe sind gleich Null.

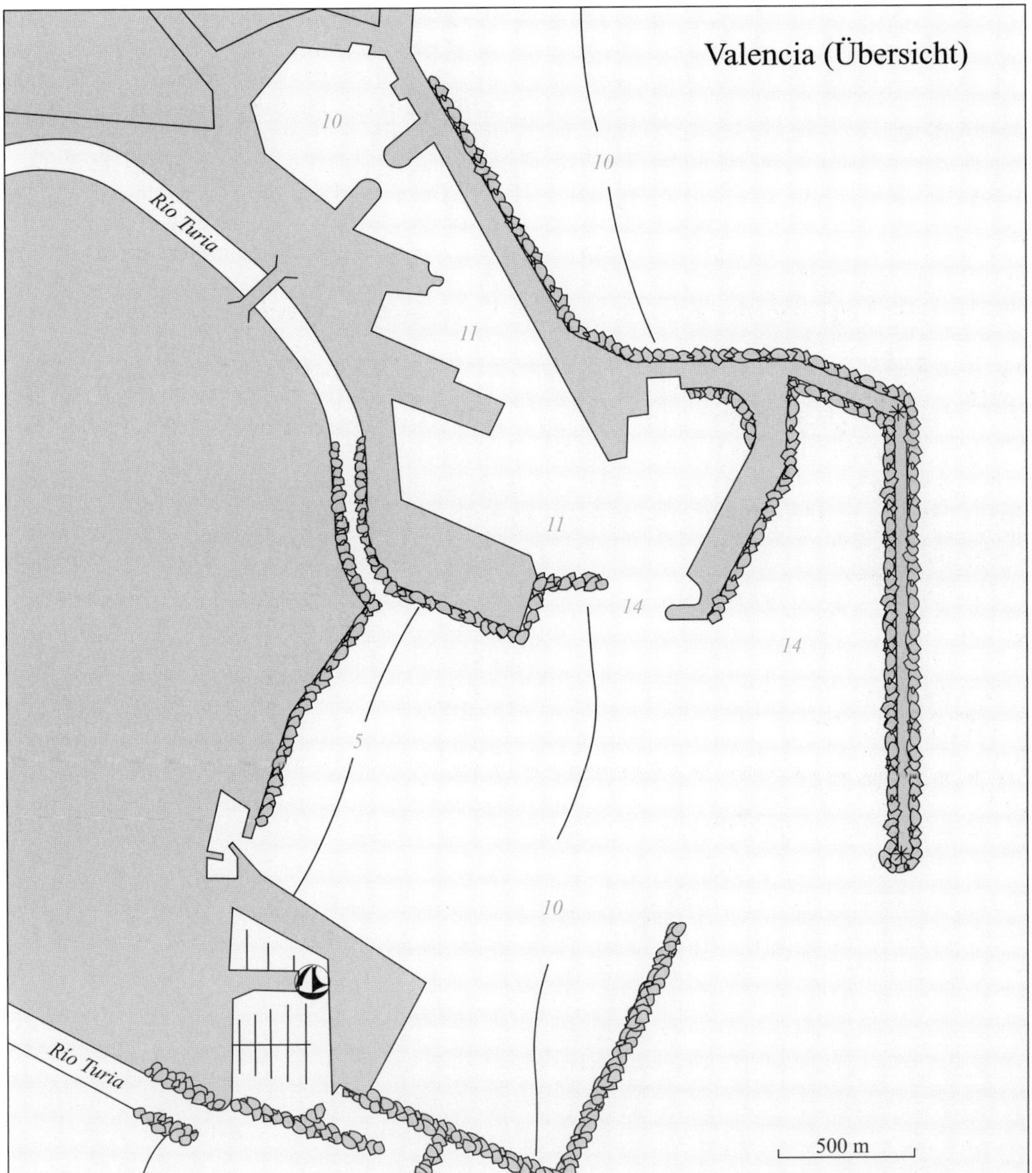

Das Stadtzentrum ist weit entfernt und nur per Bus (Haltestelle 1 km Richtung Nazaret) oder besser und bequemer mit dem Taxi zu erreichen. Beim Hafenmeister kann man auch Leihwagen mieten.

Ausflugstipp: Einen Besuch der Altstadt Valencias sollte man sich nicht entgehen lassen. Ausgangspunkt kann die markante Kathedrale sein, die vom 13. bis 15. Jh. im gotischen Stil auf den Resten einer maurischen Moschee erbaut wurde. Von ihrem Turm, dem 60 m hohen, achteckigen Miguelete (die Valencianer nennen ihn Micalet), kann man Valencia überblicken. Überall fallen die Türme und Kuppeln mit ihren bunten Ziegeln auf. Der Miguelete, der übrigens bis heute unvollendet geblieben ist, hat seinen Namen von der am Michaelstag 1418 geweihten »Wasserglocke« San Miguel, die früher die Bewässerung der Huerta von Valencia regelte. Vor dem so genannten »Aposteltor« (Puerta de los Apostoles) der Kathedrale treffen sich noch heute donnerstags um die Mittagszeit Bauernvertreter der Umgebung, wenn Streitigkeiten um die Wasserverteilung anliegen. Dieses »Wassergericht«, das schon in maurischer Zeit stattgefunden haben soll, hat heute allerdings kaum noch eine Bedeutung und ist zur Touristenattraktion geworden.
Das prächtige Barockportal an der Hauptfassade geht auf den Entwurf des deutschen Architekten Konrad Rudolf zurück, der es nicht vollenden konnte, da er aus politischen Gründen aus Valencia fliehen musste. Fertig gestellt wurde der Bau von einem seiner Schüler. Im Inneren birgt die Kathedrale einige interessante Stücke. In einer Seitenkapelle, die dem Heiligen Franziskus von Borgia geweiht ist, hängt ein Gemälde von Goja, auf dem der Heilige von seiner Familie Abschied nimmt. Die Kapelle des Heiligen Kelches (Capilla de Santo Caliz) birgt im Mittelteil des Altars den hochverehrten Heiligen Kelch, der beim letzten Abendmahl Christi Verwendung gefunden haben soll. Wie es heißt, ist er mit dem sagenhaften Gralskelch identisch, der von Petrus nach Rom und während der Christenverfolgung dann nach Nordspanien gebracht worden sein soll, wo er während der Maurenherrschaft in einem Pyrenäenkloster verwahrt wurde.

Schräg gegenüber der Kathedrale erhebt sich der Generalitätspalast (Palacio de la Generalidad) mit seinen zwei Türmen. In dem schönen gotischen Palais befand sich früher eine Verwaltungsabteilung des Königreichs Valencia, heute tagt hier das Regionalparlament.
Vom Generalitätspalast kann man entweder nach Norden auf der Calle de Cerranos zu den Cerranos-Türmen oder nach Westen auf der Calle de Caballeros zum Quart-Tor gehen. Die beiden ehemaligen Stadttore blieben als einzige Reste der mittelalterlichen Stadtmauern vom gründlichen Abriss Mitte des 19. Jh., als Valencia rasch über die alten Begrenzungen hinauswuchs, verschont. Sie dienten damals als Gefängnisse. Die gotischen Cerranos-Türme (14. Jh.) sollten früher den Übergang über den Fluss Turia sichern, waren aber von Beginn an auch als Triumphbogen und Zeichen des Reichtums der Stadt konzipiert. Reiche Verzierungen, für ein militärisches Gebäude ungewöhnlich, zeigen dies noch heute.
Erst im 15. Jh. errichtete man das Quart-Tor an der Straße nach Madrid. Es ist wesentlich schlichter gehalten. Jenseits des Tores liegt der Botanische Garten von Valencia, einer der berühmtesten Europas mit rund 25000 Pflanzenarten aus aller Welt.
Den Abschluss eines Stadtrundgangs kann der Besuch der Lloncha bilden, die von der Calle de Caballeros über die Calle Bolceria in südlicher Richtung zu erreichen ist. Es handelt sich dabei um die ehemalige Seidenbörse der Stadt, die 1483 bis 1498 von den valencianischen Kaufleuten errichtet wurde, als man in der umgebenden Ebene noch zahlreiche Seidenraupen züchtete. Sie gilt als einer der schönsten gotischen Profanbauten Spaniens. Besonders bemerkenswert ist der große Börsensaal mit seinem hohen Gewölbe und den Schlangensäulen.

Steckbrief

Moderne Marina
Für Boote jeder Größe
Relativ schlechte Stadtanbindung
Tankstelle
Werft
Strom und Wasser am Steg

Cullera

39°10'N000°14'W

Dieser gut geschützte Platz stellt eine Besonderheit in der eher städtisch geprägten Hafenlandschaft der spanischen Mittelmeerküste dar. Es ist kein eigentlicher Hafen, sondern das Flussbett des Rio Júcar, das hier schiffbar gehalten wird. Für Boote bis ca. 12 m Länge und weniger als 2 m Tiefgang ist es ein wunderschöner Liegeplatz vor einer imposanten Bergkulisse. Der Ort, nur ein Steinwurf vom Flussufer entfernt, hat die typische Atmosphäre eines verträumten Fischerortes bewahrt. Der kleine Club am Nordufer des Flusses passt sich nahtlos in die sympathische Atmosphäre ein und bietet alles was man in der Regel braucht. Nur für wirklich Marina-verwöhnte Menschen mag der Platz etwas zu urig sein.
Das Anlaufen des Rio Júcar bereitet keine großen Probleme. 2,5 Meilen südsüdwestlich von Cabo Cullera sieht man die einige hundert Meter ins Meer gebauten Molen, die das Flussbett des Rio Júcar verlängern. Der Fluss hat eine ungefähre Breite von 60 bis 70 m, und die Strömungsgeschwindigkeit liegt bei ca. 2 Knoten. Im Winter, nach starken Regenfällen, ist aber auch deutlich mehr »drin«. Die Molenköpfe sind befeuert. Da einige Fischerboote hier mehr als 2 m Tiefgang haben, wird die Einfahrtstiefe immer auf gut 2 m gebaggert. Im Flussbett beträgt die Tiefe etwa 2,5 m, nimmt zu den Rändern hin aber rasch ab. Wie nah man am Ufer liegen kann, wird also in erster Linie vom eigenen Tiefgang bestimmt.
Festgemacht wird irgendwo am Flussufer, da die Plätze direkt am Yachtclub meist voll belegt sind. Die Fischerkaje soll man freilassen. Bei selten auftretendem hohem, auflandigem Seegang darf man nicht in den Rio Júcar einlaufen. Unter der Straßenbrücke in Cullera können niedrige Boote ohne Aufbauten hindurchfahren. Vorsicht ist jedoch geboten, da der Fluss hinter der Brücke rasch flacher wird.

Steckbrief

Für Boote bis 12 m Länge
und 1,8 m Tiefgang
Romantischer Hafen am Fluss
Strom und Wasser am Club Náutico
Lebensmittel im Ort

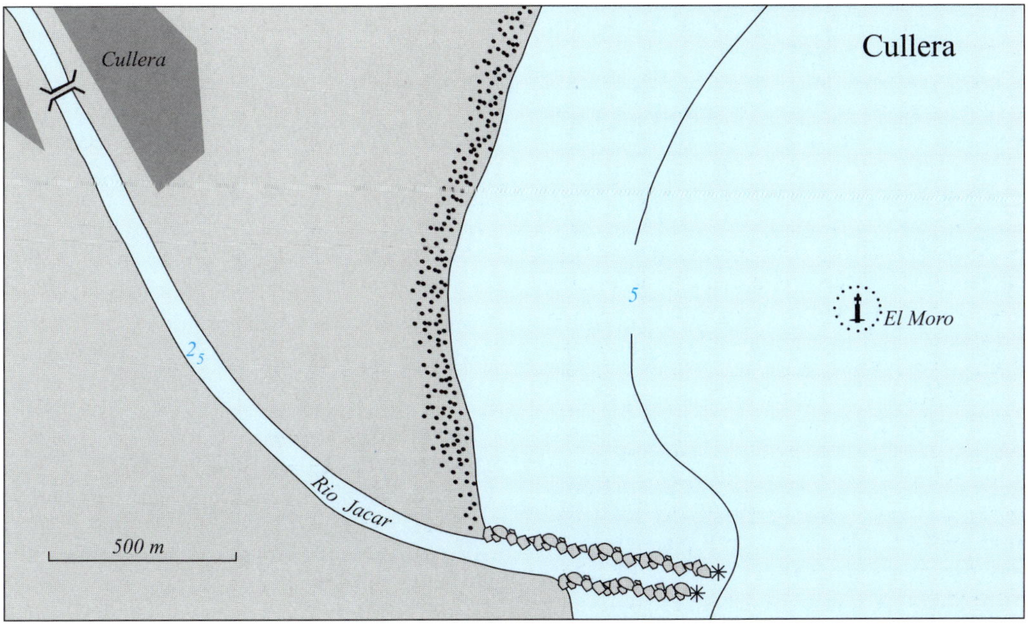

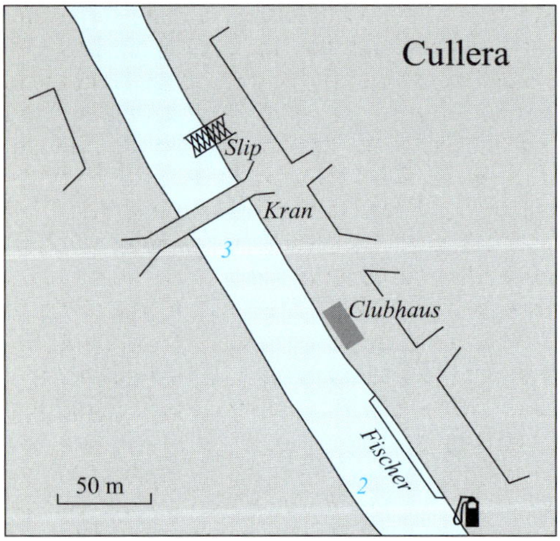

Ausflugstipp: Die Altstadt von Cullera zieht sich terrassenförmig am Hang des Monte d'Oro (Goldberg) hinauf. Vom Kirchplatz aus gelangt man zu Fuß auf die 120 m hohe Anhöhe, von der sich ein weiter Blick auf die maurisch anmutende Altstadt mit ihren verwinkelten Gassen und der wehrhaften Pfarrkirche sowie auf die umliegende Ebene der Huerta mit den schier endlosen Reisfeldern und Orangenhainen bietet.
Auf dem Berg stehen die Ruinen einer riesigen mittelalterlichen Festung, die einst die Einfahrt vom Meer in die Flussmündung des Rio Júcar beherrschte. König Jaime I. von Aragon ließ sie 1231 über den Resten einer kleinen maurischen Burg anlegen. Sie diente in der Folgezeit nicht nur der Piratenabwehr, sondern stand auch immer wieder im Brennpunkt kriegerischer Auseinandersetzungen aufgrund ihrer strategisch günstigen Lage in der Nähe der bedeutenden Stadt Valencia. Nahe bei der Burgruine steht die Wallfahrtskirche Unserer lieben Frau der Burg (Nuestra Señora de Castillo).

Gandía

38°59'N000°09'W

Zehn Meilen südlich von Cullera liegt am Ende eines ausgedehnten Sandstrandes der Hafen von Gandía. Die 850 m hohe Spitze des 5 Meilen landeinwärts liegenden Mondubar ist eine ausgezeichnete Landmarke. Ansonsten lassen die weithin sichtbar, in wunderschönen Parkanlagen gelegenen, teilweise luxuriösen Sommerhäuser keinen Zweifel daran aufkommen, in Gandía zu sein.
Das Einlaufen in den großräumigen und tiefen Kommerzhafen ist problemlos. Die Einfahrt zum Yachthafen befindet sich am Anfang der großen Schutzmole im nördlichen Scheitelpunkt des Hafens. Inmitten einer großzügig angelegten Sommerstadt (der eigentliche Ort Gandía liegt 3 km landeinwärts) hat ein moderner Club Náutico sein Domizil. Das Sportboothafenbecken ist im Norden des für den Fruchtexport erbauten Kommerzhafens abgetrennt worden. Der Club verfügt auch über eine kleine Pier zum Handelshafen hin. Da der Sportboothafen insbesondere im Sommer stark frequentiert ist, wird man wohl häufig an diese Tankstellenpier ausweichen müssen.
Gegenüber dem Land ist der Sportboothafen gut abgeschlossen und verspricht mit seiner Bewachung viel Sicherheit für das Boot. Trotz all dieser Vorzüge würde ich aber den gar nicht weit entfernten Hafen von Oliva bevorzugen, wenn nicht gerade starker auflandiger Seegang das Anlaufen Gandías erzwingt. Unter solchen Witterungsbedingungen ist das Ansteuern Gandías leicht, während sich Oliva unter derartigen Umständen verbietet.
Die Tiefe der Hafeneinfahrt beträgt 4 m, während die Wassertiefe an den Liegeplätzen bei rund 3 m liegt. Die Einfahrt zum Hafenkomplex ist gut befeuert, eine Befeuerung an der schmalen Abzweigung zum Sportboothafen fehlt indes völlig.
Der nördliche Teil des Kommerzhafens, der ja eigentlich die Mündung des Rio San Niclas ist, und auch die Tankstellenpier neigen zum Verschlammen. Es ist also Vorsicht beim Anlaufen der Tankstelle geboten, hier gab es schon weniger als 1,5 m Wassertiefe. Die

Tankstelle an der Fischerkaje südwestlich der Clubtankstelle bietet gute 2 m Wassertiefe.

Steckbrief

Für Boote bis 2,5 m Tiefgang
Strom und Wasser am Steg
Tankstelle
Lebensmittel in Hafennähe

Ausflugstipp: Die Stadt Gandía, eine maurische Gründung, wurde 1240 durch König Jacob I. erobert, und etwa um diese Zeit gründete man auch das gleichnamige Herzogtum, das unter der Familie Borgia im 15. und 16. Jh. seine Glanzzeit erlebte (damals schrieb sich die Familie noch Borja). Herzog Rodrigo, Bischof von Valencia, wurde als Alexander VI. Papst. An ihn erinnert man sich vor allem wegen seines skandalumwitterten Privatlebens und seiner schönen Tochter Lucretia.
Größere Bedeutung für die Stadtgeschichte hatte sein Urenkel Franzisco (1510–1572), der als Franziskus von Borgia heilig gesprochen wurde. Zunächst regierte er lange Jahre als Herzog von Gandía und Vizekönig von Katalonien. Nach dem Tod seiner Frau trat er in den Jesuitenorden ein, dessen dritter General er wurde. Sein wichtigstes persönliches Werk war die Einrichtung einer Universität in Gandía, die der Glaubenserziehung zum Christentum bekehrter Mauren diente. Sie wurde 1772 aufgelöst, als die Jesuiten Spanien vorübergehend verlassen mussten.
Der Palast der Herzöge von Borgia (Palacio del Santo Duce) ist die bedeutendste Sehenswürdigkeit Gandías. Der Gebäudekomplex befindet sich in Hafennähe gleich hinter dem Strand.
Heute haben Jesuiten in dem im gotischen und Renaissance-Stil erbauten Palais eine Schule eingerichtet. Es finden Führungen statt. Die prunkvollen Räumlichkeiten gruppieren sich um zwei Innenhöfe, von denen vor allem der so genannte Waffenhof gleich neben dem Haupteingang besonders typisch für die gotische Architektur der spanischen Ostküste ist. Das kleine Museum zeigt unter anderem Reliquien des heiligen Franziskus. Als Geburtshaus des Heiligen erfährt der Palast hohe Verehrung und wird häufig besucht.

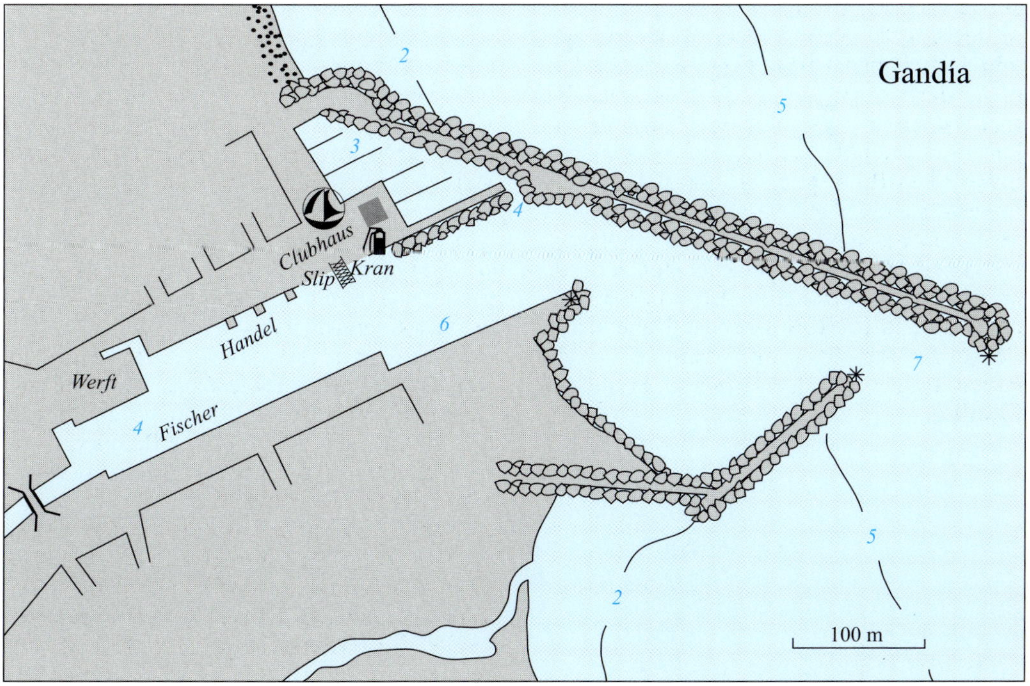

Oliva

38°56'N000°06'W

Vier Meilen südlich von Gandía liegt dieser hübsche kleine Yachthafen. Kein hohes Appartementhaus nimmt den Blick auf eine bizarr gezackte, mächtige Kulisse des zum Meer auslaufenden Gebirges. Im Hafen herrscht außerhalb der Saison eine ruhige, unaufdringliche Atmosphäre.
Der Sportboothafen bietet 360 Liegeplätze für Boote bis 15 m Länge, ein Fassungsvermögen, das man dem Hafen auf den ersten Blick gar nicht zutraut. Wegen der Enge des Manövrierraums würde ich mit einem Boot von mehr als etwa 12 m Länge aber nicht einlaufen. Bei starkem, auflandigem Seegang verbietet sich die Einfahrt.
Kommt man das erste Mal von Süden hierher, besteht die Gefahr, die seewärts gerichteten, nach Südost abknickenden Molen für den Hafen von Gandía zu halten.
Ein knorriger Turm steht 1,5 Meilen nordwestlich des Hafens, außerdem sind die Molen Gandías um einiges voluminöser als die von Oliva, und – das ist das Bemerkenswerte – in Oliva fehlt die starke Bebauung. Die Molenköpfe sind befeuert. Die Einfahrt ist mit knapp 2 m auch für größere Yachten befahrbar. Beim Einlaufen sollte man darauf achten, dass man nicht zu weit nach links gerät, hier wird es nämlich rasch flacher. An den Liegeplätzen kann man mit gut 1,6 m Wassertiefe rechnen, meist sind es sogar 2 m.
Das Clubgebäude, groß und im traditionell mediterranen Stil erstellt, wirkt gepflegt, Oliva wäre als Hafen zum Überwintern sehr gut geeignet, wenn nur die Versorgungsmöglichkeiten nicht so beschränkt wären. Aber auf jeden Fall ist es ein besonders empfehlenswerter Fleck zum Verweilen.

Steckbrief

Für Boote bis 12 m Länge
und 1,8 m Tiefgang
Hübscher, kleiner Bootshafen
Strom und Wasser am Steg
Kaum Versorgungsmöglichkeiten
Lebensmittel in der Saison im Ort erhältlich

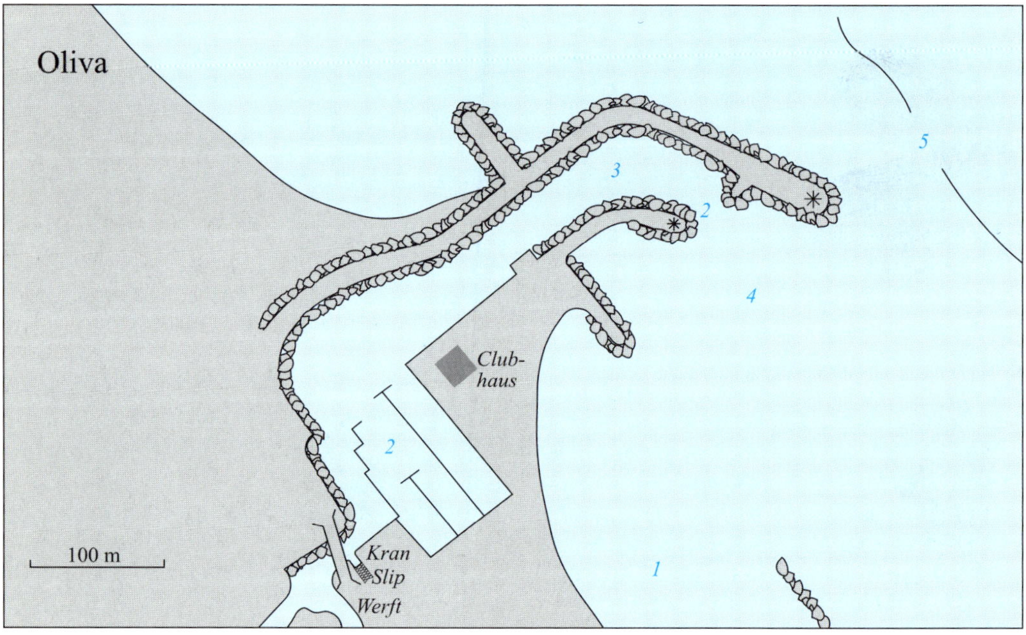

Denia

38°50'N000°07'E

Fünf Meilen nördlich des schroffen Cabo San Antonio liegt dieser großzügige Hafen. Die Stadt ist ein moderner Ferienort, den in Hafennähe keine Appartementhäuser verunzieren. Auf schroffem Fels über der Stadt thront ein Kastell aus maurischer Zeit. Straßencafés und Restaurants laden an einer schönen Uferpromenade zum Verweilen ein – ein netter Ort.

Das Anlaufen Denias ist im Grunde problemlos. Von weitem, z.B. von Ibiza kommend, ist der 761 m hohe Monte Mongó, an dessen Nordabhang die Stadt liegt, gut auszumachen. Näher herangekommen, ist das in 70 m Höhe thronende maurische Kastell eine gute Orientierungshilfe. Die weit ins Meer hineingebauten Schutzmolen sind gut befeuert und allein wegen ihrer Ausgedehntheit unverwechselbar. Da die Küste nördlich und südlich des Hafens klippenreich ist und wegen der hier manchmal durch nennenswerte Strömungen (bis 2 Knoten) verlagerten Sände achte man bei der Einsteuerung auf die aktuelle Betonnung.

Das Fahrwasser ist ca. 6 m tief. Den Kopf der Nordmole soll man mit gutem Abstand passieren. Am besten hält man sich bis zur direkten Einsteuerung auf mehr als 15 m Wasser, so bleibt man auf der sicheren Seite. Nachdem das innere Hafenbecken großzügig ausgebaggert wurde, hat die Einfahrt viel von ihrem früheren Schrecken verloren. Hat man das südliche Molenstück so weit passiert, dass sich das Hafenbecken erweitert, kann man sich nach links zu den Anlegestellen für Yachten orientieren.

Gravierende Änderungen gegenüber früheren Jahren haben sich dadurch ergeben, dass der örtliche Club Náutico seine Liegeplatzkapazi-

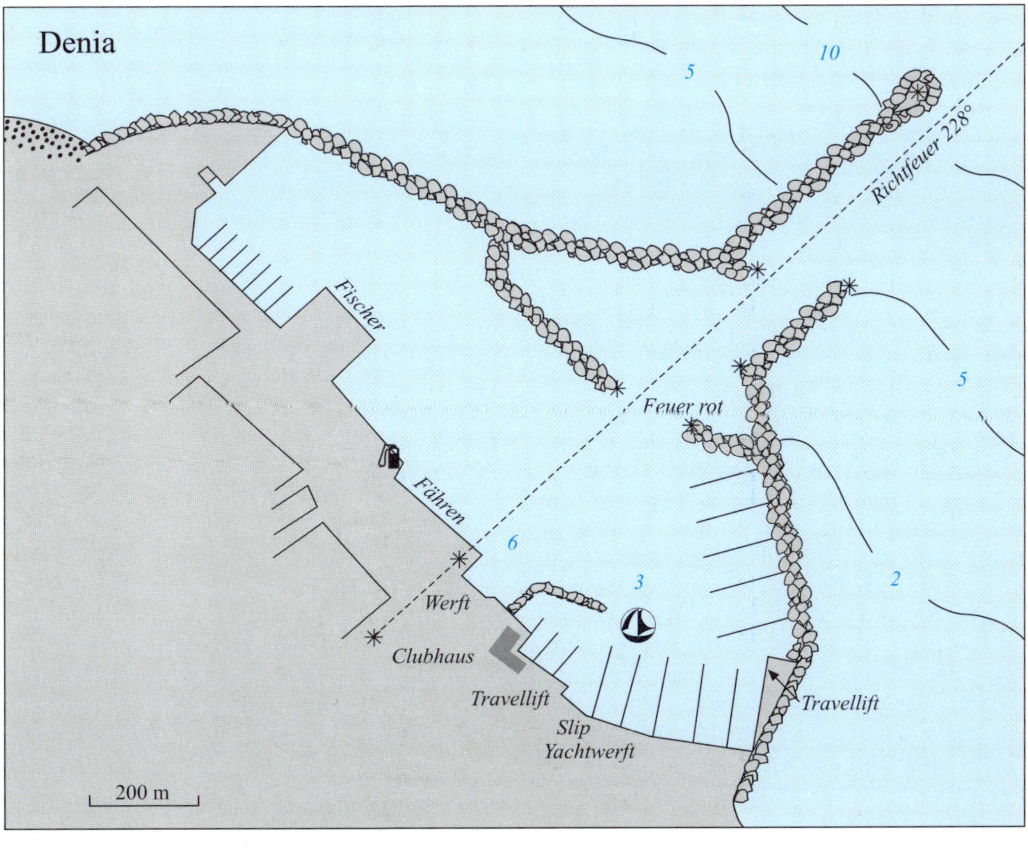

tät verdoppelt hat – und wenn das Ausbauprojekt, das im Augenblick noch läuft, beendet ist, sogar verdreifacht haben wird. Der gesamte Innenteil der Südostmole ist jetzt dicht an dicht mit Betonstegen für Sportboote belegt. Der ehemals extrem flache und eigentlich nur für Mehrrumpfboote geeignete Nordwestteil des Hafens bietet jetzt noch einer kleineren Steganlage Platz, die sich noch jenseits der Lonja etabliert hat. Sie ist aber nur für kleine, einheimische, offene Boote geeignet.
Freies Ankern ist nur noch an der Innenseite der Nordmole ungefähr nördlich der Lonja möglich. Weiter zur Einfahrt hin wird es schon deswegen riskant, weil die einlaufenden Fährschiffe einen großen Drehkreis beschreiben. Man sollte ihnen nicht in die Quere kommen.
Marina und Yachtclub bieten alle Annehmlichkeiten. Das Restaurant des Clubs genießt einen guten Ruf insbesondere für seine reiche Auswahl verschiedenster Tapas.

Steckbrief

Für Boote bis 2,5 m Tiefgang
Großflächiger, schön gelegener Hafen
Angenehme Atmosphäre
Strom und Wasser am Steg
Tankstelle
Slip
Travellift

Ausflugstipp: Der Handels- und Fischerhafen von Denia wird von einer wuchtigen Festung überragt. Wegen der schönen Aussicht auf Stadt und Hafen lohnt ein Spaziergang auf den Burghügel. Griechische Händler aus Phokäa gründeten hier um 600 v. Chr. die erste Ansiedlung, und auf dem Gipfel des Felsens bauten sie einen Tempel zu Ehren der Göttin Artemis, der Schutzpatronin der Phokäer. Die Römer gaben der Stadt später den Namen »Dianium«, nach ihrer Göttin Diana, die der griechischen Artemis entspricht. Bis zum heutigen Tag ist diese alte Bezeichnung in dem Namen Denia lebendig geblieben. Unter Griechen und Römern war Denia ein wichtiger Handelsplatz im westlichen Mittelmeer, und die westgotischen Eroberer machten die Stadt sogar zum Bischofssitz.
Unter den Mauren erlebte Denia dann seine Blütezeit. Als sich nach Erbfolgestreitigkeiten das Maurenreich auf spanischem Boden in mehrere so genannte Taifa-Königreiche aufspaltete, wurde Denia zur Hauptstadt eines dieser Teilreiche. Auf den Grundmauern des einstigen Tempels errichteten die Maurenherrscher ihre Burg, die im Innern als Palast ausgestattet wurde. Auch befestigten sie die Stadt mit wuchtigen Mauern und Türmen, um sie gegen die immer gefährlicher werdenden Vorstöße der christlichen Heere aus dem Norden zu schützen, denen sie im 13. Jh. schließlich weichen mussten. Zerstört wurde die Festung aber erst 1813 während der Napoleonischen Kriege, als in der Burg verschanzte Truppen sich erst nach fünfmonatiger Belagerung ergaben.
Noch einmal wurde die Burg während des Spanischen Bürgerkriegs Schauplatz kriegerischer Auseinandersetzungen. Denia war eine der letzten Bastionen der republikanischen Truppen, die gegen Kriegsende von den Anhängern General Francos gestürmt wurden.
Seit einigen Jahren wird das Kastell restauriert, und im Innern wurde ein Museum, das Funde aus der Stadtgeschichte zeigt, eingerichtet.
Denia liegt an den Abhängen des Kalkmassivs der Sierra del Mongó. Höchste Erhebung der Umgebung ist mit 761 m der charakteristische Monte Mongó, der schon im Altertum als Mons Jovis (Jupiterberg) weit über die Region hinaus bekannt war. Bei klarem Wetter blickt man von seinem Gipfel bis zur fast 60 Meilen entfernten Insel Ibiza. Dafür muss man einen recht anstrengenden Aufstieg in Kauf nehmen. Einschließlich Rückweg ist mit etwa 8 Stunden Gehzeit zu rechnen.

Costa Blanca

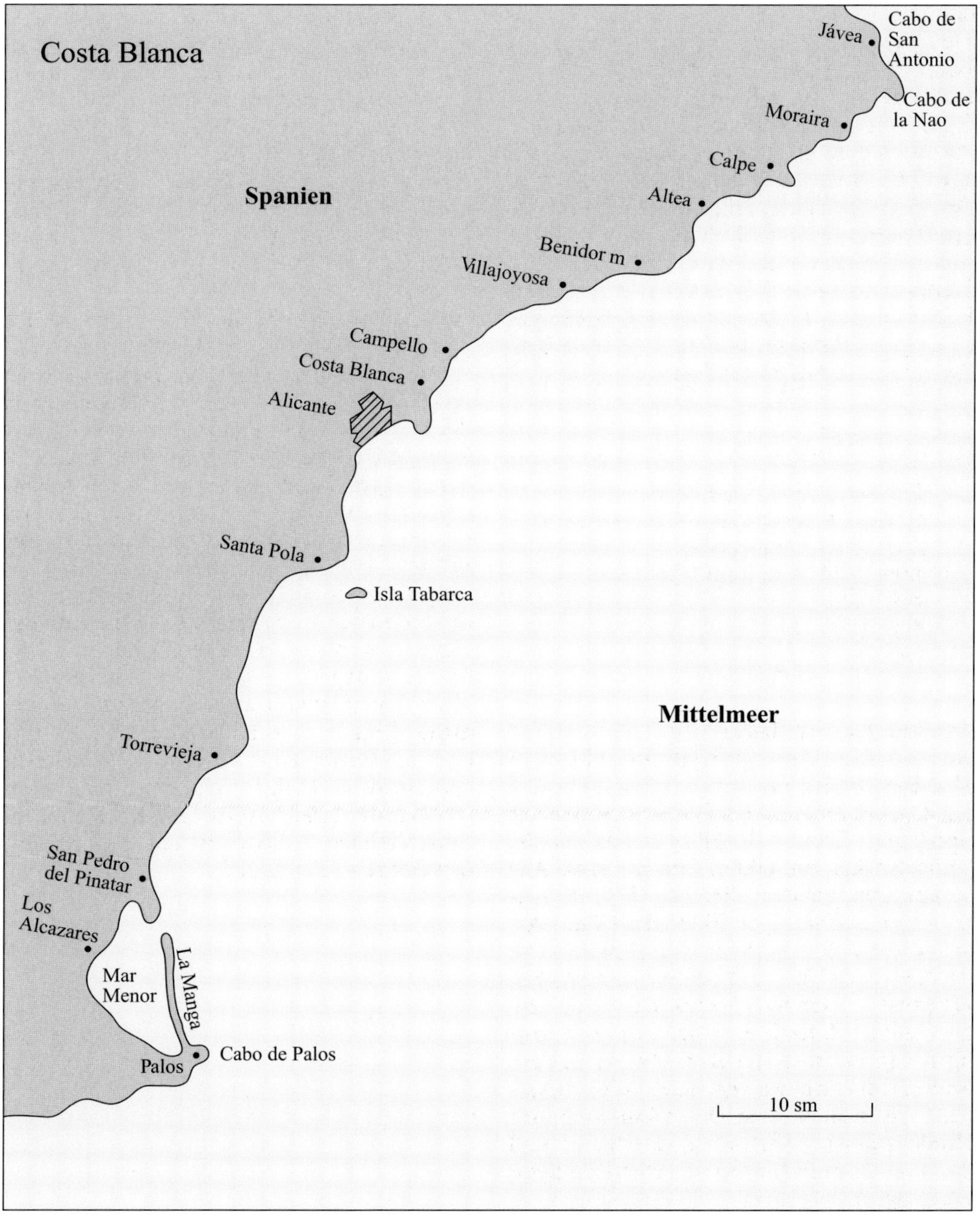

Cabo de San Antonio bis Cabo de Gata

Costa Blanca, die »Weiße Küste«, wird der Abschnitt zwischen Cabo de San Antonio im Norden und Cabo de Gata im Süden genannt. Mit 195 Meilen Länge ist es der längste Küstenabschnitt der spanischen Ostküste, der Levante. Sie ist sicher einer der schönsten Küstenabschnitte der spanischen Mittelmeerküste. Lange, weiße Strände – daher der Name Weiße Küste – wechseln sich mit schroff ins Meer ragenden, felsigen Kaps ab. Weiter im Landesinneren steigen überall steile, schroffe Felsen bis auf 2000 m Höhe an und schirmen die Costa Blanca von widrigen Wetterlagen weitestgehend ab.
Klimatisch bildet Cabo de Palos, ungefähr auf der Hälfte zwischen Cabo de San Antonio und Cabo de Gata, eine wichtige Wendemarke. Während nördlich von Cabo de Palos die Küste nach Norden abknickend verläuft und die Bergketten im Landesinneren parallel zur Küste stehen und diese somit abschirmen, verlaufen die Gebirgsketten des Landesinnern südlich von Cabo de Palos nicht mehr küstenparallel. Südlich von Cabo de Palos ist deutlich die Leitwirkung der Costa del Sol, die in Ost-West-Richtung verläuft, zu spüren.
Manchmal bläst es in dieser Gegend recht tüchtig, insbesondere im Winter. Rundet man Cabo de Palos nach Norden oder nach Süden, wird man dahinter meist völlig anderen Seegang antreffen.
Die Region rund um Alicante ist im Sommer wie im Winter ein sehr geschütztes und landschaftlich überaus reizvolles Revier. Winterstürme aus dem Atlantik wehen hier vorbei. Der Mestral weiter im Norden, ein heftiger und gefürchteter Wind, reicht nicht bis hierher. In der Übergangszeit mag es den einen oder anderen Oststurm geben – es sind seltene Wetterereignisse. Ernst zu nehmen sind sie allemal, aber das gilt nicht nur für den Golf von Alicante, sondern für die ganze Levante.
Charakteristisch für die Landschaft sind nicht nur die zahlreichen weiß leuchtenden Strände mit ihren weiten Buchten, sondern vor allem die vielen weit ins Meer vorspringenden Felsen, die alle mehr oder weniger wie eine kleine Nachbildung des Felsens von Gibraltar aussehen.
Südlich von Alicante wird die Landschaft flach, die Berge treten weit zurück, und die Landschaft wirkt stark afrikanisch geprägt. In dieser Gegend steht bei Elche der größte Palmenwald Europas. Hier sollen mehr als

100 000 Dattelpalmen stehen, die schon von den Mauren gepflanzt wurden. An manchen Stellen der Küste, südlich von Puerto Cabo de Palos, kann man mehr oder weniger ausgedehnte Palmenwäldchen bis unmittelbar an den Strand heran stehen sehen. Ja, einige Palmen stehen sogar mit den Wurzeln bis ins Wasser hinein, was in Kombination mit der heißen, trockenen Landschaft südlich Cartagenas vergessen macht, dass man sich noch in Europa aufhält.
Der südliche Küstenabschnitt zwischen Cabo de Palos und Cabo de Gata wurde früher auch häufig Costa Cálida (»Heiße Küste«) genannt. Im Sommer ein wirklich treffendes Wort. Im Winter ist es hier recht angenehm, aber im Gegensatz zum nördlichen Teil der Costa Blanca bläst es im Winter, wenn nicht ständig, so doch häufig, sturmstark. Die Wasserqualität der Costa Cálida gehört mit zur besten, die man im Mittelmeergebiet antreffen kann. Deshalb ist die Gegend um Cabo de Gata in den letzten Jahren auch zu einem Tauchparadies avanciert.
Inmitten dieser landschaftlichen Pracht liegt noch eine interessante Besonderheit, das Mar Menor. Es ist ein großer, salziger Binnensee, der zum Meer hin nur durch einen einzigen schiffbaren Kanal erreichbar ist. Es ist das ideale Revier für den Jollenwanderer. Flachgehende Boote können sich auf dem Salzsee die einsamsten Fahrtrouten und Liegeplätze aussuchen, ohne sich jemals weiter als nur wenige Meilen von der Zivilisation entfernen zu müssen.
Aber im Sommer darf man nicht vergessen, dass dieser Teil das heißeste Gebiet ganz Spaniens ist. Liegt die mittlere Höchsttemperatur von Alicante im Mai bei 24,4 °C, steigt sie bis zum Monat August auf 31,5 °C. Regen gibt es hier selten. Die 328 mm Jahresniederschlag fallen ausschließlich im Winter.
Die Fahrt entlang der Costa Blanca beginnt bei Cabo de San Antonio. Es ist eine wichtige, unverwechselbare Landmarke. Schroff, teilweise überhängend fällt die dunkle Felswand aus 170 m Höhe steil ins Meer hinab. Bei klarem Wetter kann man von der Höhe des Kaps die Insel Ibiza sehen und in der Ferne meist auch die Wolkenlinie erkennen, die die Küstengebirge Mallorcas kennzeichnet.

Jávea

38°48'N000°11'E

Unmittelbar südlich Cabo de San Antonio in gut geschützter Lage befindet sich dieser besonders anheimelnde Ort. Bei Tage sind das schroff abfallende Cabo de San Antonio und von sehr weit her auch der schon erwähnte Monte Mongó eine sehr gute Ansteuerungshilfe. Hat man das Kap nach Süden gerundet oder kommt man aus Richtung Süd vom Cabo de la Nao, sieht man oberhalb des Hafens auf der Höhe der Berge eine Reihe alter Windmühlenstümpfe (12 Stück), eine Art Wahrzeichen Jáveas. Bei Nacht dienen die starken Leuchtfeuer von Cabo de la Nao und Cabo de San Antonio der Orientierung.
Die Einfahrt nach Jávea ist problemlos und frei von Untiefen. Die Wassertiefe in der Einfahrt liegt bei 7 m, und im größten Teil des Hafens bis zur Außenmole ist es mit gut 5,5 m fast ebenso tief. An den Clubstegen haben 184 Boote bis zu einer Länge von 20 m Platz. Die Wassertiefe an den Stegen liegt bei 2 m an der Stegwurzel und den beiden kleinen Stegen und gut 5 m am Ende der großen Stege.
Jávea ist von einer atemberaubenden Ursprünglichkeit und als Absprunghafen, z.B. für die Fahrt nach Ibiza, hervorragend geeignet, genauso wie Denia. Stilvoll, mit einem Sinn für das Schöne präsentiert sich der gepflegte Club Náutico. Welch ein Kontrast zwischen den Hibiskus- und Oleandersträuchern, die den Club liebevoll gepflegt umgeben, und der unmittelbar hinter dem Hafen aufragenden rot-braunen, trockenen Felswand, die nur niedrigen Sträuchern und Trockengräsern Halt bietet. Im Winter sorgt diese Wand für ein angenehm warmes Klima im Hafen – im Sommer kann es hier jedoch recht heiß werden. Eine kleine Werft – bekannt für gute Holzarbeiten – führt alle Reparaturen aus.
Die 2 km entfernt liegende Stadt Jávea bietet alle Versorgungsmöglichkeiten, aber auch unmittelbar in Hafennähe befinden sich gut sortierte Geschäfte inklusive Bootsbedarf.
Jávea ist einer der wenigen Plätze, wo man noch clubfrei an der Innenseite der Schutzmole festmachen kann. Vorzugsweise sollte man

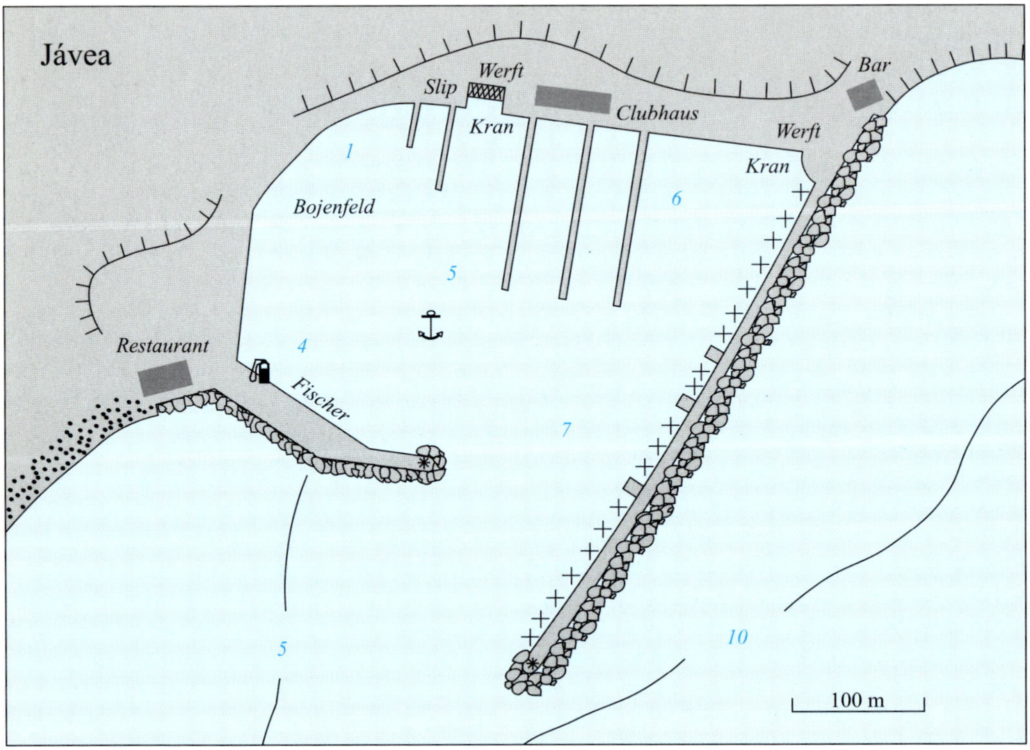

aber versuchen, an einer der drei vorspringenden Betonpiers festzumachen, weil ansonsten große Steine der Molenschüttung dicht unter der Wasseroberfläche liegen. Will man an einer anderen Stelle der Außenmole festmachen, muss man sehr lange Leinen an Land ausbringen und den »Zubringerdienst« mit dem Dingi machen. muss man das Beiboot ohnehin klarmachen, kann man auch gleich vor dem Kopf der drei Clubstege vor Anker gehen und von hier aus die Romantik des Hafens genießen.

Steckbrief

Für Boote bis 20 m Länge
Sehr schön gelegener Hafen
Strom und Wasser am Steg
Tankstelle (nur Diesel)
Lebensmittel in Hafennähe
Werft
Bootsbedarf

Ausflugstipp: Der Fischerhafen von Jávea duckt sich an den Südabhang des imposanten Cabo de San Antonio mit seinen steilen Felsklippen. Ein Spaziergang (hin und zurück ca. 1 Std.) führt zum Leuchtturm am Cabo de San Antonio. Ausgangspunkt ist das Zentrum der modernen Gartenstadt in Hafennähe. Oberhalb der Hafenanlage führt die Fahrstraße durch ein gepflegtes Villenviertel zur Anhöhe des Kaps hinauf. In der Nähe des Leuchtturms bietet sich ein hervorragender Blick auf die nahe gelegene Stadt Jávea und auf das Cabo de la Nao 2 Meilen südlich, die äußerste Spitze der Betischen Kordillere, die in der Insel Ibiza wieder aus dem Meer aufsteigt.
Auch Jáveas Altstadt lohnt einen Besuch. Etwa 2 km landeinwärts liegt sie auf einem Hügel, den eine gotische Wehrkirche aus dem 16. Jh. krönt. Das reizvolle mittelalterliche Stadtbild wird durch Befestigungsanlagen und Stadttore aus der Maurenzeit ergänzt. Nordwestlich der Stadt sieht man auf einer Anhöhe die schon als Ansteuerungshilfe erwähnten Reste von ehemals zwölf Windmühlen.

Moraira

38°41'N000°08'E

6 Meilen südwestlich von Cabo de la Nao, dem Schwesterkap von Cabo de San Antonio, liegt diese moderne Marina internationalen Zuschnitts. Im Schatten des unmittelbar nördlich weit vorspringenden Kaps Moraira liegt der Yachthafen. In 172 m Höhe thront auf dem ins Meer auslaufenden Bergrücken ein weithin sichtbarer weißer alter Turm.
Die Bucht – zwischen Kap und Hafen gelegen – ist nach Süden offen. Da hier nur selten Wind aus der ungeschützten Richtung weht, ist sie von alters her ein beliebter Ankerplatz. Dicht im Scheitel der Bucht, auf etwa 4 bis 5 m Wasser (Sandgrund), lässt es sich herrlich und sicher ankern. Zu nahe sollte man an die Küste allerdings wegen einiger Felsen, die dicht unter Wasser liegen, nicht heranlaufen.
Eingerichtet auf größere Yachten, ist das Einlaufen problemlos. Die Einsteuerung, nachts befeuert, ist leicht zu finden. Die Einfahrt ist mit 6 m tief genug auch für große Boote. An den Liegeplätzen findet sich – mit Ausnahme der wenigen Plätze ganz dicht im nördlichen Teil – eine Tiefe von 2 bis 3 m. Insgesamt haben 599 Boote Platz. Es ist ein schöner Hafen ohne strenge Clubatmosphäre, ruhig und mit allen Versorgungsmöglichkeiten einschließlich Bootsbedarf ausgestattet. Was es im Hafen nicht gibt, hält der nahe gelegene Ort bereit. Unter praktischen Gesichtspunkten ist Moraira zum Überwintern hervorragend geeignet.

Steckbrief

Für Boote jeder Größe
Angenehme Marina
Strom und Wasser am Steg
Tankstelle
Lebensmittel in Hafennähe
Werft
Bootsbedarf

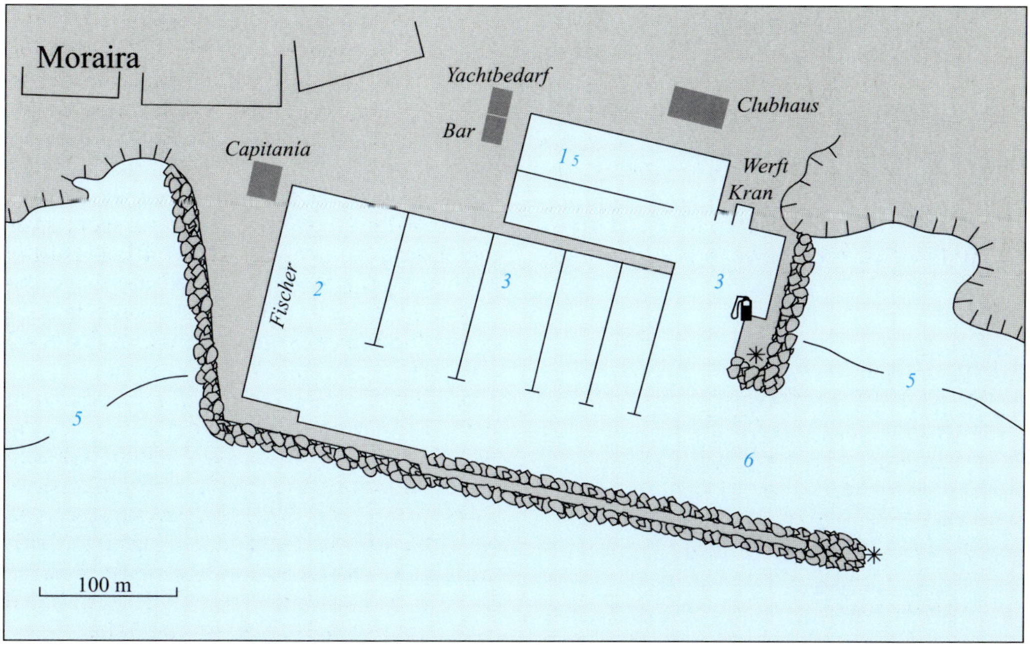

Calpe

38°38'N000°04'E

Diesen Hafen zu verfehlen ist schier unmöglich. Er liegt am Westhang des Peñon de Ifach – ein Felsklotz von 328 m Höhe, der von fern wie der Felsen von Gibraltar wirkt. Sogar in finsterer Nacht soll der Berg daran kenntlich sein, dass er die Sterne verdunkelt – nun ja, das haben wir nicht ausprobiert.
Die Marina des örtlichen Club Náutico bietet ca. 300 Booten guten Schutz. Nur bei Starkwind aus östlicher Richtung kann Sog die Lage ungemütlich machen. Die eigentliche Stadt liegt ca. 3 km entfernt und bietet alle Versorgungsmöglichkeiten.

Der Peñon de Ifach mit seiner weiß-rötlich glänzenden Farbe ist die Ansteuerungsmarke für Calpe, egal ob man von Süd oder Nord kommt. Der Berg ist durch eine flache Landzunge, die teilweise von modernen Flachbauten bestanden ist, mit dem Festland verbunden. Die Ansteuerung des Hafens ist problemlos, und mit 5 bis 6 m ist die Einfahrt recht tief. Die Westmole ist den Fischereifahrzeugen vorbehalten. Die Molenköpfe sind gut befeuert, und dank der unverwechselbaren Umgebung ist Calpe zu jeder Tages- und Nachtzeit anlaufbar. Nördlich des Peñon de Ifach, vor einem mit höheren Häusern bestandenen Stadtviertel Calpes, liegt in der Nähe eines flachen Sandstrandes ein brauchbarer Tagesankerplatz, von dem aus man den Berg in seiner ganzen bizarren Schönheit bewundern kann.

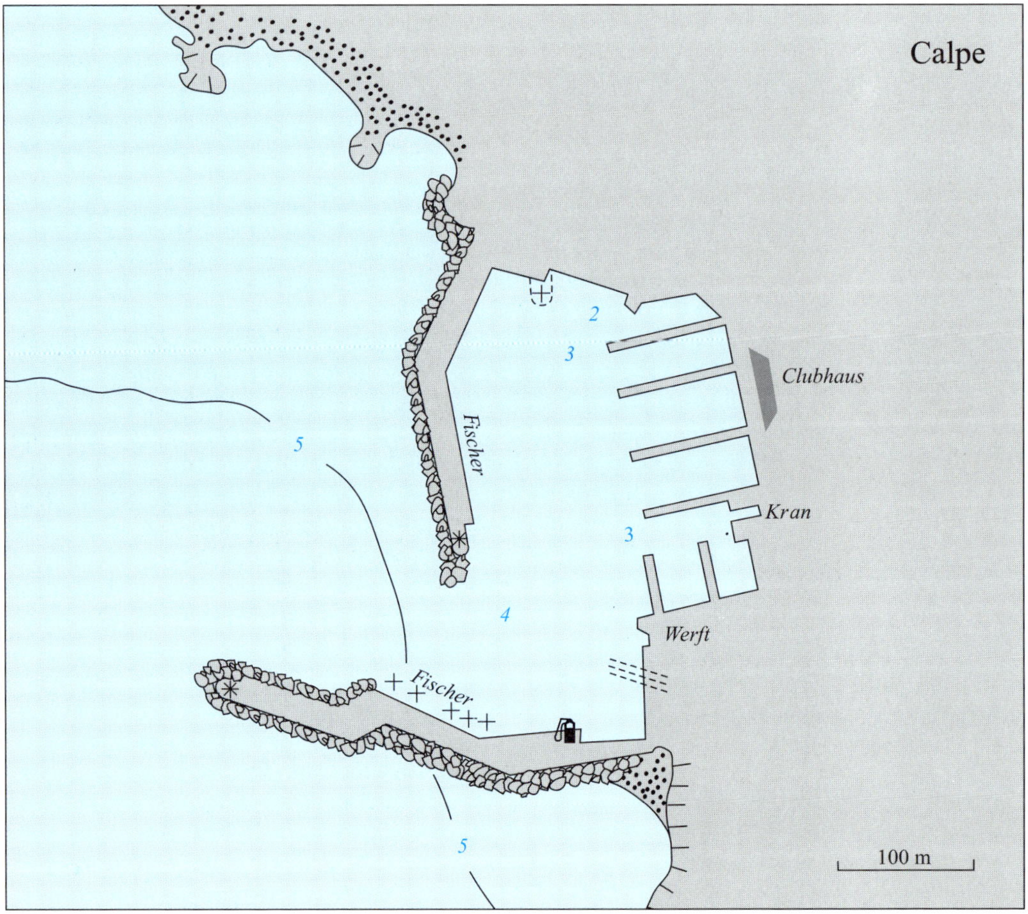

Bereits die Phönizier waren sich der Einmaligkeit der Umgebung des weißen Berges bewusst. Sie ankerten gerne an der Stelle, wo sich heute der Yachthafen befindet – so sagt man –, und von ihnen hat der vulkanisch entstandene Felsklotz seinen Namen »Calpe«. Nach ihnen hinterließen Griechen, Römer und Mauren ihre Spuren an der Costa Blanca. Schon sie hat der Peñon genauso beeindruckt, wie er den modernen Yachtskipper begeistert.

Steckbrief

Für Boote bis 2,5 m Tiefgang
Strom und Wasser am Steg
Tankstelle
Lebensmittel im Ort
Gute Werft

Ausflugstipp: Den Hafen von Calpe läuft man wegen des Peñon de Ifach an, jener charakteristischen Vulkankuppe, die gerne mit dem Felsen von Gibraltar verglichen wird. Mit seinen 328 m Höhe ist er das Wahrzeichen der Costa Blanca. Gleich hinter dem Hafen beginnt der lohnende Fußweg zum Gipfel. Hin- und Rückweg dauern etwa 1 Stunde. Durch einen Tunnel geht es hinauf zur Punta de Ifach, der Felsspitze, die eine schöne Aussicht auf die Küste bietet. Der Blick schweift über die Salzgärten der näheren Umgebung bis zum Cabo de la Nao im Nordosten.
Jetzt erkennt man, dass der Peñon de Ifach, ein ehemaliger Vulkanschlot, nur durch einen schmalen Landstreifen mit dem Festland verbunden ist. Auf beiden Seiten sind lange Sandstrände entstanden, die in weiten Buchten auslaufen. Bezeichnenderweise bedeutet der Name Ifach, der aus dem Arabischen stammt, so viel wie Strände. Peñon de Ifach ist also wörtlich übersetzt »die Strandfelskuppe«.

Luis Campomanes (Marina Greenwich)

38°37'N000°01'W

Wenn sich die Marina und die sie umgebende Urbanización weiter so entwickeln wie geplant, handelt es sich um ein viel versprechendes Projekt. Von der Marina aus hat man einen schönen Blick auf die schroffen Gebirgszüge südwestlich der Bucht von Altea. Der Hafen schmiegt sich dicht westlich der Punta Mascarat eng an die hoch aufragende Küste.

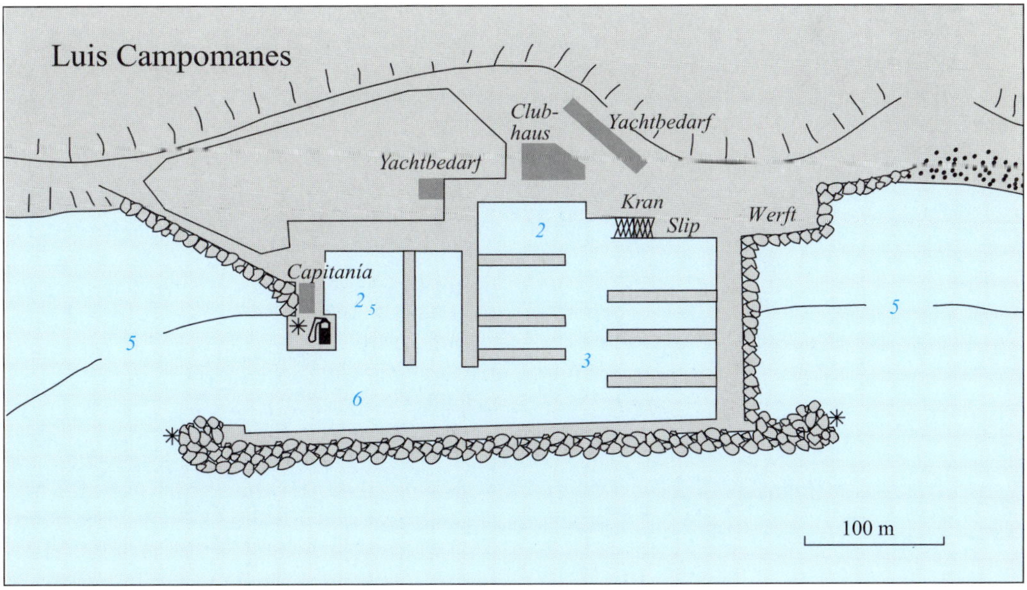

Ein gewachsener Ort ist nicht in der Nähe, und deshalb ist die Versorgung mit Lebensmitteln problematisch. Das soll sich aber im Zuge des weiteren Ausbaus ändern. Gut sortierte Händler für Bootsbedarf sind jetzt schon ansässig. Der Hafen ist auch für große Yachten eingerichtet und lässt technisch keine Wünsche offen.
Eine kleine Besonderheit sei noch erwähnt: Der Nullmeridian läuft exakt durch das Feuer auf dem östlichen Molenkopf und haarscharf vorbei an der Werkstatt der hier ansässigen, für gediegenen Yachtbau weltbekannten Belliure-Werft.
Im Hafenbecken findet man an der Innenseite der Außenmole ca. 6 m tiefes Wasser. Im vorderen, nördlichen Teil sind es ungefähr 2,5 m und in der Nähe der Werft etwa 3 m. Da sich der Hafen und große Teile seiner Umgebung weiter im Bau befinden, muss mit möglichen Änderungen gerechnet werden.
Läuft man zum ersten Mal ein, geht man am besten an die Tankstellenpier gleich hinter der Einfahrt links und lässt sich dort vom Hafenmeister einen Platz zuweisen. Technische Anlagen, insbesondere der Slip, machen den Hafen auch gut geeignet, um sein Trailerboot ins Wasser zu setzen. Allerdings ist die Zufahrtsstraße zum Hafen sehr steil.

Steckbrief

Für Boote jeder Größe
Strom und Wasser am Steg
Tankstelle
Bootsbedarf

Altea

38°35'N000°03'W

In Sichtweite des Peñon de Ifach bei Calpe und 2 Meilen nördlich der Punta del Albir, wo die Sierra Helada schroff ins Meer ausläuft, liegt der Hafen. Er ist gut befeuert und bietet rund 600 Booten bis etwa 20 m Länge Liegeplatz. Er ist ein wichtiger Fischerhafen. Dicht an dicht belegen Fangboote die Ostmole an der Fischhalle. Nur für ein paar Stunden tagsüber, wenn die Boote auf Fangfahrt sind, kann man sich hier hinlegen. Ansonsten bietet der Club Náutico den üblichen Komfort eines modernen Yachthafens, unter anderem Swimmingpool und Kinderspielplatz.
Die Hafeneinfahrt wird schon wegen der hier ansässigen Fischereiflotte ständig ausgebaggert. An den Clubstegen ist es mit 2 bis 3 m sicherlich für die meisten Boote tief genug. Dank einiger Supermärkte unmittelbar in Hafennähe hat sich die Versorgungslage deutlich verbessert.

Steckbrief

Für Boote bis 20 m Länge
Strom und Wasser am Steg
Tankstelle
Lebensmittel in Hafennähe
Werft
Bootsbedarf

Benidorm

38°32'N000°08'W

Auf ungefähr halber Strecke zwischen Altea und Villajoyosa liegt der Anleger von Benidorm. Der Ort selbst ist unschwer an seinen gigantisch anmutenden Hochhäusern zu erkennen. Für Sportboote ist hier kein Platz vorgesehen. Man kann aber vor der Strandpromenade ca. 1 Kabellänge nördlich der Mole tagsüber vor Anker gehen. Hier hat man etwa 2 m Wasser. Bei ruhigem Wetter mag das gehen – aber mein Fall ist die Stadt nicht. Im Sommer kommen immerhin rund 350 000 Gäste hierher, wobei der Ort selbst nur knapp 35 000 Einwohner zählt. Vorsicht ist noch südlich der Mole geboten, dort ist es klippenreich.

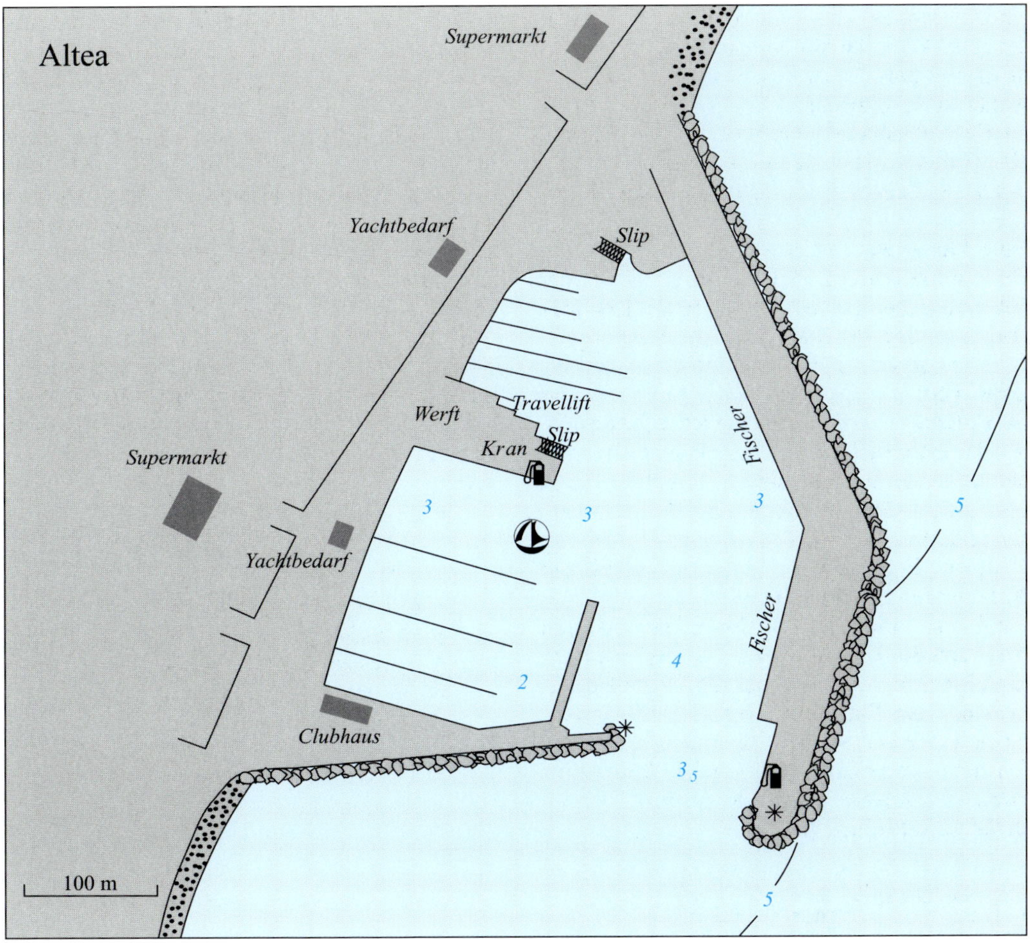

Villajoyosa

38°30'N000°13'W

Vier Meilen südwestlich der Wolkenkratzer von Benidorm liegt der bedeutende Fischerhafen Villajoyosa. Hier soll die größte Fischerbootflotte der ganzen Levante ihren Platz haben, und das wird für eine besuchende Yacht sogleich augenfällig. Läuft man gerade ein, wenn die Fangflotte auf See ist, scheint die Außenmole völlig leer zu sein. Aber wehe, die Fischer kehren nach getaner Arbeit so gegen 17 Uhr zurück. Das Hafenbecken füllt sich rapide, und die dickbauchigen Fangschiffe liegen am Ende in 5er- und 6er-Päckchen an der Ostmole. Und die für ihren sorgfältigen Holzbau bekannte Werft im Nordostzipfel des Hafens baut ständig neue Fischerboote, die die Fangflotte weiter vergrößern.

Der Club Náutico hat mehrere Stege mit Platz für 300 Boote bis 20 m Länge. Die Stadt selbst, sehr berühmt für ihre Schokoladenherstellung, scheint mit dem Touristenansturm auf Benidorm relativ wenig zu tun zu haben. Sicher – so hübsch wie in einigen Häfen weiter nördlich, z.B. Jávea, ist es hier nicht. Aber dennoch ist der Ort, von Olivenhainen umstanden, sehr liebenswert. Die Reste der alten Stadtmauern und der Burgruine zeugen von einer großen Vergangenheit.

Steckbrief

Für Boote bis 20 m Länge
Strom und Wasser am Steg
Tankstelle
Lebensmittel im Ort
Kleiner Supermarkt im Hafen
Gute Werft

Ausflugstipp: Ein wenig südwestlich des Fischerhafens liegt, zu Fuß leicht erreichbar, der mittelalterliche Ortskern von Villajoyosa. Die Stadt wurde zum Schutz vor Piratenübergriffen auf einem Hügel in Küstennähe erbaut und mit mächtigen Stadtmauern umgeben. Eine gotische Wehrkirche bildet den Kern der heutigen Altstadt.

Villajoyosa hat sich die typische traditionelle Bauweise der Costa Blanca erhalten, mit bunt verputzten Häuserfassaden und schmiedeeisernen Balkonen. Der Besucher kann auch etwas von der einstigen Bedeutung der Stadt als Marktflecken und Zentrum der Schokoladenherstellung erahnen.

Durch ein Wunder soll 1538 die hl. Martha die Stadt vor Plünderung und Zerstörung durch arabische Piraten bewahrt haben. Deshalb veranstalten die Einwohner von Villajoyosa jährlich am 29. Juli, dem Namenstag der hl. Martha, das berühmte Fest der Mauren und Christen (Moros y Cristianos), bei dem die gegnerischen Parteien, in historische Kostüme gekleidet, den ganzen Tag zu Wasser und zu Lande kämpfen, bis schließlich gegen Abend die christlichen Verteidiger die Oberhand behalten.

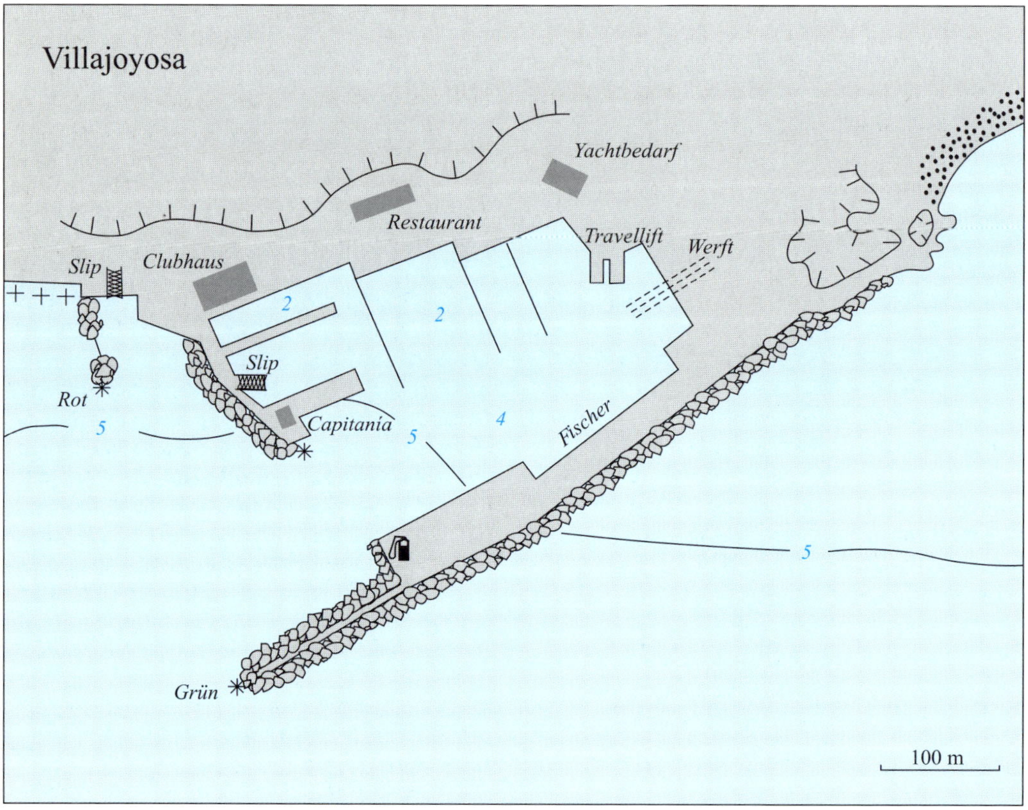

Alicante

38°21'N000°29'W

7 Meilen nördlich Cabo de Santa Pola und 4 Meilen westlich von Cabo de las Huertas liegt der Hafen. In der bevorzugten klimatischen Lage hat die Stadt Alicante trotz des unverkennbaren Einzugs der Moderne viel von ihrem alten Charme bewahrt – eine Perle unter den großen spanischen Mittelmeerhäfen. Im Hintergrund erhebt sich mächtig die Sierra de Font Calent zu mehr als 700 m Höhe. Die Hochhausblöcke der Stadt weisen dem Skipper den Weg eindeutig Richtung Hafen.

Auf dem rund 160 m hohen Ben Acantil unmittelbar nördlich des Hafens steht eine mächtige Festungsanlage, das Castillo de Santa Bárbara. Schon die Römer hatten hier ein Militärlager, das Castrum Album, errichtet – an derselben Stelle, wo schon zuvor die weiße Festung der Karthager, Accraleuca, gelegen hatte.

In der Tat sieht das Gestein hier sehr hell aus und wirkt im gleißenden Sonnenlicht fast weiß. Danach befestigten die Mauren und später das Königreich Aragón den Berg. Es muss schon von alters her eine Stadt in der Stadt gewesen sein. Zu Füßen des Hügels erstreckt sich die pittoreske Altstadt.

Alicante ist seit der Antike ein wichtiger Ausfuhrhafen für Wein, Zitrusfrüchte und Olivenöl. Er wird auch von größeren Frachtschiffen angelaufen. Daher ist er gut befeuert und bei jedem Wetter anzulaufen. Die Einfahrtstiefe liegt bei ungefähr 12 m, so tief ist es auch etwa im Vorhafen. Der gut ausgestattete Club Náutico dieser geschäftigen Metropole ist zumeist voll belegt, jedoch bietet die 1995 brandneu eingerichtete Marina im Nordostteil des Hafens viele freie Plätze jeder Größe. Durch ihren Bau sind die unmittelbar an der palmenbestandenen Prachtstraße östlich des Club Náutico gelegenen Liegeplätze verloren gegangen, die früher durchreisenden Yachties so nützlich waren.

Mag dies ein wenig Atmosphäre gekostet haben – die technischen Verbesserungen, die dem Yachtskipper jetzt zur Verfügung stehen, sind evident.

Steckbrief

Für Boote jeder Größe
Strom und Wasser am Liegeplatz
Tankstelle
Lebensmittel
Schiffsbedarf
Reparaturen

Ausflugstipp: Höchster Punkt Alicantes ist das Castillo de Santa Bárbara dicht an der Küste im Osten der Altstadt gelegen. Auf einer kurvenreichen Fahrstraße gelangt man zu Fuß vom Hafen über die Calle de la Concepción (nördlich der Altstadt) in ca. 30 Minuten hinauf. Eine andere Möglichkeit ist, den Aufzug zu benutzen, der seine Talstation hinter der Playa del Postiguet hat, dem schönen Sandstrand, der östlich an den Hafen angrenzt.

Man kann bis zum höchsten Punkt des Burgberges hinauffahren, von wo man einen herrlichen Rundblick über Festung, Stadt und Hafenanlagen hat. Das Castillo de Santa Bárbara geht auf eine karthagische Gründung aus der Zeit um 400 v. Chr. zurück. Später befand sich hier das römische Kastell (Castrum Album). Die Mauren erweiterten die Festungsanlagen im Mittelalter und gaben dem Berg seinen heutigen Namen Ben Acantil. Schließlich nahmen Truppen des Königreichs Aragón 1245 Stadt und Festung endgültig für die Christenheit in Besitz. Ein islamischer Aufstand endete 1248 am Barbara-Tag, dem 4. Dezember, von dem die Burg ihren Namen erhielt.

Im Mittelalter war Alicante immer wieder ein Streitobjekt zwischen den Königreichen Aragón und Kastilien und blieb auch später Zentrum verschiedener kriegerischer Auseinandersetzungen, in deren Verlauf die Festung Santa Bárbara wiederholt zerstört und neu aufgebaut wurde. So kann man heute eine verwirrend weitläufige Anlage, aus verschiedenen alten Teilen zusammengesetzt, besichtigen. Der älteste Abschnitt aus dem Mittelalter befindet sich ganz oben. Die unteren Bereiche stammen dagegen aus dem 18. Jh. Ende des 19. Jh. wurde die Festung aufgegeben und ging schließlich in den Besitz der Stadt über.

Ein lohnender Spaziergang führt vom östlichs-

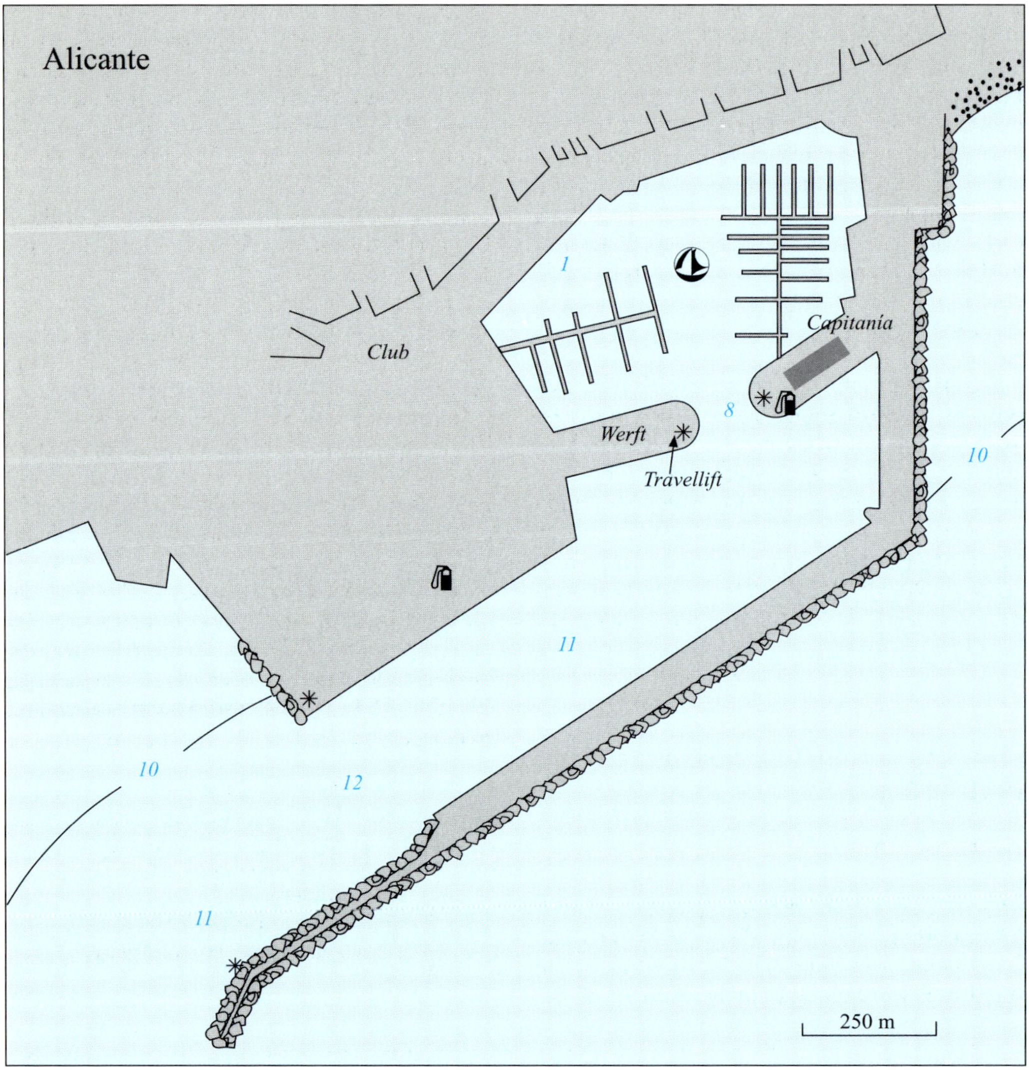

ten Ende der hinter dem Hafen verlaufenden Uferpromenade Esplanada d'España, durch die Altstadt. In einer Parallelstraße der Uferpromenade befindet sich das Rathaus (Casa Consistorial). Es wurde im 17. und 18. Jh. als Barockpalast errichtet. Der Entwurf stammte von dem einheimischen Architekten Lorenzo Chapuli. Im Innern befindet sich an der ersten Treppenstufe eine Metallplatte, die die Höhe über dem Meeresspiegel angibt und Grundlage aller Höhenmessungen in Spanien ist. Prächtigster Raum des Rathauses dürfte der Blaue Salon (Salón Azul) mit seiner Spiegelgalerie und Gemälden der königlichen Familie aus dem 18. Jh. sein.

Über die Calle Jorge Juan gelangt man von hier aus in östlicher Richtung zur Pfarrkirche Santa Maria, die sich zu Füßen des Burghügels erhebt. Sie wurde im 14. Jh. auf den Resten der ehemaligen Hauptmoschee von Alicante errichtet, später dann allerdings mehrfach verändert. Die Inneneinrichtung stammt aus dem Barock. Ein ungewöhnlicher Einrichtungsgegenstand ist das auffällig große

Renaissancetaufbecken aus weißem Carrara-Marmor, das angeblich ursprünglich eine Kirche in Kastilien schmücken sollte, wegen seines enormen Gewichts aber nicht transportiert werden konnte und in Alicante verblieb.
Hinter der Kirche Santa Maria liegt das Kunstmuseum La Asegurada, in dem Werke moderner spanischer Maler und Bildhauer des 20. Jh. (u. a. Miró, Manrique, Picasso und Dalí) ausgestellt werden. Man hat die Sammlung in einem schön restaurierten Barockpalast von 1685 untergebracht.
Richtung Stadtmitte gelangt man nach wenigen Schritten zur Kathedrale San Nicolas de Bari. Sie ist dem Schutzpatron Alicantes, dem hl. Nicolaus von Bari geweiht. Äußerlich ist der Bau aus dem 17. Jh. streng und schmucklos. Er wurde im Stil des berühmten Architekten Juan de Herrera errichtet, der den Escorial bei Madrid plante. Das Kircheninnere wurde im Bürgerkrieg 1936 durch Brand völlig verwüstet. Es wurde aber stilgerecht restauriert.

Isla Tabarca

38°10'N000°29'W

Dies ist eine sehr flache, langgestreckte Insel, 3 Seemeilen südöstlich Cabo de Santa Pola. Der flache, von Untiefen durchsetzte Kanal von Tabarca trennt das Eiland vom Festland. Östlich vorgelagert erstrecken sich noch blinde Klippen knapp 3 Meilen seewärts. Sie sind betonnt und befeuert. Bis ins 18. Jh. war die Insel ein unbewohnter Piratenunterschlupf, von dem aus immer wieder nordafrikanische Seeräuber die gegenüberliegenden Küsten unsicher machten. Vor allem der Hafen von Elche, das heutige Santa Pola, hatte unter ihren Übergriffen zu leiden. Um dem Einhalt zu gebieten, ließ König Carlos III. 1768 das Piratennest ausheben und die Insel befestigen, um sie endgültig vor den Seeräubern zu sichern.
Die Insel ist vielleicht nicht für jedes Boot ein geeignetes Ziel. Will man länger verweilen, sollte es nicht zu viel Tiefgang haben, denn Plätze im kleinen Hafen sind rar und umso eher zu erhaschen, je weniger tief das Boot geht. Es gibt nur einen Tagesankerplatz unmittelbar südöstlich des kleinen Dorfes auf der Südseite der Insel – aber der Grund ist steinig und hält nicht besonders gut. Am besten liegt man an der langen Außenmole, an deren äußeren Drittel man 2 bis 3 m Wassertiefe antrifft. Weiter nach innen wird es rasch viel flacher. Mehr als 15 Liegeplätze sind nicht vorhanden. Versorgungsmöglichkeiten gibt es nicht.

Steckbrief

Für Boote bis 2 m Tiefgang
Liegeplätze schwierig
Keine Versorgungsmöglichkeiten (außer wenige Lebensmittel in der Saison)

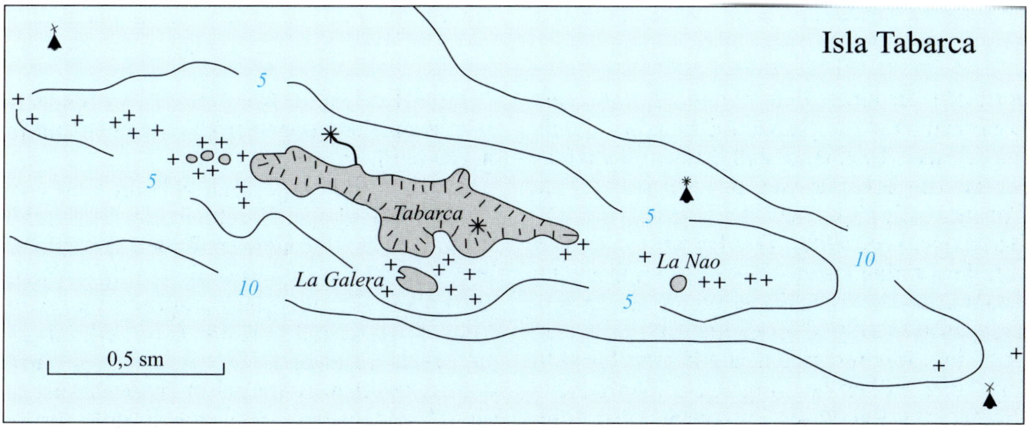

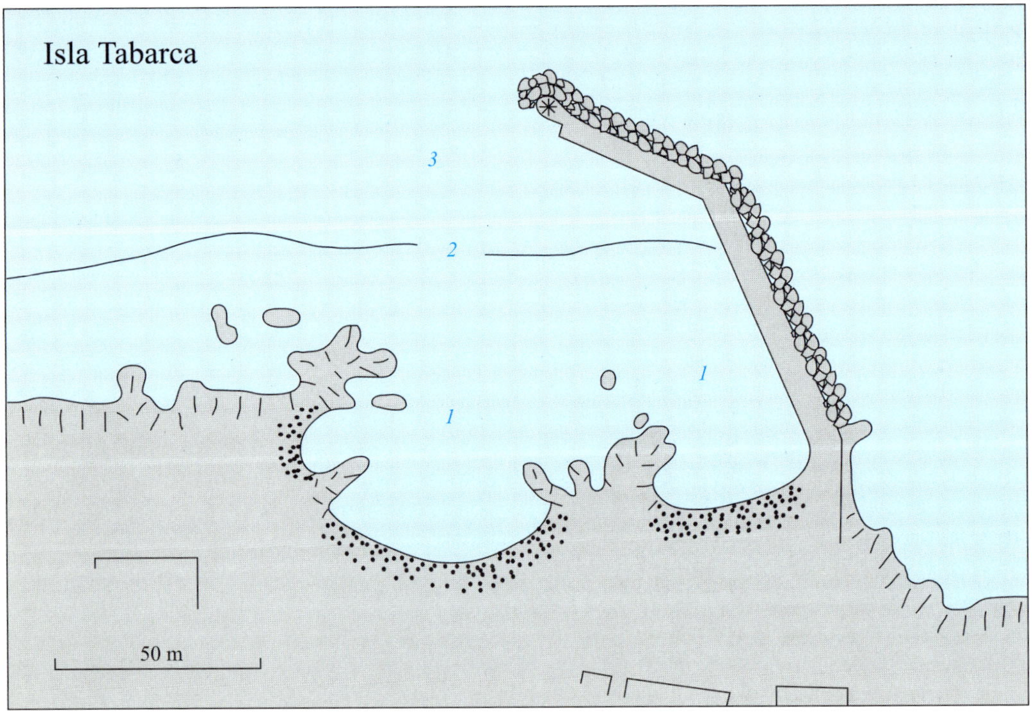

Ausflugstipp: Die heute halb verfallene Festung San Pablo, die König Carlos III. erbauen ließ, kann man leicht zu Fuß erreichen. Innerhalb der gewaltigen Mauern der kleinen Festungsstadt leben heute nur noch rund 60 Menschen. Einst waren es 600 Korallentaucher genuesischer Herkunft, die König Carlos III. nach der Vertreibung der Piraten hier ansiedeln ließ. Sie hatten als Sklaven auf der tunesischen Insel Tabarca gearbeitet und waren vom spanischen Staat ausgelöst worden, um bei der kleinen Insel vor der Küste von Santa Pola nach Korallen zu tauchen. Ihre neue Heimat nannten sie ebenfalls Tabarca. Die heutigen Bewohner stammen von diesen Korallentauchern ab, wenn auch die meisten mittlerweile abgewandert sind.
Wer den recht ungeschützten Hafen von Tabarca nicht anlaufen möchte, der kann die Insel auch per Fährboot von Alicante oder Santa Pola aus erreichen – ein lohnender Tagesausflug.

Santa Pola

38°11'N000°34'W

Als eine Art Vorposten Alicantes nach Süden ist der ortsansässige Club Náutico im Westteil des Hafens meist überfüllt. Die östliche Mole gehört den Fischern. Dazwischen gibt es viel Raum zum Ankern für durchreisende Yachten. Man sollte allerdings die wechselnden Tiefen im zentralen Teil des Hafenbeckens genau beachten – sie ändern sich ständig und können weniger als 1 m betragen.
Der Yachthafen hat eine Kapazität von immerhin fast 500 Plätzen für Boote bis 20 m Länge. An den Klubstegen beträgt die Wassertiefe zwischen 2 und 3 m. Die Ansteuerung von Santa Pola bereitet keine Probleme. Die Werftmole östlich des Hafens darf man von Norden kommend allerdings nicht verwechseln.
Von weitem sind die Sierra de Creviente 12 Meilen nordwestlich und die mächtige Sierra de Callosa 15 Meilen westsüdwestlich des Hafens mit mehr als 500 m Höhe gute An-

21

22

21 Jávea – im Vordergrund Cabo de San Antonio, im Hintergrund der Monte Mongo

22 Denia

23

24

25

26

27

23 Cabo Moraira mit dem gleichnamigen Hafen im Hintergrund

24 Im Hafen von Jávea

25 Abendstimmung in Jávea

26 Calpe mit dem Peñón d'Ifach

27 Die Supermarina Tomás Maestre

28 Isla Tabarca

29 Die Punta Azohía

steuerungshilfen. Näher herangekommen, orientiert man sich am besten an den auffälligen Hochbauten des Ortes. Unmittelbar westlich angrenzend befindet sich die ausgedehnte Playa de Santa Pola, die nahtlos in eine flache, weite Lagunenlandschaft übergeht. Der Hafen ist gut befeuert. Fünfzig Meter östlich der äußeren Stege des Clubs darf man mit 2 bis 2,5 m Wasser auf gut haltendem Sandgrund rechnen. Die Tiefe der Hafeneinfahrt beträgt ca. 4 m. Nur bei starkem auflandigem Seegang kann die Einfahrt heikel werden.

Steckbrief

Netter, geräumiger Hafen
Strom und Wasser am Steg
Tankstelle
Lebensmittel im Ort
Gute Werft 1 km östlich

Ausflugstipp: Santa Pola war schon im Altertum als Hafenplatz von Elche unter dem Namen Portus Ilicitanus bekannt. Die Ruinen des antiken römischen Hafens sind noch heute zu besichtigen. Bis 1877 gehörte Santa Pola auch verwaltungsmäßig zur 15 km landeinwärts gelegenen Stadt Elche, die einen Besuch per Bus (ca. 30 Min. Fahrtzeit) lohnt. Berühmt ist der Palmenhain von Elche mit seinen mehr als 100 000 Dattelpalmen, die bereits von den Karthagern östlich der Siedlung angelegt worden sein sollen. Die Unzahl der Dattelpalmen macht diesen Wald einzigartig in ganz Europa. Dank des milden Klimas und eines ausgeklügelten Bewässerungssystems gedeihen die majestätischen Bäume hier in der Mündungsebene des Rio Vinalapo sehr gut und liefern alljährlich eine einträgliche Dattelernte. Im Schatten der Palmen können darüber hinaus noch Getreide- und Gemüseanbau betrieben werden.

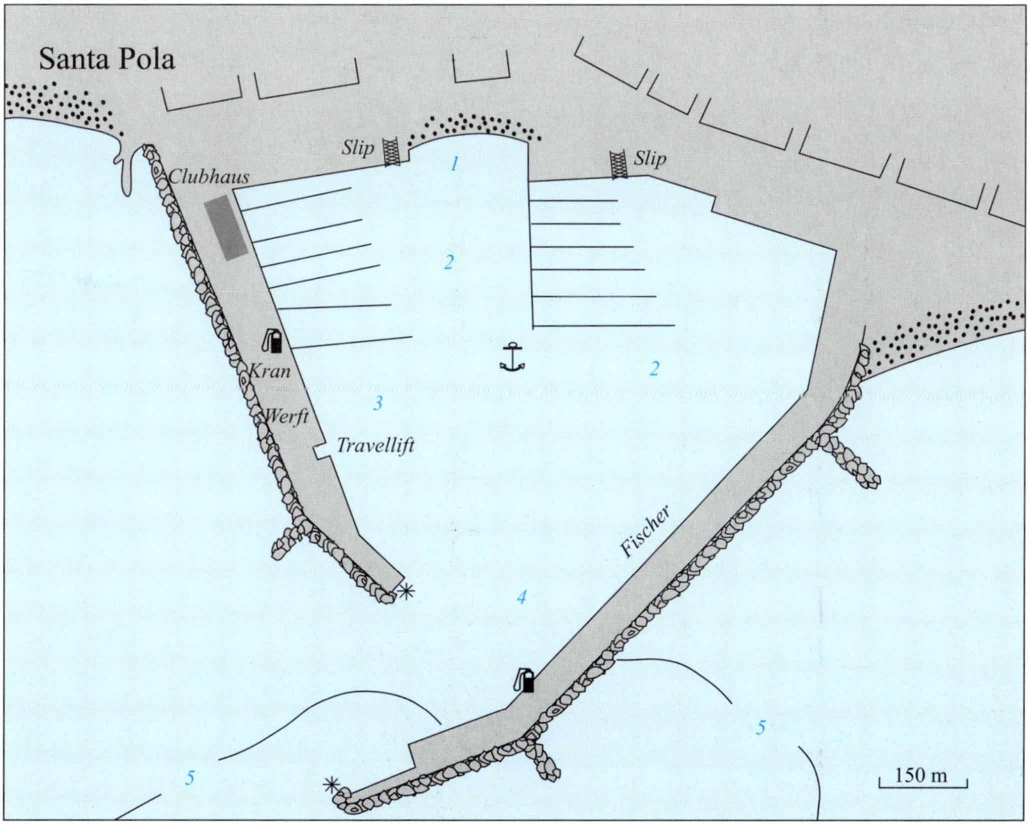

Zu besichtigen sind in Elche auch die Huerta del Cura, ein wunderbarer Garten, in dem Palmen und zahlreiche Blumen gedeihen, sowie die Basilika Santa Maria, ein monumentaler Barockbau, der im August Schauplatz des berühmten uralten Mysterienspiels von Elche zu Ehren der Jungfrau Maria ist.

Torrevieja

37°58'N000°41'W

Dreizehn Meilen südlich Santa Polas liegt das einladend große Hafenbecken von Torrevieja. Einfahrt und Vorhafen sind so weitläufig konzipiert, dass ein Einlaufen selbst bei östlichem Starkwind unter Segeln gefahr- und problemlos möglich ist. Der Hafen verfügt über 350 Liegeplätze und auch tiefgehende Boote werden hier keine Probleme haben. Die Einfahrt in den geräumigen Hafen ist tief genug auch für Handelsschiffe und darüber hinaus gut befeuert.

Im Nordteil des Hafens befindet sich der aufgeschlossene Club Náutico mit einem modernen Yachthafen internationalen Zuschnitts. Große Yachten machen an der Außenseite des Betonstegs auf gut 4 m Wasser fest (bei selten auftretenden starken Ostwinden ist der Platz allerdings nicht sehr angenehm). Auch an den Stegen vor dem Club ist es mit 3 bis 3,5 m noch recht tief.

Ankern vor dem Kopf der breiten Mittelmole des Clubs auf ca. 7 m Wasser ist möglich, daneben steht im Hafenbecken noch viel weiterer Raum zur Verfügung. Gut geeignet dazu ist der zentrale Hafenteil südlich der Yachthafen-

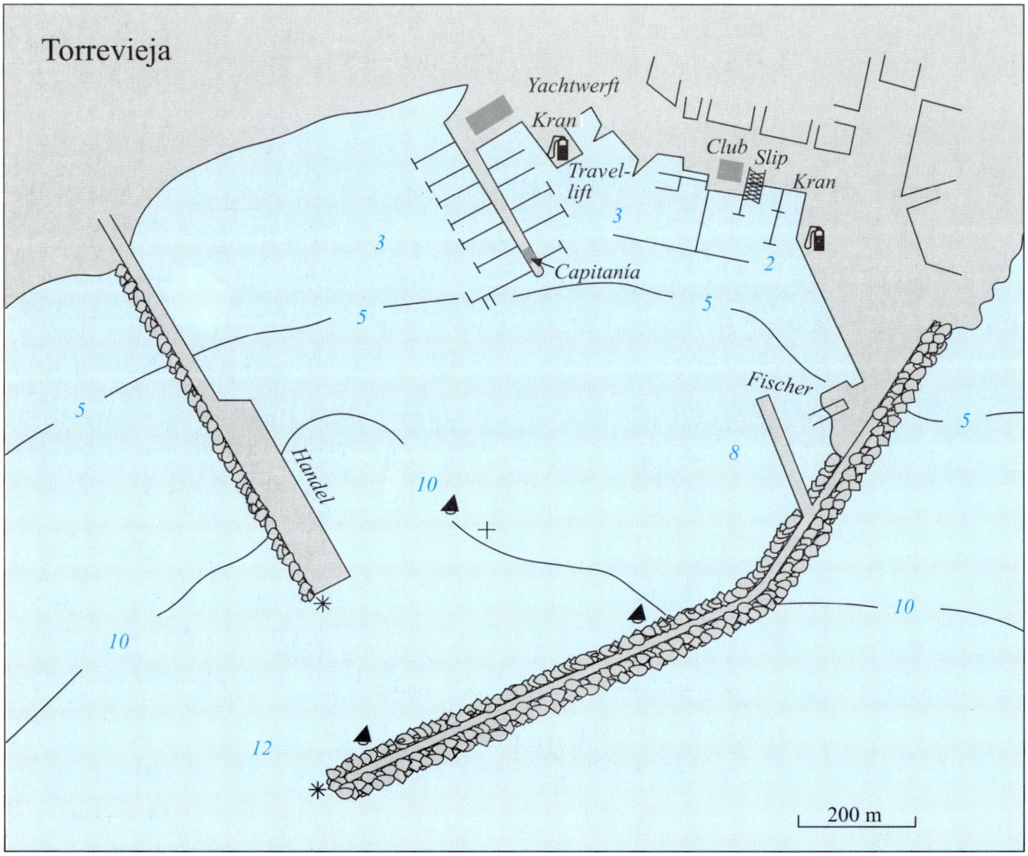

anlage. An den Stegen ist jederzeit ein Liegeplatz zu bekommen. Der Club ist gut bewacht und kein schlechter Platz, um länger zu bleiben.
Die Landschaft um Torrevieja ist flach, und die Bergkette der Sierra de Collosa steht weit im Landesinneren. Ein Salzsee – die Salina de Torrevieja – liegt dicht nordwestlich der Stadt. Eine Art »Totes Meer« von großer Ausdehnung – immerhin ist die Saline 4 Seemeilen lang und 2 Seemeilen breit – liegt im Sommer träge und unbewegt, die Ränder weiß bis violett glitzernd vom Salz, unter sengender Sonne. Im Winter steht das Wasser höher, und die Salzkrusten verschwinden. Es gibt viele Flamingos, die den für sie schmackhaften Salinenkrebsen nachstellen. Das Salz war früher der große Reichtum der Gegend, heute ist es mehr der Tourismus. Der riesige Salzberg der Saline von Torrevieja stellt eine einzigartige Publikumsattraktion dar und wird Jahr für Jahr von Touristen aus aller Welt besucht.
Ansteuerungshilfen sind die Hochhäuser der Stadt und die Kräne der Handelskaje.

Steckbrief

Für Boote jeder Größe
Großräumiger, freundlicher Hafen
Tankstelle
Strom und Wasser am Steg
Lebensmittel im Ort

Cabo Roig

37°55'N000°43'W

Das nächste Kap südlich von Torrevieja ist Cabo Roig. Dort liegt zu Füßen eines rotweißen Felsabbruchs ein hübscher kleiner Sportboothafen, dessen Lage dank des Rundturms auf dem Felsen 30 m oberhalb gut auszumachen ist. In einem hochmodernen Bau, der sich harmonisch in die Landschaft fügt, ist der Yachtclub zu Hause.

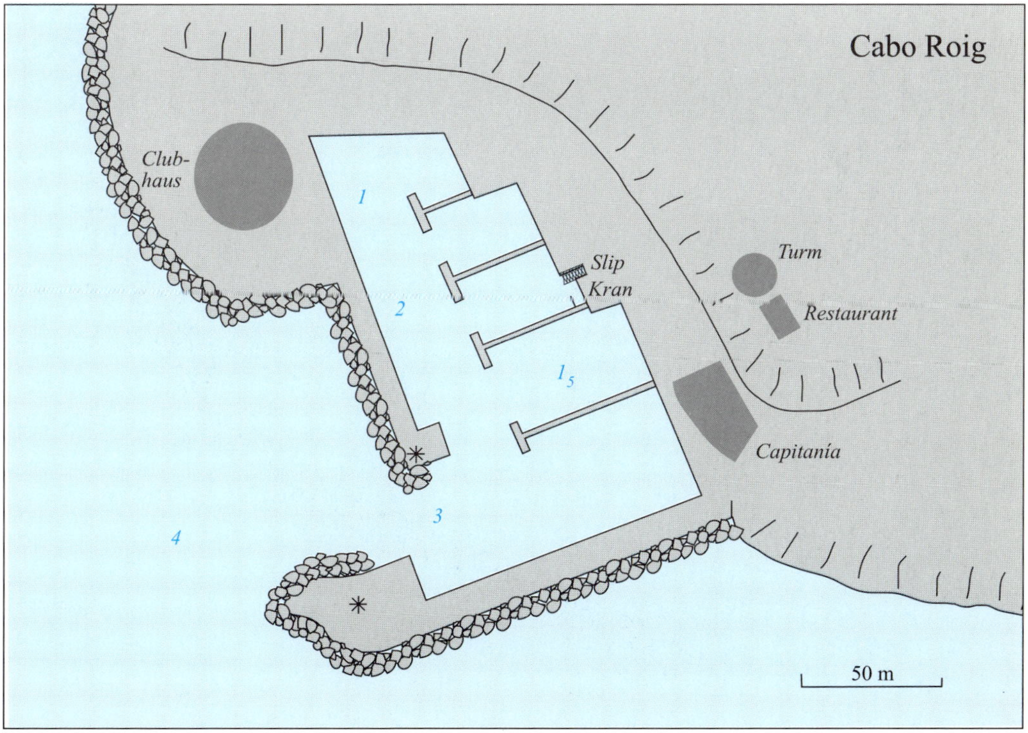

Die Einfahrt in den Hafen ist recht eng und der Manövrierraum dahinter begrenzt. Mit einem Boot von 12 m Länge sollte man sich schon nicht mehr hineinwagen. Hat man im Hafen einen Platz gefunden, liegt man wunderbar ruhig. Versorgungsmöglichkeiten gibt es nicht. Die Einfahrtstiefe liegt bei 3 m, so tief ist es auch an der Innenseite der Ostmole. Im nordwestlichen Teil nimmt die Tiefe rasch bis auf 1 m ab. Eine tiefgehende Yacht kann, vorausgesetzt es sind weder Süd- noch Ostwinde zu erwarten, im Schutz des Abbruchs von Cabo Roig dicht (ca. 150 m) westlich des Hafens auf 4 bis 5 m Wasser schön ankern.

Steckbrief

Für Boote bis 12 m Länge
und 2,5 m Tiefgang
Hübscher kleiner Hafen
Keine Versorgungsmöglichkeiten
Restaurant beim Turm über dem Hafen

Torre d'Horadada

37°52'N000°45'W

Ein guter Sportboothafen in einer wüstenhaften Umgebung – so könnte man den Hafen und sein Ambiente kurz beschreiben. Seine Anlage ist gut geschützt, er ist modern und für ein Boot mittlerer Größe bestens geeignet. Von dem 20 m über dem Hafen gelegenen knorrigen alten Leuchtturm hat man einen schönen Blick auf die dem Mar Menor vorgelagerte Isla Grossa. Leider ist der Turm mit seinen bunt glasierten Dachpfannen in Privatbesitz und daher nicht öffentlich zugänglich. Im Sommer ist es auf der kahlen, ockerfarbenen Fläche manchmal glutheiß, und die Gegend gewinnt bei aller Öde einen gewissen grandiosen Reiz, dem man sich nur schwerlich entziehen kann. Es gibt hier viele, oftmals menschenleere ausgedehnte Sandstrände.

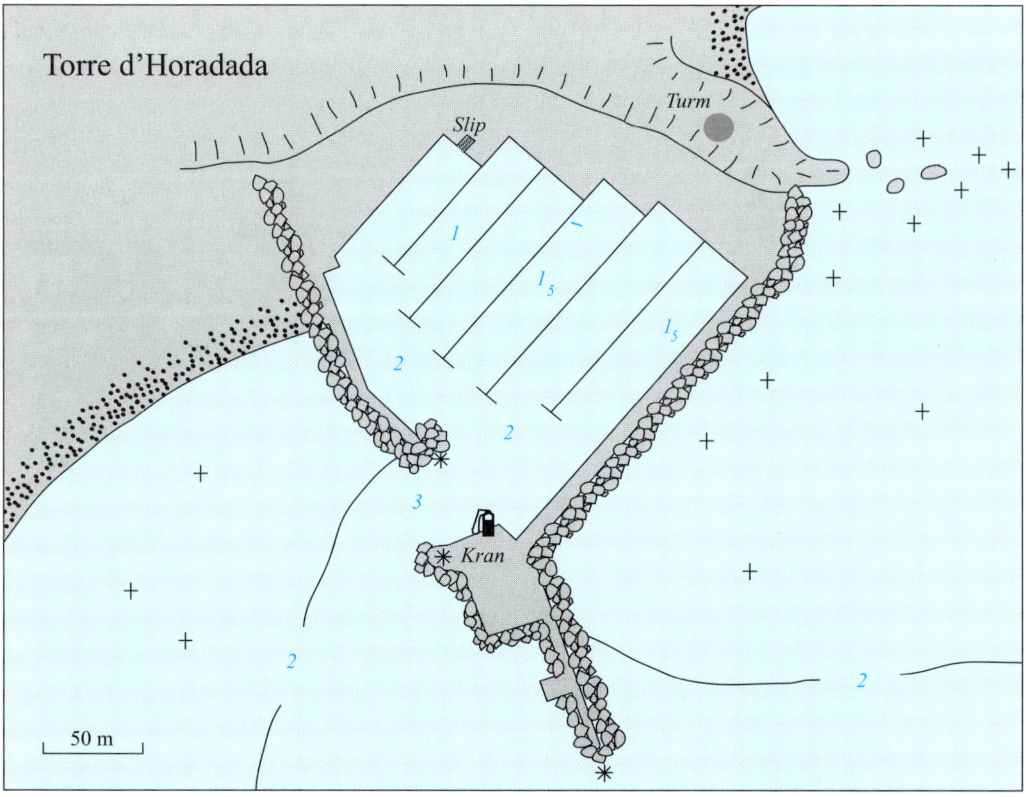

Der Hafen ist durch Molen gut abgeschirmt. An den fünf Stegen und den Innenseiten der Molen ist Platz für gut 500 Boote. Die Wassertiefen im Hafen sind allerdings begrenzt. Sie variieren zwischen 1 m und 1,8 m. Nur an den fünf äußersten Liegeplätzen, an der Innenseite der Außenmole und vor der Tankstelle trifft man mehr als 2 m Wasser an.
Der alte Turm mit dem Wohnhaus, 20 m über dem Hafen gelegen, ist eine gute Ansteuerungshilfe. Nahe am Strand muss man mit blinden Klippen rechnen. Die Einfahrt ist gut befeuert, aber wegen der vielen Klippen rings um den Hafen (alle innerhalb der 3-m-Linie) sollte man den Ort im Dunkeln und bei starkem auflandigem Seegang meiden. Im Hafen ist man vor grobem Wetter bestens geschützt.

Steckbrief

Für Boote bis 1,5 m Tiefgang
Wasser und Strom am Steg
Tankstelle
Lebensmittel im Ort
Versorgung außerhalb der Saison schwierig

Von Torre d'Horadada an südwärts wird es sehr flach, und die Berge treten weit ins Landesinnere zurück. Es beginnt schon die Manga, jene sandige Barriere, die das Mar Menor vom Mittelmeer trennt. Am nördlichen Rand dieser Salzlagune liegt ein weiterer Hafen.

San Pedro del Pinatar

37°49'N000°45'W

Die Verladepier von San Pedro existiert schon seit langem. Von hier wird das Salz exportiert, das in den Salinen der flachen Küstenebene gewonnen wird. Die bisherige Pier wurde bereits durch eine Südmole ergänzt und große Teile des geplanten Hafenbeckens sind ausgebaggert worden. Versorgungsmöglichkeiten gibt es hier noch nicht. Der eigentliche Ort San Pedro liegt 4 km landeinwärts.
Wenn nicht gerade ein Salzfrachter an der alten Handelsmole liegt, kann man auf deren

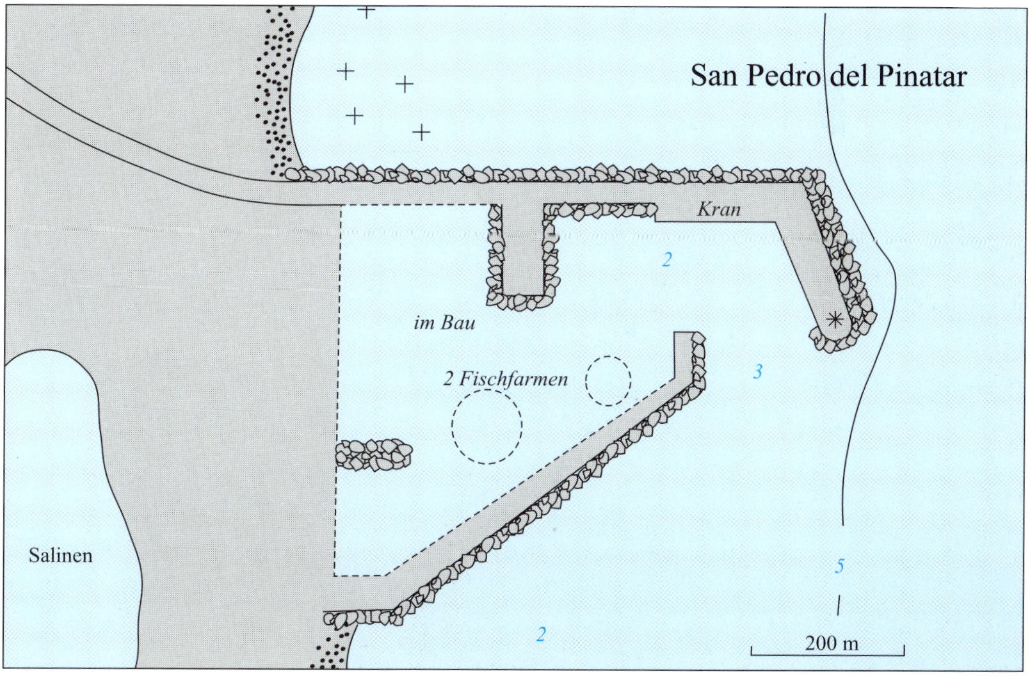

inneren Teil auf 3 m Wasser vor Bug- oder Heckanker liegen. Während der Bauarbeiten würde ich die 5 Meilen zur Marina Tomás Maestre weiterlaufen. Der Schutz am östlichen Teil der Nordmole ist recht gut, bei Wind aus Ost bis Südost kann das Liegen immer ungemütlich werden. Anlaufen sollte man die Mole nur bei guten Wetterbedingungen. Das gilt natürlich erst recht für die Zeit, in der die Bauarbeiten noch nicht abgeschlossen sind.

Steckbrief

Für Boote jeder Größe
Salzverladehafen
Sportboote können einlaufen
Keine Versorgungsmöglichkeiten

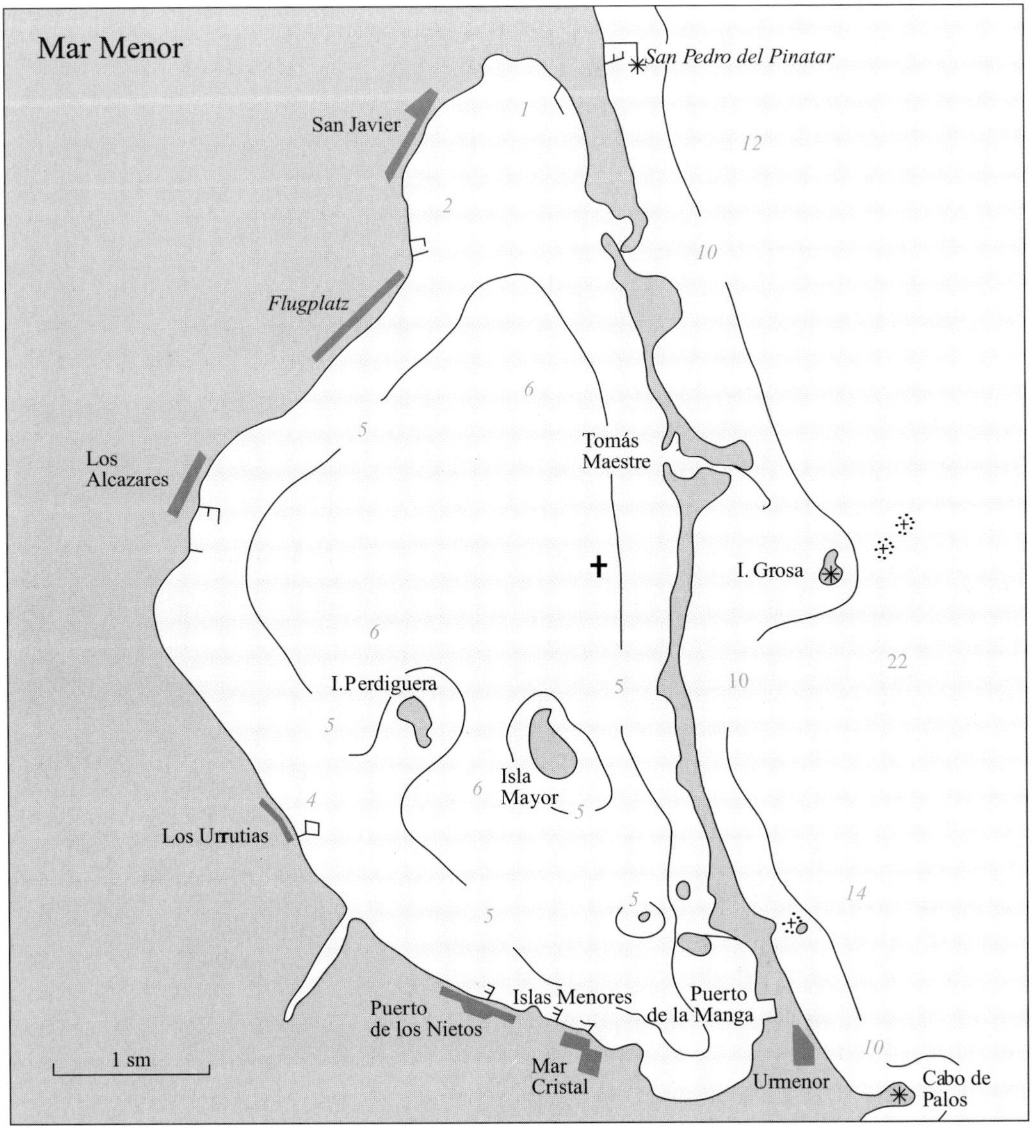

Mar Menor

37°44'N000°47'E

Unmittelbar nördlich Cabo de Palos liegt dieser einzigartige Salzsee. Er ist 11 Meilen lang und 5 Meilen breit. Im zentralen Bereich ist er überall 6 m tief, doch nimmt die Tiefe zu den Ufern hin rasch ab. Eine ca. 600 m breite Nehrung aus flachen Dünen trennt das Mar Menor praktisch auf seiner gesamten Länge vom Mittelmeer ab.

Im Norden, Süden und in der Mitte der Nehrung befinden sich einige Durchbrüche zum Mittelmeer, die so genannten »Encanizadas«. Nur einer von ihnen ist schiffbar ausgebaut. Dieser Zugang liegt 6 Meilen nördlich von Cabo de Palos ungefähr auf der Mitte der Manga – so heißt die Nehrung.

La Manga ist touristisch stark erschlossen und praktisch auf ihrer gesamten Länge stehen Appartement- und Hotelbauten. Das Westufer des Mar Menor hingegen ist touristisches Niemandsland. Hier sieht alles wild, flach und irgendwie afrikanisch aus. Inmitten des Mar Menor liegen einige bizarre, bis 100 m Höhe schroff aufsteigende Inseln, die das wilde Gepräge der Landschaft noch verstärken. Wegen des häufig über dem Mar Menor liegenden Dunstes sind die Touristenzentren der Manga von der Westseite her kaum auszumachen und stören daher so gut wie nicht.

Für den, der Ursprünglichkeit und eine herbe Landschaft schätzt, ist das Mar Menor sicherlich ein empfehlenswertes Revier, nur zu viel Tiefgang sollte das Boot nicht haben. Als echtes Glattwasserrevier ist es für Jollenwanderer und Surfer ideal. Ein passabler Wind weht immer, entweder auf- oder ablandig, im Sommer am Nachmittag häufig Stärke 5 erreichend. Rund um das Mar Menor gibt es sieben Sportboothäfen und in Santiago de la Ribeira einen Anlegesteg. Man kann auch in der Nähe des Steges ankern.

Santiago ist ein gepflegter Ort mit fast schon eleganter Atmosphäre. Ein großer Supermarkt liegt ca. 800 m landeinwärts. Den südlich angrenzenden kleinen Hafen von San Javier darf man nicht benutzen, er ist militärisches Sperrgebiet.

Puerto de los Alcazares

37°44'N000°51'W

Eine kleine, gepflegt stilvolle Hafenanlage, die mit ihrem großen hölzernen Klubhaus im viktorianischen Stil eher an einen englischen oder belgischen Badeort als an Spanien erinnert. Das Wasser ist kristallklar, und der Betrachter kann jede Einzelheit an den die Boote überziehenden Wasserpflanzen erkennen. Die Einfahrt ist betonnt und weist eine Tiefe von knapp 2 m auf. Im inneren Hafenteil nimmt die Wassertiefe rasch auf nur knapp 1 m ab.

Steckbrief

Für Boote bis 1,5 m Tiefgang
Wasser und Strom am Steg
Lebensmittel im Ort

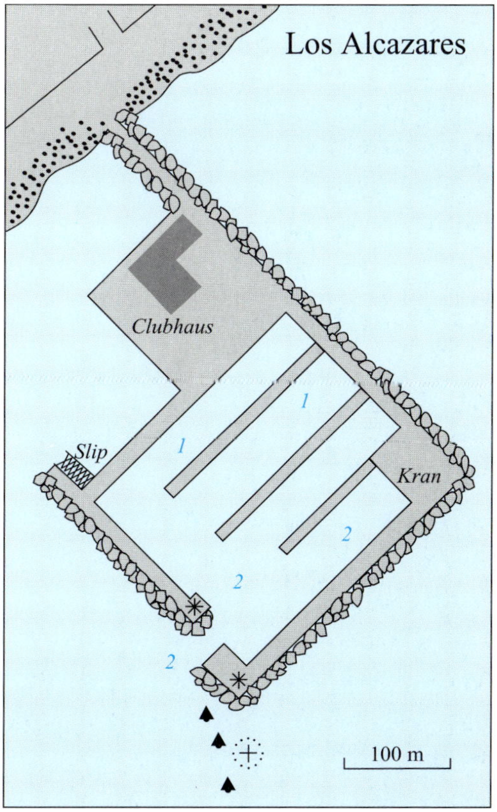

Los Urrutias

37°41'N000°50'W

Eine hübsche kleine Marina 5 Meilen südlich von Los Alcazares. In der angrenzenden Urbanización sind in der Saison Lebensmittel zu bekommen – aber verlassen sollte man sich darauf nicht.
Kleine Boote mit höchstens 1,5 m Tiefgang können hier wunderschön liegen. Der Hafen ist noch neu, daher können sich die Wassertiefen ändern.

Steckbrief

Für Boote bis 1,2 m Tiefgang
Wasser und Strom am Steg
Kleiner Kran

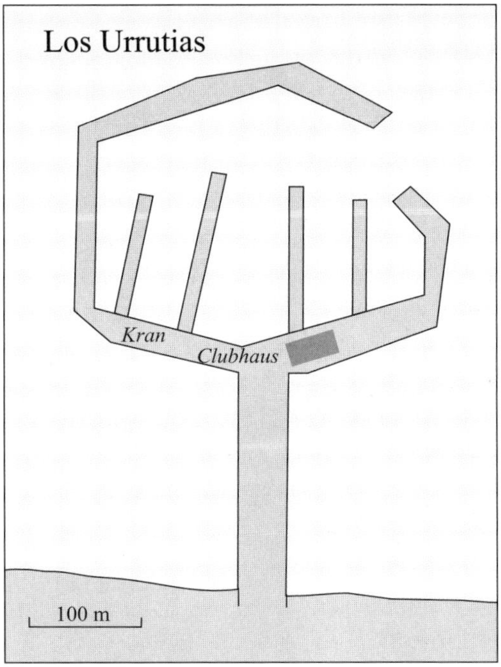

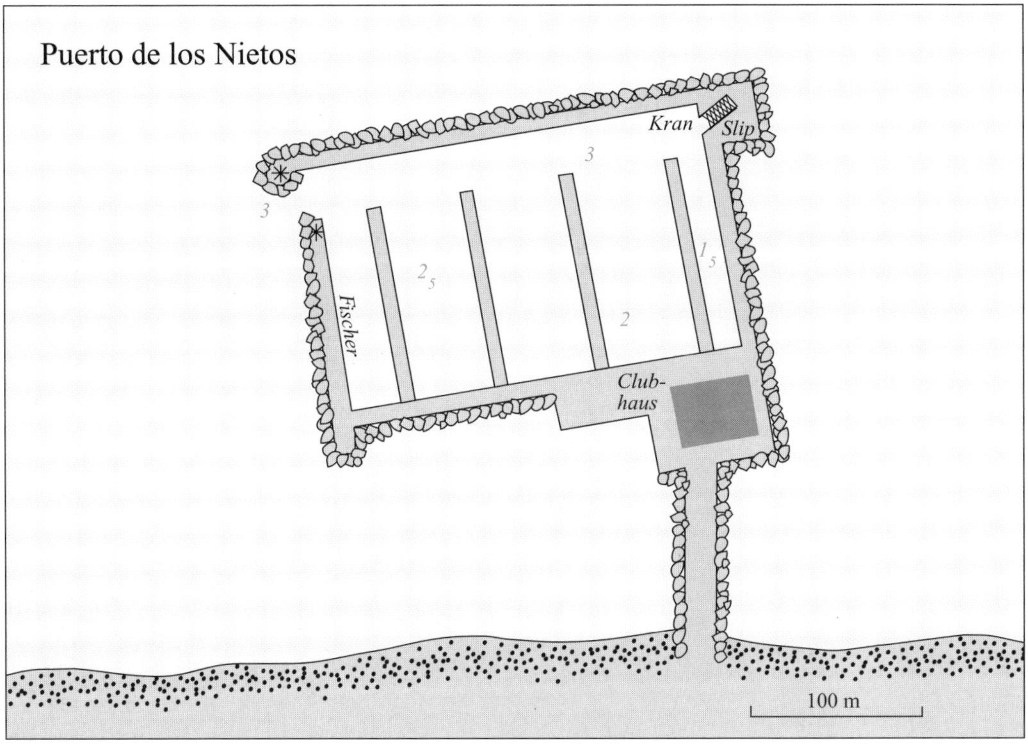

Los Nietos

37°39'N000°47'W

Ein ruhiger, kleiner Fischerort mit einem anheimelnden Hafen. Ganz so propper wie in den vorgenannten Häfen geht es hier aber nicht zu, doch besticht der Ort mit seiner autofreien Uferpromenade und den bunt gekachelten Fischerhäusern hinter einem makellosen Sandstrand durch seine Ursprünglichkeit. Der Hafen ist bei vielen zum Überwintern beliebt. Wohl zu Recht. Insbesondere wenn man in Ruhe an seinem Boot arbeiten möchte, ist der Platz bestens geeignet. An der Nordmole können auch Boote mit einem Tiefgang von mehr als 2 m festmachen. In Richtung Land wird es rasch flacher.

Steckbrief

Für Boote bis 1,8 m Tiefgang
Preiswerter Hafen
Auch zum Überwintern geeignet
Wasser und Strom am Steg
Lebensmittel im Ort

Puerto de las Islas Menores

37°39'N000°46'W

Eine schicke Anlage, dabei ruhig gelegen und mit einer sehr hübschen, von Dattelpalmen ge-

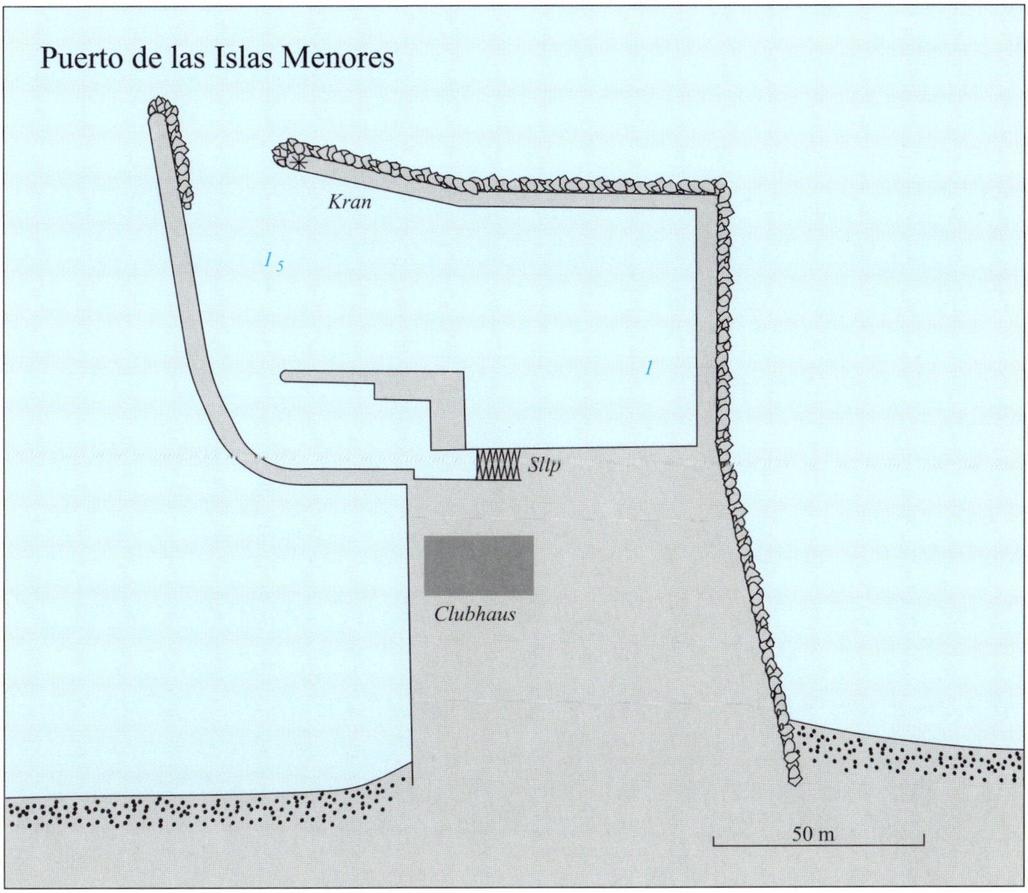

säumten Uferpromenade versehen – so ist der Hafen kurz skizziert. Leider ist das Hafenbecken mit höchstens 1,5 m Wassertiefe recht flach geraten.

Steckbrief

Für Boote bis 1,2 m Tiefgang
Kaum Versorgungsmöglichkeiten

Puerto Mar Cristal

37°38'N000°45'W

Auch dieser Hafen ist ruhig gelegen und bietet deutlich mehr Wassertiefe als Islas Menores. Er verfügt über einen Slip – ein Kran ist nicht vorhanden. Ein Boot mit maximal 1,6 m Tiefgang kann sich hineinwagen. Länger als 10 m sollte es aber auf keinen Fall sein, da auch hier, wie in allen Häfen des Mar Menor, der Manövrierraum knapp ist.

Steckbrief

Für Boote bis 10 m Länge
und 1,6 m Tiefgang
Wasser und Strom am Steg

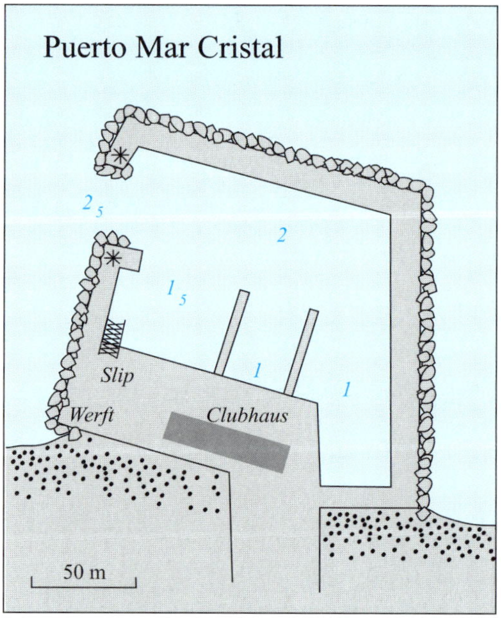

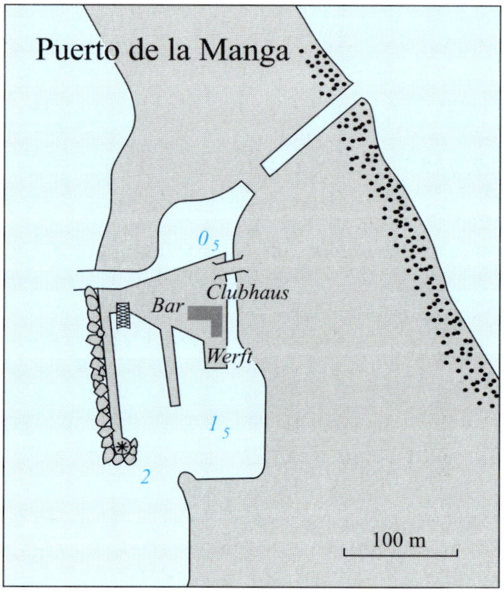

Puerto de la Manga

37°39'N000°44'W

Es ist ein kleiner Hafen mit zwei Stegen im südöstlichen Teil des Mar Menor. Tief genug ist das Hafenbecken nur in seinem Südwestzipfel, an den Stegen mit 1,3 bis maximal 2 m. Die Größe der Wasserfläche der Bucht suggeriert auch eine große Wassertiefe – das aber täuscht gewaltig. An manchen Stellen ist das Wasser nicht tiefer als vielleicht 30 cm!

Daher sollte man sich dem Hafen auch nur vorsichtig lotend nähern – die Wassertiefen ändern sich ständig, und auch auf aktuelles Kartenmaterial ist hier kein Verlass.
Theoretisch zweigt von hier ein Kanal ins Mittelmeer ab. Diesen würde ich aber höchstens mit einem Schlauchboot befahren. Bei meinem letzten Besuch stand das Wasser stellen-

weise nur knöcheltief. Als Ansteuerungshilfe mag der südlich des Hafens gelegene auffällige, moderne Kirchturm dienen.

Steckbrief

Für Boote bis 1,8 m Tiefgang

Puerto Tomás Maestre

37°44'N000°43'W

An der Stelle, wo diese beeindruckend große Marina erbaut wurde, liegt der einzige schiffbare Pass zwischen dem Mar Menor und dem Mittelmeer. Der Yachthafen liegt auf der Innenseite von La Manga. Der Kanal zum Mittelmeer wird auf 4 m Tiefe gehalten. Es gibt relativ viele freie Liegeplätze, obgleich die Anlage gar nicht hässlich ist. Die Appartementhäuser ringsum sind z.B. hübsch stilvoll gebaut – soweit sie fertig gestellt sind.
Für die Größe des Hafens – ca. 1300 Liegeplätze – lässt die Infrastruktur zu wünschen übrig. Ein kleiner Supermarkt, ein Geschäft mit Bootsbedarf, einige teure Restaurants und viele leer stehende Ladenlokale sowie keine Verkehrsanbindung außer der Landstraße sind die Schwachstellen der Anlage. Eine gute Werft bietet Reparaturdienste und Winterlager an.
Bei Ansteuerung des Mar Menor und der Marina gibt es ein paar Besonderheiten zu beachten. Von Süden, also von Cabo de Palos kommend, halte man sich jenseits der 10-m-Linie, so meidet man einige gefährliche Untiefen, die der flachen Nehrung La Manga unmittelbar vorgelagert sind. Das Gleiche gilt auch von Norden kommend. Die 10-m-Linie schwingt erst dicht vor der Hafeneinfahrt zur Isla Grossa hinüber.
Isla Grossa, eine ca. 100 m hohe unbewohnte Insel, die etwa 1 Meile südöstlich der Hafeneinfahrt liegt, ist eine gute Ansteuerungshilfe. Ebenso der schwarz-weiß gebänderte Leuchtturm auf der Punta del Estacio, der mit seinen 32 m Höhe weithin gut sichtbar ist. Zwei gefährliche Klippen liegen bis zu 1 Meile nordöstlich der Isla Grossa, die Äußere von beiden wird nur von 1,3 m Wasser bedeckt. Die Ankerplätze unmittelbar westlich der Isla Grossa können allenfalls für kurzfristiges Liegen herhalten, sie sind doch recht unsicher.
Die Einfahrt ins Mar Menor ist betonnt und mit mindestens 3 m (im Kanal 4 m) auch für größere Boote geeignet. Da der Kanal aber zuweilen versandet, sollte man sich insbesondere außerhalb der Saison per UKW-Kanal 9 beim Hafenkapitän melden und die aktuelle Lage erfragen. Bei der Gelegenheit kann man sich dann auch gleich einen Liegeplatz zuweisen lassen. Im Zufahrtskanal können Strömungen von bis zu 3 Knoten auftreten (normalerweise aber wesentlich weniger). Als Faustregel gilt: Fallender Luftdruck und/oder östliche Winde drücken den Strom Richtung Mar Menor, steigender Luftdruck und/oder westliche Winde bewirken eine Umkehr der Stromrichtung.
Über den Kanal spannt sich auf halber Länge eine bewegliche Brücke. Geschlossen hat sie eine lichte Höhe von etwa 3,5 m, je nach Wasserstand. Sie öffnet zwischen 7 und 22 Uhr im ersten Viertel einer jeden vollen Stunde, außerhalb der Saison empfiehlt es sich aber, vor der Einfahrt in den Kanal beim Hafenmeister per Funk nach der Öffnung der Brücke zu fragen. Nachts ist sie außer Betrieb. Bei Dunkelheit empfiehlt sich die Ansteuerung des Mar Menor aber ohnehin nicht.
Man sollte seinen Törn so planen, dass man entweder in Torre d'Horadada oder San Pedro del Pinatar bleibt, denn auch der nachste Hafen – Cabo de Palos – ist bei Dunkelheit nicht ungefährlich anzusteuern.

Steckbrief

Für Boote jeder Größe
Gute Werft
Tankstelle
Strom und Wasser am Steg
Lebensmittelversorgung schwierig

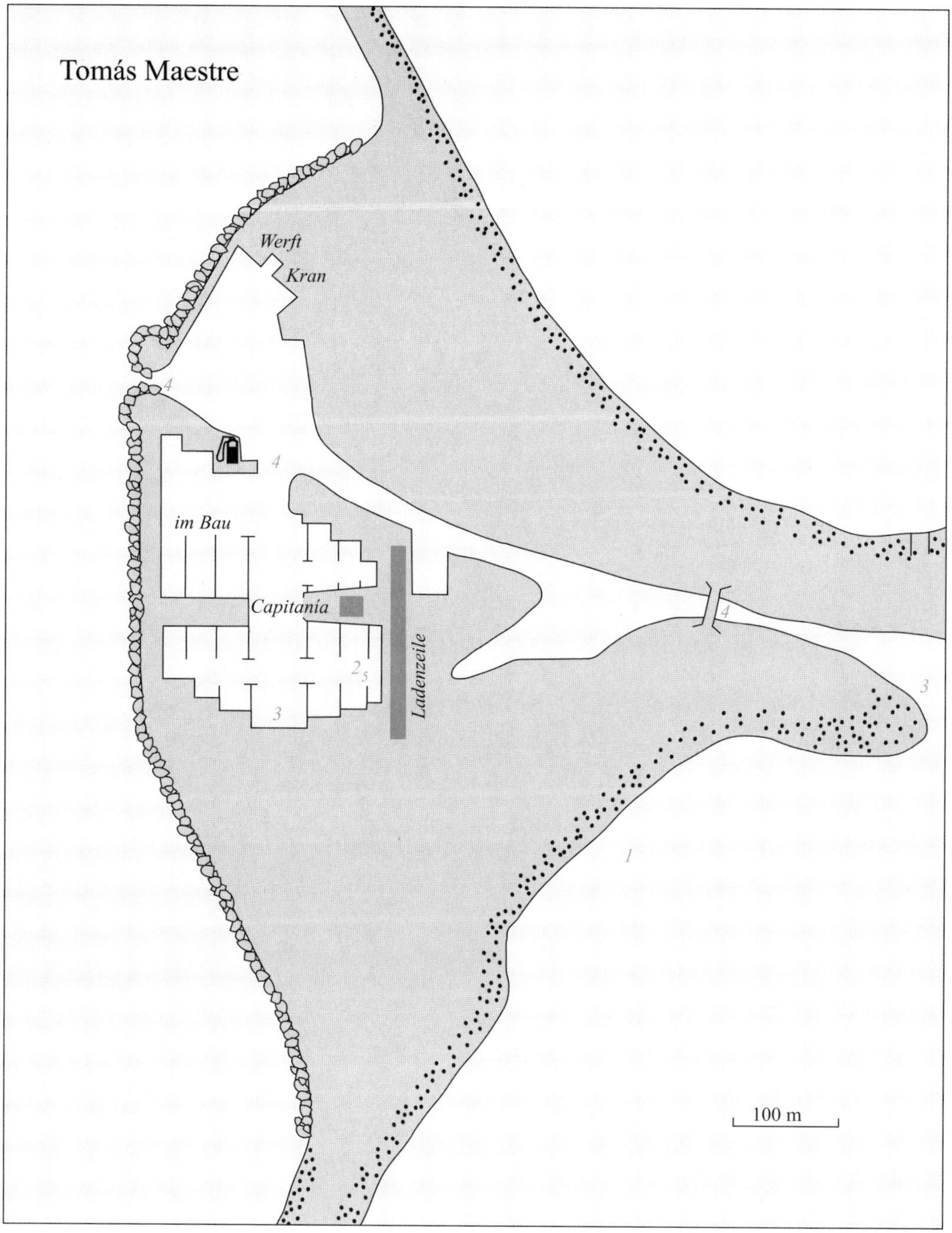
Tomás Maestre
Werft
Kran
4
4
im Bau
Capitania
Ladenzeile
4
2
5
3
3
1
100 m

Puerto Cabo de Palos

37°38'N000°41'W

Ein ehemaliger Fischerhafen, den sich heute Fischer und Yachten teilen, wobei Letztere mehr und mehr in der Überzahl sind. Den Charme eines alten, historisch gewachsenen Hafens hat er aber dennoch bewahrt und bildet damit einen eindrucksvollen Kontrast zur lauten, touristisch erschlossenen Manga. Im Gegensatz zu vielen anderen Häfen dieser Art ist er nicht ins Meer hinaus- sondern ins Land hineingebaut. Das macht die Einfahrt zwar etwas verwinkelt, der Hafen bietet aber nicht zuletzt wegen dieser Besonderheit guten Schutz gegen jedes Wetter.

Kommt man das erste Mal hierher und kennt den Hafen nicht, sollte das Boot nicht länger als 10 bis 11 m sein und keinen größeren Tiefgang als 1,8 m aufweisen. Bei starkem auflandigem Wind sollte man besser auf die Einfahrt verzichten, mindestens jedoch einen gehörigen Abstand zum Kopf der Nordmole wahren. Hier steilt sich die See schon bei schwächerem Wind unangenehm auf. Südlich die Klippen beachten!

Das Kap von Palos ist recht flach, es wird von einem Hügel überragt, der einen schlank wirkenden Leuchtturm trägt. Häufig wird man beim Runden des Kaps auf völlig anderen Wind und anderen Seegang treffen, als man vorher hatte. Dort, wo die nach Osten auslaufende Bergkette sich ins Meer senkt, liegen bis zu 3 Meilen seewärts blinde Klippen und fel-

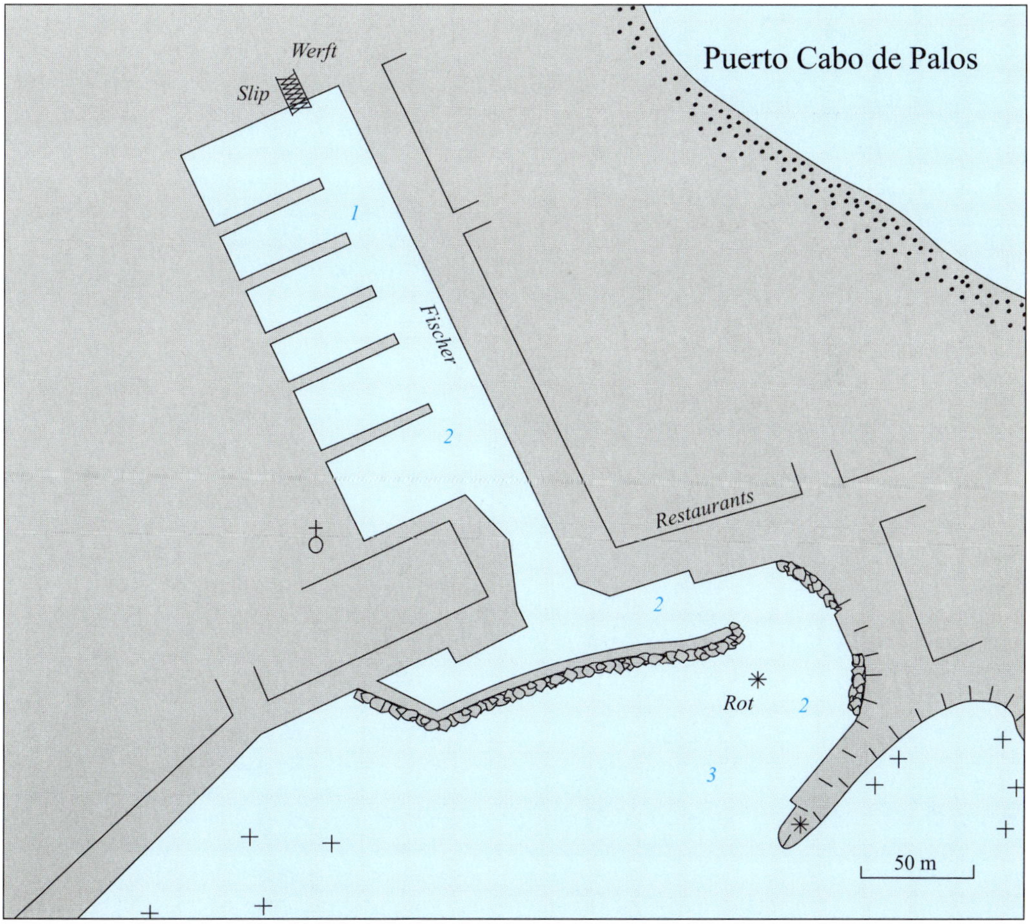

sige Inseln wie die Hormigas. Letztere sind befeuert. Am besten passiert man das Kap in zwei Kabellängen Mindestabstand nahe der 20-m-Linie.
Unmittelbar südlich von Cabo de Palos trifft man auf den Hafen. Jenseits der 5-m-Linie gibt es keine Untiefen. Die Einfahrt ist ca. 2 m tief, an den äußeren Liegeplätzen darf man mit 2 m Wasser rechnen. Unmittelbar nördlich von Cabo de Palos befindet sich ein Ankerplatz mit ca. 4 m Wasser auf gut haltendem Sandgrund. Will man nach Gibraltar und trifft man südlich Cabo de Palos auf heftigen Westwind, was gar nicht so selten vorkommt, kann man eine Winddrehung abwarten, wenn man es nicht vorzieht, in der Marina Tomás Maestre geeigneteres Wetter abzuwarten.

Steckbrief

Für Boote bis 11 m Länge
und 1,8 m Tiefgang
Ruhiger, uriger Fischerhafen
Bei schlechter Witterung und nachts nicht einlaufen
Wasser an der Pier

Portman

37°35'N000°51'W

Neun Meilen westlich Cabo de Palos liegt die Bucht von Portman. Früher war dies der Ausfuhrhafen für Bergwerksprodukte von La Unión, einer der bedeutendsten Bergbauregionen Spaniens. Schon den Römern war die Bucht als Portus Magnus bekannt, und schon damals wurden in den nahe gelegenen Minen gewonnene Erze – vorwiegend blei- und zinkhaltiges Material – von hier aus in den gesamten Mittelmeerraum verschifft.
Auf vielen Seekarten ist die Bucht auch heute noch deutlich verzeichnet. Davon darf man sich aber nicht täuschen lassen. Durch von Erzwaschanlagen eingespültes, feines Material ist die Bucht heute fast vollständig verlandet. Es ist wohl nicht übertrieben zu sagen, dass Portman als Bucht praktisch nicht mehr existiert und man hier keinen Schutz finden kann. Die alten Kaianlagen liegen jetzt ca. 1 km landeinwärts. Im äußersten Ostende der Bucht hat man ein kleines Hafenbecken ins Land hineingebaggert. Dies ist aber nur für sehr kleine, flachgehende Boote geeignet. Man kann aber unterhalb des Leuchtturms vor einem kleinen Sandstrand auf 4 bis 5 m gut haltendem Sand- und Schlammgrund ankern. Jedoch ist der Platz gegenüber dem südlichen Quadranten völlig ungeschützt.

Cartagena

37°36'N000°59'W

Cartagena ist ein bedeutender Handelshafen, noch wichtiger ist er aber als Hafen für den größten Teil der spanischen Mittelmeerflotte. Die Bucht von Cartagena war schon im Altertum als einer der am besten geschützten Naturhäfen des westlichen Mittelmeeres bekannt. Gegründet wurde der Ort im 3. Jh. v. Chr. von dem karthagischen Feldherrn Hasdrubal. Später von den Römern erobert, gelangte der Ort zu Berühmtheit wegen der reichen Erzminen der Umgebung, denen die ganze Region ihren Wohlstand verdankt. Als Flottenstützpunkt erlangte Cartagena unter den Mauren im 14. Jh. große Bedeutung, und kein Geringerer als der englische Freibeuter Francis Drake plünderte 1585 die Stadt und verwüstete sie. Dieser Raubzug war übrigens einer der letzten Auslöser für König Phillip II., 1588 die große Armada gegen England segeln zu lassen.
In der Nordwestecke des Hafens befindet sich der Real Club Náutico, an dessen Steg man aber kaum Platz findet. Unmittelbar östlich angrenzend ist jedoch eine neue, moderne Marina errichtet worden, die ca. 400 Liegeplätze für Boote praktisch jeder Größe bereithält.
Die Einsteuerung ist tief und frei von Unterwasserhindernissen, wenn man sich jenseits der 10-m-Linie hält. Von Osten kommend muss man die Islote der Escombreras meiden. Man tut gut daran, die gängige Segelanwei-

sung für die Großschifffahrt zu befolgen und erst auf die Hafeneinfahrt zuzuhalten, wenn das Leuchtfeuer der Dique de Navidad (die kleine ca. 200 m lange Mole westlich der Einfahrt unterhalb des Castillo de Gabras) in 351° peilt. Der östlich hinter der Punta del Borracho außerhalb der Bucht von Cartagena gelegene Puerto Escombreras ist Großschiffen vorbehalten und für Yachten ebenso tabu wie das Marinearsenal im Nordwestteil des Hafens.

Steckbrief

Neue Marina
Für Boote jeder Größe
Lebensmittel im Ort
Treibstoff bei Tankstelle hinter dem Fischerhafen (solange Tankstelle der Marina noch nicht fertig gestellt)

Ausflugstipp: Beliebtes Ausflugsziel im Stadtbereich von Cartagena ist der Torrespark. In ihn eingebettet ist die ehemalige Festung Castillo de la Concepción. Man erreicht den Burghügel vom Hafen in ca. 30 Minuten, indem man an dem auffälligen Denkmal eines Kleinunterseebootes von 1889, dessen Erbauer Isaac Perral aus Cartagena stammte, stadteinwärts abbiegt. Am hinteren Ende des Rathausplatzes (Plaza del Ayuntamiento) hält man sich rechts bis zu den Ruinen der im Bürgerkrieg zerstörten Kathedrale Santa Maria la Vieja. Ein Fußweg führt von hier über Treppen zum knapp 70 m hoch gelegenen Festungshügel. Cartagena war eine karthagische Gründung und nahm unter den Römern, die es Nova Cartago (Neu-Karthago) nannten, großen Aufschwung. Lange war es die bedeutendste Stadt der Iberischen Halbinsel und wichtigster Ausfuhrhafen für Erze. Die Mauren gaben aller-

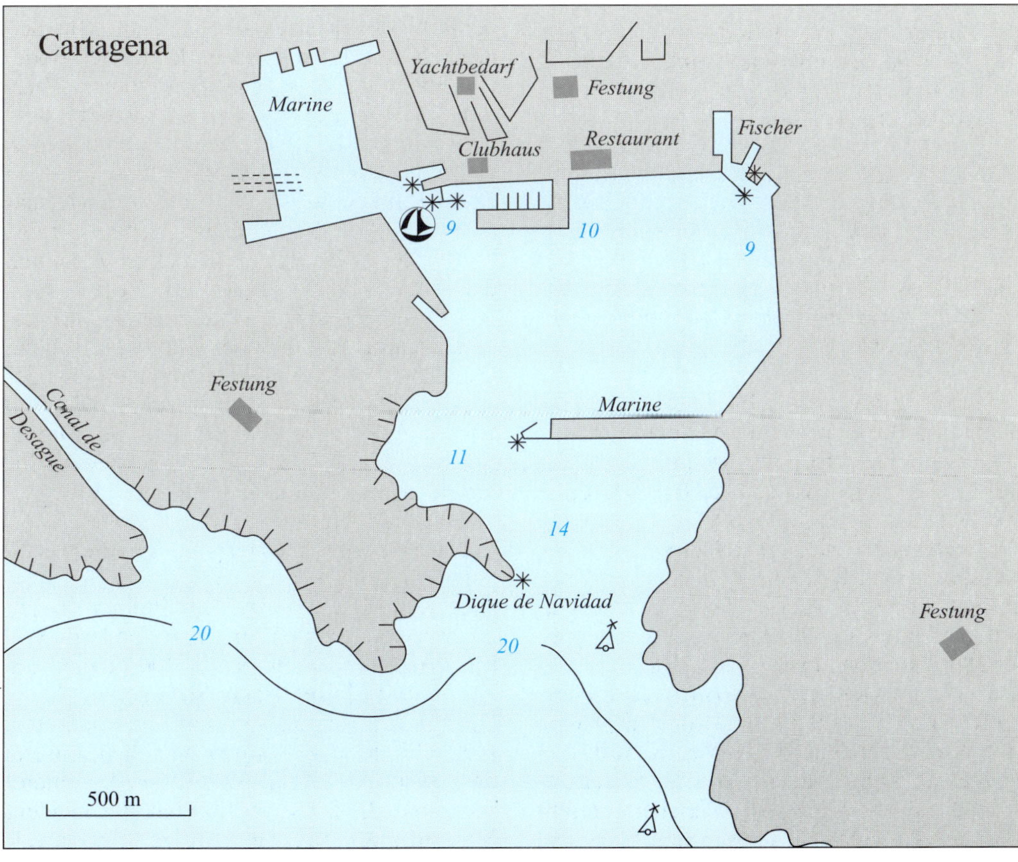

dings später Almería den Vorzug, doch auch in Cartagena errichteten sie auf dem strategisch wichtigen Festungsberg eine Alcazaba (Burg). Unter der Regierung Phillips II. wurde im ausgehenden 16. Jh., als die Piratenüberfälle auf den Küstenstraßen um Cartagena immer dreister wurden, das Castillo de la Concepción auf den Ruinen der Alcazaba erbaut. Seinen Namen erhielt es von einer ehemaligen Einsiedelei, die früher auf dem Hügel gestanden hatte. Das Castillo de la Concepción war Teil eines komplizierten Befestigungssystems, das die Bucht von Cartagena bis gegen Ende des 18. Jh. gegen Piratenüberfälle schützte. Immer wieder musste es verstärkt werden, da die vorhandenen Anlagen sich als nicht ausreichend erwiesen, um den Hafen zu sichern.
Ergebnis all dieser Baumaßnahmen war ein Verbund von fünf Festungen, von denen zwei die Hafeneinfahrt und drei, darunter das Castillo de la Concepción, die Stadt kontrollierten. Das Castillo de la Concepción wurde in den letzten Jahren restauriert und in seinen ursprünglichen Zustand versetzt. Es ist heute Teil einer öffentlichen Parkanlage, und man hat von hier aus eine hervorragende Rundsicht auf das Stadtgebiet.
Den schweren Zerstörungen des Bürgerkriegs, in dem Cartagena den Republikanern als Kriegshafen diente, entging als einziges Gotteshaus der Stadt die Kirche Santa Maria de Gracia, die zu Fuß vom Hafen über den Rathausplatz in ca. 15 Minuten zu erreichen ist. Sie wurde im 17. und 18. Jh. erbaut.

Puerto de Mazarrón

37°34'N001°15'W

Die Bucht von Mazarrón hat für eine durchreisende Yacht einiges zu bieten. Hat man von Osten kommend das steile, weit vorspringende Cabo Tiñoso passiert, folgen 4 Meilen abgeschiedener unzugänglicher Küste. 2 1/4 Meilen westlich Cabo Tiñoso liegt tief eingeschnitten mit erschreckend schmaler Einfahrt die Cala Cerrada. Bei sehr ruhiger See wird man sich wohl hineinwagen können – wir haben lieber darauf verzichtet. Dass sich hier im Zweiten Weltkrieg deutsche U-Boote versteckt haben sollen, ist wohl eher Seemannsgarn, was der Romantik dieses Küstenabschnitts aber keinen Abbruch tut.
Rundet man weiter westlich die Punta la Azohía, die man an dem knorrigen Leuchtturm auf der Punta gut erkennen kann, öffnet sich die Ankerbucht La Subida. Unmittelbar vor der Ortschaft befindet sich eine ca. 50 m lange Betonpier, an deren äußerem Ende man bei ruhigem Wetter festmachen kann (Wassertiefe knapp 2 m). Aber wirklich nur bei ruhigem Wetter! Starker Nordwestwind, der hier durch die Form der Küstengebirge besonders verstärkt wird, wandelt die Bucht rasch in einen Hexenkessel, aus dem man sich bei der schnell aufkommenden kurzen, steilen Welle nur schwer freikreuzen kann, zumal in den Sommermonaten vor der Punta Azohía Tunfischnetze weit seewärts liegen können und so den Manövrierraum zusätzlich einengen.

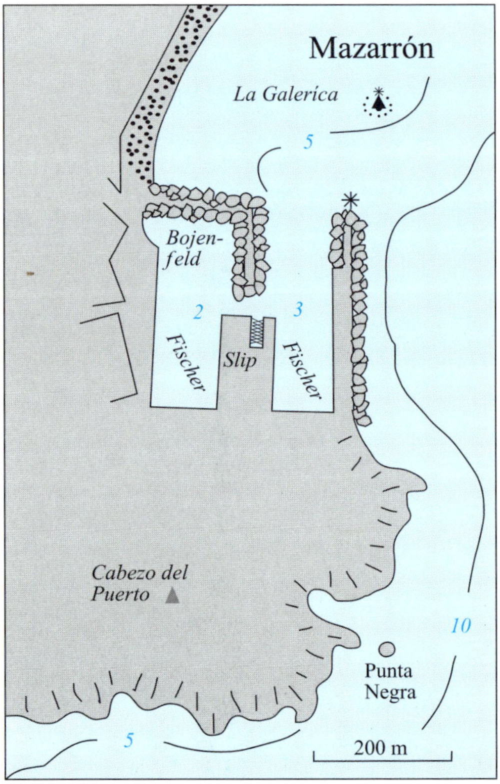

30

31

30 Afrikanisch anmutende Landschaft an der Costa Cálida
31 Der Ankerplatz von La Subida wird bei Windstärke 7 zum Hexenkessel

32

34

33

35

32 Almería

33 Costa del Sol östlich Motril

34 Blick von Motrils Yachthafen auf die schneebedeckte Sierra Nevada

35 Maurische Gärten in der Alhambra von Granada

36 Marina del Este

36

37 Puerto de la Duquesa

38

38 Das Fischerdorf Sabinillas bei Puerto de la Duquesa

39 Leuchtturm am Europa Point (Gibraltar)

39

Will man hier länger ankern, was sich bei dem gut haltenden Sandgrund in der Bucht und der Schönheit der Gegend anbietet, sollte man die Wetterentwicklung sehr genau beachten. Vor Winden aus Ost liegt man gut geschützt. Grün stechen die Dattelpalmen, die hier bis auf den Strand stehen, von der grandios kahlen Bergwelt ab, die in ihrer abweisenden Strenge fasziniert. Dieser Teil der Costa Blanca hat etwas besonders Ursprüngliches, was wohl jeden Reisenden beeindruckt. Es bleibt zu hoffen, dass die Gegend auch weiterhin von touristischen Mammutprojekten verschont bleibt.

Daneben ist es auch gar kein Problem, sein Domizil in den Puerto de Mazarrón oder den Puerto Deportivo de Mazarrón zu legen. Geschützt vor jedem Wetter liegt man dann je nach Belieben im Hafen oder sucht »seine« Ankerbucht auf – in die Bucht La Subida sind es nur 8 Meilen hin und zurück.

Hinter einer auffällig hohen Schutzmole befindet sich der Stadthafen Mazarróns, das selbst etwa 4 km landeinwärts liegt. Außerhalb der Sommersaison herrscht hier Ruhe. Eigentlich ist Puerto de Mazarrón eine Erzverladeeinrichtung für große Seeschiffe, kombiniert mit einem Fischerhafen. Seit man die Nordmole im rechten Winkel nach Süden um ca. 50 m verlängert hat, liegen in dem so entstandenen geschützten Bereich kleinere, offene Fischerboote, aber auch ein paar einheimische Yachten vor Anker. Vor Buganker und langen Heckleinen kann man an der Innenseite dieser Steinschüttung angenehm liegen, solange kein Wind aus Ost weht. Bei ruhigem Wetter können große Yachten auch nahe der vorgelagerten Klippe La Galeríca auf 5 m Wasser vor der Strandpromenade ankern. Von dort hat man einen schönen Blick auf die schroffen Felszacken der Punta Negra im Süden und die wunderbar bizarre Bergwelt im Norden. Ausreichende Versorgungsmöglichkeiten bietet der Ortsteil hinter dem Hafen.

Steckbrief

Hafen nahe am Stadtzentrum
Vorwiegend Fischerboote
Für Boote bis 1,5m Tiefgang geeignet
Wasser bei den Fischern

Puerto Deportivo de Mazarrón

37°33'N001°16'W

Ein moderner Yachthafen nahe beim Puerto de Mazarrón, gut geeignet, ein Boot auch länger

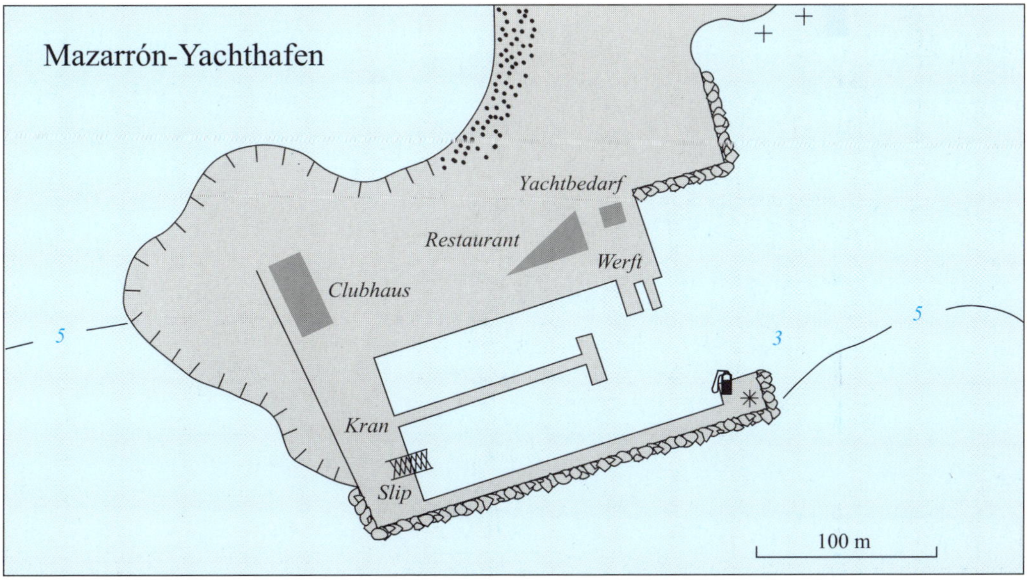

liegen zu lassen. Der Hafen hat eine kleine Werft, einen Laden mit Bootsbedarf und ein Restaurant. Lebensmittel gibt es im Ort.
Bei der Einfahrt muss man gut auf die der Küste vorgelagerten Klippen achten. Die Isla Adentro vor der Hafeneinfahrt schützt vor östlichem Seegang. Bei der Ansteuerung muss man aber darauf achten, nicht zwischen der Isla Adentro und dem Festland hindurchzulaufen. Hier liegen viele, zum Teil blinde Klippen. Zwischen der Hafenmole und der Insel kann sich eine etwas kabbelige See bilden, die aber nicht gefährlich wird. Weitere Probleme bereitet die Ansteuerung nicht. Die Hafeneinfahrt ist gut befeuert und mit 3 m recht tief. Der Hafen wird auf 2 bis 3 m Wassertiefe gehalten.

Steckbrief

Für Boote bis 2 m Tiefgang
Tankstelle
Strom und Wasser am Steg
Lebensmittel im Ort
Parkraum für Trailer

Aguilas

37°23'N001°34'W

Von See kommend fällt zunächst das Castillo de Aguilas auf dem Gipfel des 70 m hohen Monte de Aguilas auf, der sich mit seiner rötlichen Färbung gut von der übrigen Küste abhebt. Bei Nacht ist das Leuchtfeuer auf der Punta Negra südwestlich des Fischerhafens eine gute Hilfe. Es trägt 13 Meilen weit. Erst unmittelbar vor der Bucht erkennt man die Hafenbefeuerung und bei Tage eine Windmühle direkt hinter dem Hafen. Der westliche Teil des Hafens ist den Fischern einerseits und der Handelsschifffahrt andererseits vorbehalten. Östlich liegt der nette kleine Yachthafen.
Die schon genannte alte Windmühle, weiß gekalkt mit dem typisch schwarzen Dach, markiert den Ort. Südwestlich des Hafens steht auf der Punta Negra ein 30 m hoher schwarzweiß gebänderter Leuchtturm im Schatten des schroff aufsteigenden, klotzigen Burgberges. Der Ort ist ruhig, beschaulich und wenig aufregend. Gute Einkaufsmöglichkeiten bieten sich hier allerdings. Die Zufahrt zum Yacht-

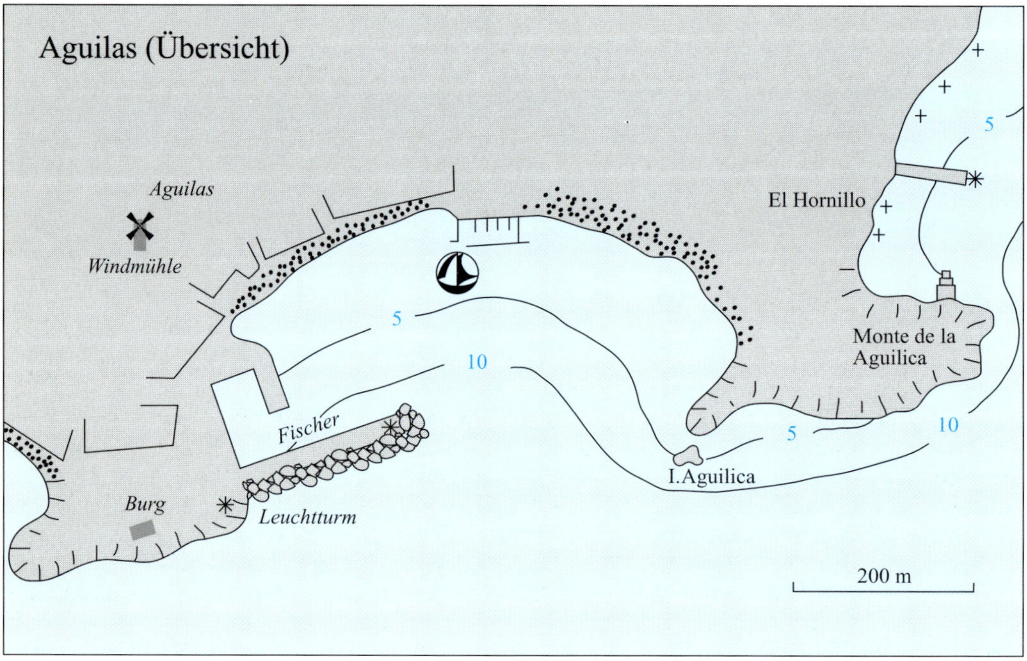

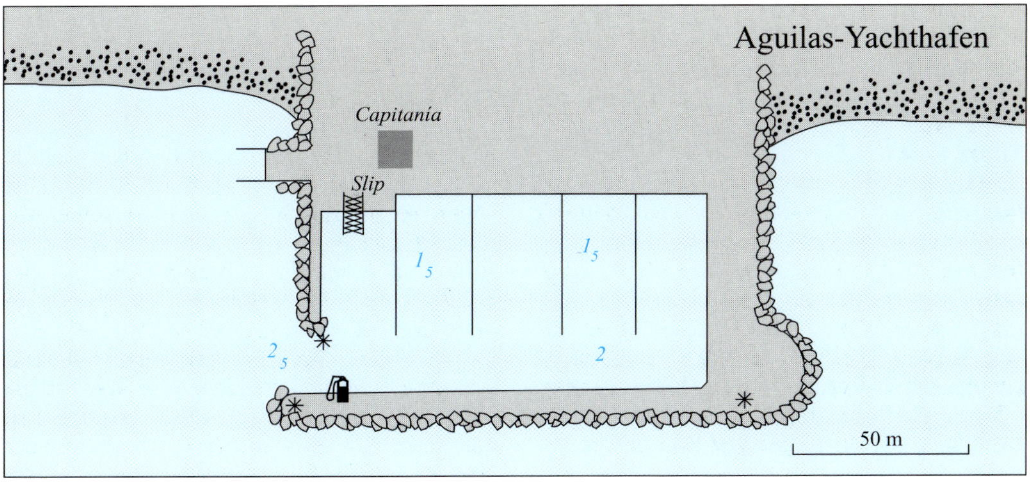

hafen hat 2,5 m Wassertiefe. Im Hafen variiert sie zwischen 1,5 und 2 m. Boote mit größerem Tiefgang können keinen der ca. 200 Liegeplätze ansteuern, sondern müssen das Hafenbecken der Fischereiflotte aufsuchen. Hier darf man außer an der nördlichen Kaje mit gut 7 m Tiefe rechnen. An der hohen Pier liegt es sich allerdings wenig schön, bei Wind aus Süd bis Südost sogar recht ungemütlich.

Steckbrief

Für Boote jeder Größe an der Fischerkaje
Im Yachthafen bis 1,6 m Tiefgang
Tankstelle im Yachthafen
Strom und Wasser am Steg
Lebensmittel im Ort

Ausflugstipp: Oberhalb des Fischerhafens wacht das Castillo San Juan, das Wahrzeichen der Stadt Aguilas. Ein steiler Pfad führt auf die felsige Landzunge hinauf, zu deren beiden Seiten sich die Stadt erstreckt. Schon die Römer bauten hier oben eine erste Festung, um die damalige Ansiedlung zu schützen, deren Ausfuhrhafen für Bergbauprodukte (Blei, Eisen, Silber) eine große Bedeutung besaß. Es heißt, dass Aguilas dem sagenhaften Urce entspricht, das trojanische Flüchtlinge um 1200 v. Chr. an der spanischen Küste gegründet haben. Umfangreiche Überreste der Römerstadt fielen im 18. Jh. einem kompletten Neuaufbau zum Opfer. Unter dem Reformkönig Carlos III. wurde ab 1765 der Hafen ausgebaut und die Burg restauriert, um die Verschiffung der wertvollen Erze aus den Minen (heute sind sie weitgehend stillgelegt) vor den damals noch recht häufigen Piratenangriffen zu schützen. Von der Festung hat man einen schönen Rundblick und schaut ostwärts bis zum Kap Cope, auf dem ein ebenfalls unter Carlos III. errichteter Verteidigungsturm, dessen Ruine noch erhalten ist, dem Schutz der dortigen Tunfischanlagen diente.

Garrucha

37°11'N001°49'W

Ein großzügig angelegter Erzverlade- und Fischerhafen. Für Sportboote sind einige Stege geschaffen worden. Im nördlichen Teil des Hafens gibt es einen Slip – er gehört zu einer kleinen, auf den Bau von Holzbooten spezialisierten Werft – und viel Raum zum Abstellen des Trailers. Direkt anschließend liegt eine Werft für große Fischerboote, wo auch Yachten (nur größere) geslippt werden können.
Der Ort macht einen etwas verschlafenen, weltvergessenen Eindruck, doch kann man hier alles bekommen, was das Herz begehrt.

Die Umgebung zeugt mit ihren Ruinen und zerborstenen Schornsteinen von der ehemaligen Betriebsamkeit dieses erzreichen Gebietes. In jüngerer Zeit ist das Bild des Ortes durch eine schicke Strandpromenade noch aufgewertet worden.
Das Hafenbecken vor der Fischerhalle ist der Fischereiflotte vorbehalten. Auch wenn es tagsüber verschlafen wirkt – die Boote kommen zurück, und zwar zu Dutzenden. Also auf jeden Fall die Bootsstege benutzen. Dort ist das Wasser 1,5 bis 3 m tief. Sollte es an den Stegen keinen Platz geben, kann man auch an der unbequem hohen Handelskaje festmachen. Da diese Stelle ausgedehnten Umbaumaßnahmen unterliegt, ist nicht sicher, ob in Zukunft dieser Platz noch genutzt werden darf. Aus Sicherheitsgründen darf man das Boot dort ohnehin nicht allein liegen lassen, denn ab und zu kommt eben doch ein Frachter. Man kann auch vor dem Kopf der Stege auf 3 bis 4 m Wasser auf gut haltendem Schlickgrund ankern.
Bei Nacht ist das Leuchtfeuer von Garrucha 800 m südlich des Ortes eine gute Ansteuerungshilfe, sein Feuer trägt 13 Meilen weit.

Steckbrief

Für Boote jeder Größe
Freundlicher Hafen
Tankstelle
Lebensmittel im Ort
Wasser und Strom am Steg
Werft
Yachtbedarf ca. 1 km südlich an der Hauptstraße

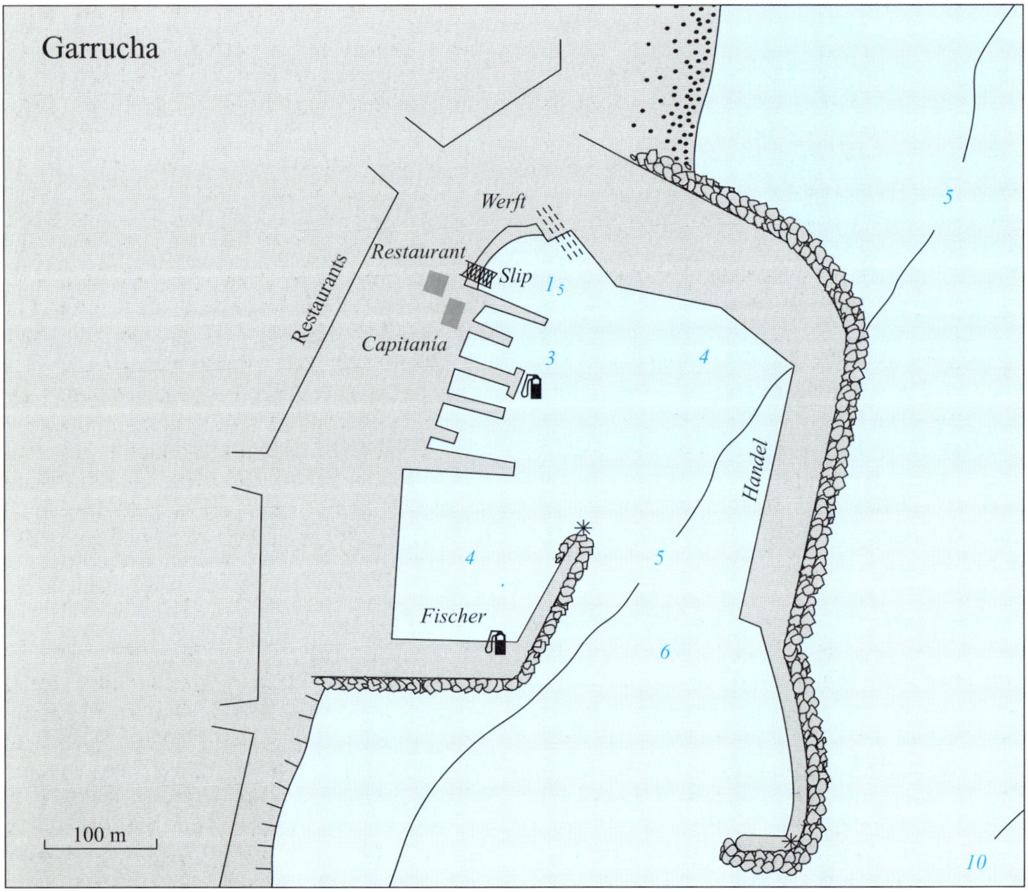

Ausflugstipp: Von Garrucha aus kann man einen netten Tagesausflug ins nahe gelegene, von See aus gut sichtbare Mojácar unternehmen. Diese schneeweiße Stadt liegt in malerischer Lage an einem Berggipfel hoch über dem Meer. An die maurische Vergangenheit erinnern nicht nur die engen, steilen Gassen, sondern auch die am Stadtbogen zu lesende, in Marmor geritzte Inschrift, die die Tapferkeit der arabischen Verteidiger im Kampf gegen das Heer der katholischen Könige preist. Im 15. Jh. wurden die Mauren endgültig vom europäischen Festland vertrieben.

Carboneras

37°00'N001°53'W

Dies ist ein Platz, den man nur im Notfall anlaufen sollte. Schon von weitem ist der im oberen Teil weiß-rot gebänderte hohe Schornstein der Zementfabrik Hornos Ibericos S.A. gut zu erkennen. Die beiden Hafenbecken dienen denn auch ausschließlich industriellen Zwecken.

Nördlich des Hafenkomplexes kann man aber im Schutz der Insel San Andres auf 5 m Wasser mit Sandgrund gut vor dem Ort ankern. Man kann sich dort auch verproviantieren, aber zu längerem Verweilen lädt der Platz nicht ein. Das südliche Hafenbecken ist für Yachten tabu. Der größte Vorteil des nördlichen Hafens ist die große Wassertiefe in der Einfahrt, sie beträgt rund 15 m, und man muss auch bei hochgehender See aus Osten nicht mit Grundseen und Brechern in der Einfahrt rechnen.

An der Innenseite der Hafenmole kann man dann Schutz suchen. Festmachen würde ich dort aber nicht, denn die Mole ist hoch, und starker Sog und unruhige Bewegung lassen das Boot an der Mole auf- und abschwingen. Ankern im Hafenbecken ist da eindeutig sicherer, aber eigentlich besteht kein Grund, überhaupt in eine solche Situation zu kommen, da Ostwetterlagen sich in der Regel rechtzeitig ankündigen.

Steckbrief

Für Boote jeder Größe
Guter Schutzhafen bei Schlechtwetter
Keine Versorgungsmöglichkeiten

San José

36°46'N002°06'W

Es war keine schlechte Idee, gerade nordöstlich des Cabo de Gata diese hübsche kleine Marina anzulegen. Der Hafen ist wunderschön vor einer 20 m hohen rot-braunen Felswand gelegen, die zu den schmucken weißen Hafengebäuden gut kontrastiert. Im Prinzip liegt man im Hafen gut geschützt, aber leider lässt schon bei ruhigem Wetter der Sog die Boote spürbar arbeiten. Der Ort, einige hundert Meter entfernt, wird nur im Sommer belebt.

Für Trailerboote ist die Landanfahrt zwar beschwerlich, aber sie können von hier aus ein weltvergessenes, karges, aber gleichzeitig auch grandioses Revier erschließen. Der Trailer parkt derweil gut gesichert, doch Treibstoff sollte man dabeihaben – eine Tankstelle gibt es nicht. Mit Wasser sollte man gut haushalten, denn es ist in dieser extrem trockenen Region ein kostbares Gut. Im Sommer muss man unter Umständen mit Rationierung rechnen.

15 Meilen südlich von Carboneras gelegen, gehört der Hafen von San José zu den Perlen der spanischen Mittelmeerküste, da die Meerwasserqualität ausgezeichnet ist und damit die Unterwasserwelt zu den artenreichsten und schönsten des gesamten westlichen Mittelmeers gehört.

Zwischen Carboneras und San José erstreckt sich ein felsiger Küstenabschnitt mit vielen kleinen Buchten, die zum Ankern einladen. Das gilt allerdings ausschließlich für Westwetterlagen, die in dieser Region aber eindeutig vorherrschen. Zu verfehlen ist der Hafen, ca. 5 Meilen nordöstlich Cabo de Gata, so gut wie nicht. Die Küste zwischen Cabo de Gata – das übrigens trotz seines beeindruckenden Na-

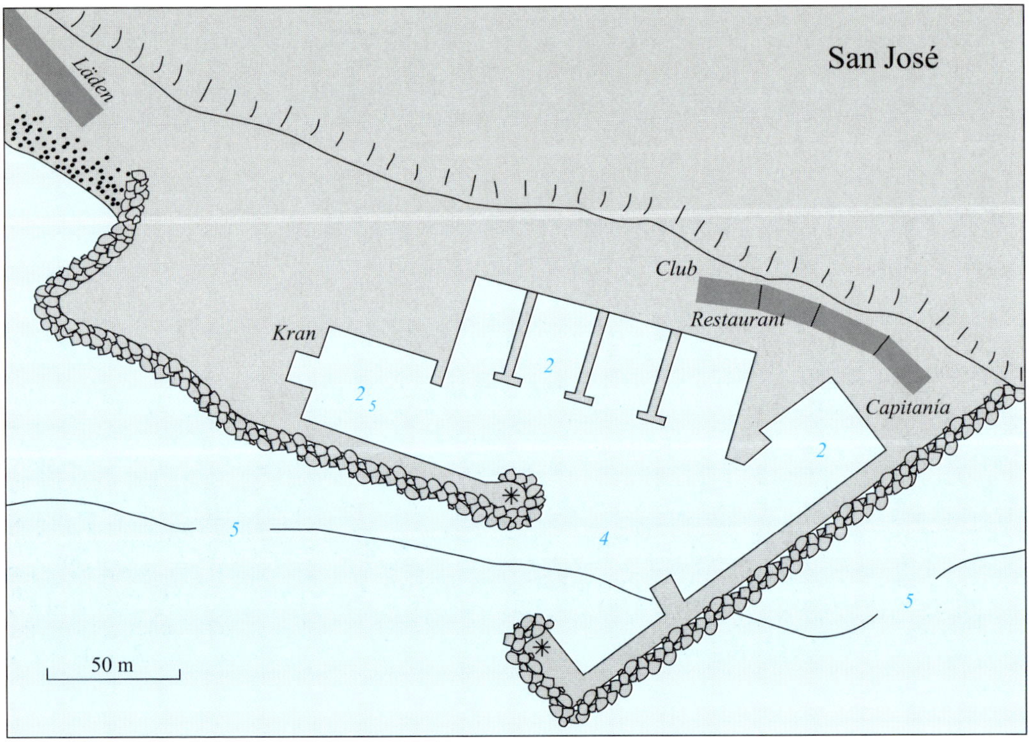

mens und seiner Berühmtheit gar nicht so besonders hoch und wuchtig ist (nicht höher als 30 m) – und dem Hafen ist steil, schroff und unzugänglich. Die schwarzen Basaltfelsen kontrastieren gut mit dem tiefblauen Meer, das bis nahe an das Ufer heran frei von Untiefen ist und in dieser Gegend ganz besonders klar wirkt. Vielleicht ist es deshalb in den letzten Jahren zunehmend ein Dorado für Sporttaucher geworden.
Nur unmittelbar südlich des Kaps, ca. 5 Kabellängen von der Küste entfernt, liegt eine Klippe (Bajo de Gata), über der nur 3,3 m Wasser stehen.

Steckbrief

Für Boote bis 15 m Länge
Hübsche kleine Marina in
Landschaftlich reizvoller Lage
Strom und Wasser am Steg
Gut für Trailerboote geeignet
Lebensmittel im Ort (weit entfernt)

Puerto Genovés

36°45'N002°07'W

Unmittelbar nördlich der 69 m hoch aufragenden und steil ins Meer abfallenden Morro de Genovés liegt diese einmalig schöne und ruhige Bucht. Ein ausgedehnter, unverbauter Sandstrand begrenzt sie landeinwärts. Hier wird das Wasser rasch flach. Die besten Ankerplätze liegen ca. 400 m weit vom Strand entfernt auf ca. 3 bis 4 m Wasser über gut haltendem Sandgrund.
Die Bucht war schon den Seefahrern in der Antike bekannt. Bei widrigen westlichen Winden warteten hier die Kauffahrer bessere Bedingungen zur Rundung von Cabo de Gata ab.
Auch heute noch ist der Ankerplatz willkommen, will man Cabo de Gata westwärts passieren und trifft unvermittelt auf Starkwind aus dieser Richtung. Dann kann man in der Bucht von Puerto Genovés ruhig und gelassen

Bei Cabo de Gata

bessere Bedingungen abwarten. Nur bei sehr starkem Wind muss man mit unangenehmen Fallwinden rechnen.
Meist ist der Seegang frühmorgens gegen Sonnenaufgang am schwächsten, nachdem der Wind in der Nacht meist einschläft. Das ist in jedem Fall der geeignete Moment, um Cabo de Gata auch bei widriger Wetterlage zu runden. Im Golf von Almería geht es dann im Zweifel deutlich ruhiger zu. Eine wenig geübte Mannschaft sollte sich diesen »Trick« ruhig überlegen – es ist schließlich nicht jedermanns Sache, sich im Urlaub überflüssigerweise von Wind und Wellen zerzausen zu lassen.

Costa del Sol

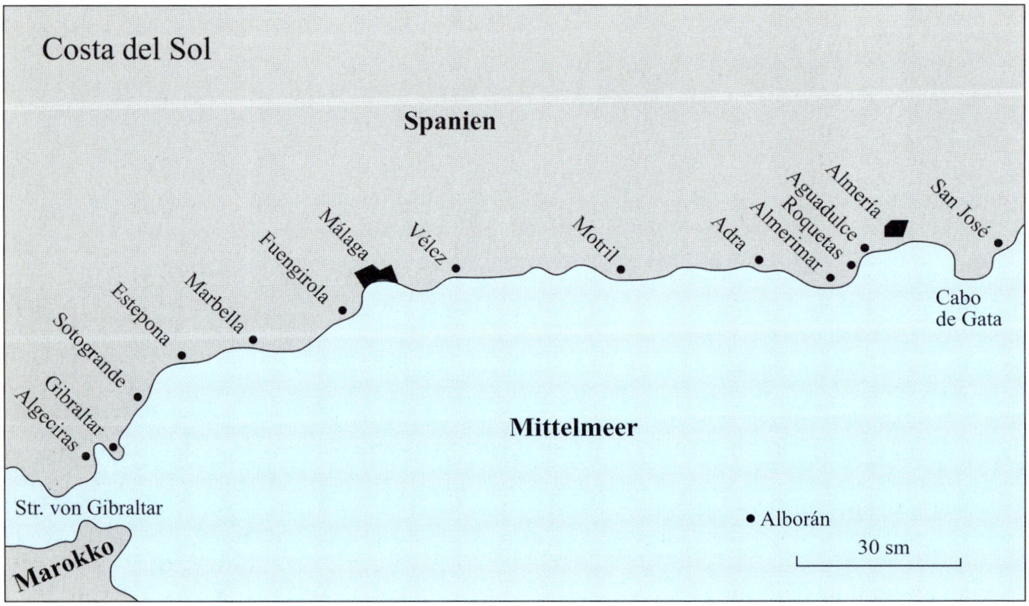

Von Cabo de Gata bis zur Straße von Gibraltar

Über eine Strecke von 155 Meilen erstreckt sich zwischen Cabo de Gata und dem Felsen von Gibraltar die Costa del Sol. Die höchsten Gebirgszüge Spaniens erheben sich im Hinterland in der Sierra Nevada – d. h. der schneebedeckten Sierra. Sie schwingt sich im Mulhacén-Massiv auf fast 3500 m auf und schützt diesen Küstenstrich ganz besonders gut gegen kalte Luft aus nördlichen Breiten. Bis in den Sommer hinein, manchmal auch das ganze Jahr hindurch, sind die Erhebungen der Sierra Nevada mit Schnee bedeckt. Deshalb sprudeln von ihren Hängen auch in den heißesten Monaten kühle Gebirgsbäche zu Tal, deren klares Wasser zur Bewässerung einer der fruchtbarsten und landwirtschaftlich besonders intensiv genutzten Gegenden Europas dient.

Das Klima an der Costa del Sol ist warm, im Sommer meist heiß, im Winter meist mild. Es handelt sich also um ein nahezu ideales Winterrevier. Wenn im Sommer über dem westlichen Mittelmeer der Hochdruckeinfluss überwiegt, ist es hier heiß und trocken. Regen fällt so gut wie keiner. Im äußersten Westen ist die Costa del Sol etwa bis zur Höhe von Málaga atlantisch beeinflusst. Das zeigt sich insbesondere daran, dass in dem nach Süden hinabschwingenden Zipfel rund um Gibraltar die Landschaft im Winter einen nordeuropäischen Eindruck macht. Die Viehweiden sind grün, die Landschaft ist hügelig, und man könnte sich nach England versetzt fühlen.

Erst östlich einer Linie, die etwa bei Málaga verläuft, wird es sehr rasch spürbar trockener, und das Klima ist stärker kontinental geprägt. Im Winter heißt das, dass der westliche, atlantisch beeinflusste Teil der Costa del Sol ein recht mildes, aber manchmal auch feuchtes Klima aufweist, während die Gebiete östlich Málagas im Sommer sehr heiß und im Winter etwas kühler als der restliche Teil der Costa del Sol sind. In den Wintermonaten muss man in der Straße von Gibraltar und den angrenzenden mittelmeerischen Seegebieten mit dunstiger Luft rechnen, während östlich von

Málaga die von der Sierra Nevada herabsinkende Kaltluft trocken ist.
Die Hafendichte an diesem Küstenabschnitt ist zwar nicht so groß, wie z. B. an der Costa Brava, jedoch sind insbesondere bei Gibraltar einige neue Marinas errichtet worden, die viel freien Liegeraum zu durchschnittlichen Preisen bereithalten. Östlich Málagas ist die Hafendichte nicht ganz so hoch. Freie Liegeplätze wird man aber dort noch leichter finden.
Der kleine Abschnitt des Golfs von Almería ist besonders für seine einmalig schöne und beeindruckende Unterwasserwelt und sein erstklassiges klares Wasser bekannt. Der Golf liegt sehr geschützt und kann deshalb durchaus als Glattwasserrevier bezeichnet werden. Wer also mit seiner Jolle wandern möchte, kann dies im Golf von Almería gefahrlos tun. Auch wer Luxus zu schätzen weiß, kommt an der Costa del Sol auf seine Kosten. Rund um Marbella haben viele Potentaten aus dem Mittleren Osten ihr Domizil gebaut. Dementsprechend wirken einige der neu errichteten Häfen im orientalischen »Zuckerbäckerstil« recht interessant und originell.
Auch der Naturliebhaber kommt – vielleicht wider Erwarten – nicht zu kurz. Die Costa del Sol gehört zu den abwechslungsreichsten Abschnitten der spanischen Mittelmeerküste. Dort wo sich Bebauung befindet, fügt sie sich meist harmonisch in das Landschaftsbild ein – so dürfte dieser vielseitige Küstenabschnitt für jeden das Richtige zu bieten haben.

Almería

36°50'N002°28'W

Die Stadt selbst sieht aus wie ein nach Europa verpflanztes Stück vom afrikanischen Kontinent. Dass Almería eine echte Großstadt ist, sieht man ihr auf den ersten Blick nicht an. Man spürt, dass viel Ursprüngliches in ihr bewahrt ist und dass die Stadt gewillt ist, diese Ursprünglichkeit auch weiter zu bewahren. Oberhalb des Hafens thront auf ockerfarbenem Fels die eindrucksvolle Alcazaba. Allein sie ist es wert, Almería anzulaufen.

Der neue Yachthafen von Almería liegt direkt hinter der Einsteuerung, von weitem gut zu erkennen an dem ebenfalls neu erbauten auffälligen Radarkontrollturm. Die Häuser der Stadt, die mächtige weitläufige Anlage der Alcazaba unmittelbar nördlich des Hafens sind weithin sichtbar. Bei Nacht weist das weittragende Feuer des Leuchtturms von San Telmo den Weg. Die Hafeneinfahrt ist gut befeuert. Das Industriehafenbecken ist großflächig und durch seine beachtliche Einfahrtstiefe von 13 m bei jedem Wetter anzulaufen. Dabei hat wirkliches Schlechtwetter im Golf von Almería ohnehin Seltenheitswert.
Unmittelbar vor dem Radarkontrollturm auf der Steuerbordseite liegt der neu angelegte Yachthafen. An 35 Schwimmstegen liegen dicht an dicht kleine Boote ortsansässiger Eigner. Für Fahrtensegler sind die Liegemöglichkeiten begrenzt. Sollte partout kein Platz zu bekommen sein, kann man auch nach Aguadulce weiterlaufen und von dort mit dem Linienbus Almería besuchen.
Die Stadt Almería erhielt ihren Namen übrigens von den Arabern, die sie liebevoll »Al Meriah« nannten, was so viel wie »Spiegel des Meeres« bedeutet. Im Sommer kann es hier sehr heiß werden, und lähmende Hitze liegt über der Stadt und über dem spiegelglatten Wasser des Golfes. Kein Wunder also, dass die Araber die glatte Meeresfläche mit einem Spiegel verglichen – was Glattwasserfreunde heute sicher begeistert. In der Übergangszeit und im Winter ist das Klima sehr angenehm. Mit 16 °C Mittagstemperatur darf man so gut wie immer rechnen, und Regen fällt selten, den Bauern der Region zu selten. Die Wirtschaft der Gegend stützt sich auf zwei Pfeiler – landwirtschaftliche Produkte und früher Erzverschiffung. Davon zeugt noch heute das zum Wahrzeichen der Stadt umfunktionierte Industriedenkmal der großen schwarzen Erzschütte direkt am Yachthafen.

Steckbrief

Für Boote jeder Größe
Neue Marina
Tankstelle, Werft
Lebensmittel in der Stadt

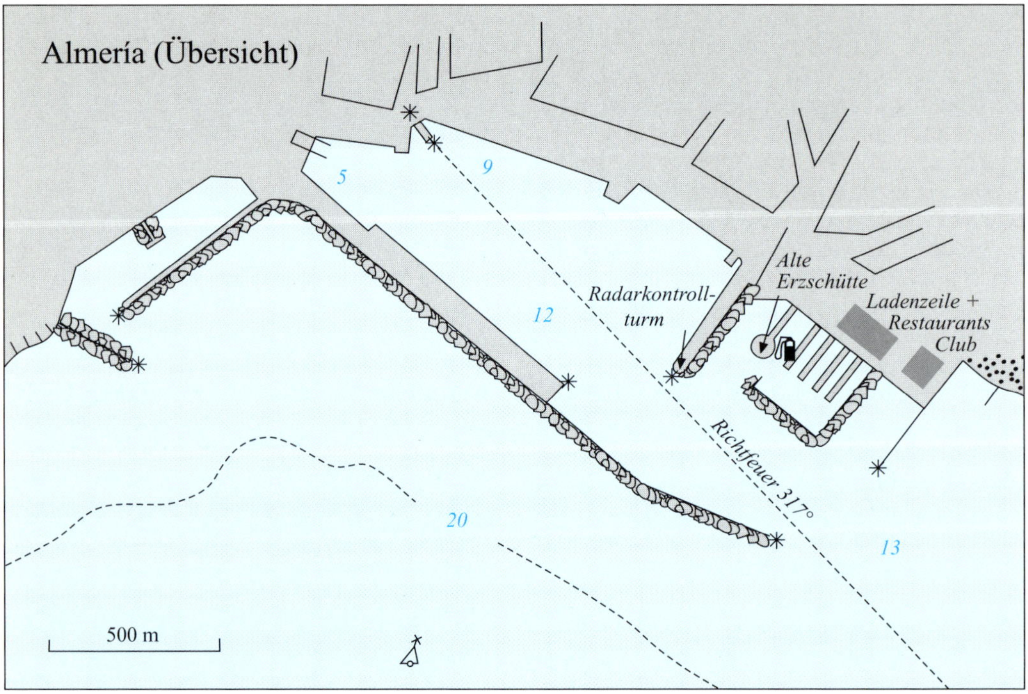

Ausflugstipp: Der Hafen von Almería wird von der Alcazaba, wie schon erwähnt, überragt. Man sollte sich den Besuch der Festung nicht entgehen lassen. Es handelt sich um eine der größten und besterhaltenen Araberburgen auf spanischem Boden. Mit ihren drei Mauerringen bedeckt sie eine Fläche von mehr als vier Hektar. Die äußere Einfriedungsmauer schloss früher das Maurenviertel Almedina ein, in dem bis zu 20 000 Menschen gelebt haben sollen. Es ist mittlerweile einer gefälligen Parkanlage gewichen. Ein innerer Mauerring umgab den Königspalast, den Wachturm (Torre de la Vela) und die ehemalige Moschee, die später als Kapelle dem hl. Johannes geweiht wurde. Dies war der Grundriss der Anlage, die vom Kalifen Abdaraman III. von Córdoba im 10. Jh. anstelle einer Burg aus karthagischer Zeit angelegt worden war, um den bedeutenden Handelshafen von Almería zu schützen. In dieser Form diente sie dann ein Jahrhundert später, als sich das Kalifat Córdoba in Teilreiche aufgelöst hatte, dem König des Reiches Almería als Regierungssitz.

Unterbrochen wurde die arabische Herrschaft für kurze Zeit in den Jahren 1174 bis 1184, als es den Christen vorübergehend gelang, die Alcazaba zu erobern. Nach längerer Belagerung mussten sie sich den Mauren aber wieder ergeben. Während dieser Jahre erbauten die Tempelritter, die maßgeblich an der Rückeroberung der Iberischen Halbinsel durch die Christenheit beteiligt waren, eine Burg auf dem Nachbarhügel der Alcazaba, mit der sie durch eine Mauer verbunden war. Von diesem Castillo de San Cristóbal sind nur Ruinen erhalten, darunter auch die Kapelle der Templer.

Für weitere 300 Jahre blieb die Stadt nun maurisch und trotzte jeder Belagerung durch die Christen, bis es schließlich den katholischen Königen Ferdinand und Isabella 1489 kurz vor dem Fall Granadas gelang, die Alcazaba von Almería einzunehmen. Sie ließen die Burg restaurieren, und damals kam der dritte Mauerring hinzu, der den Bergfried Torre de Homenaje und die Zisternen schützte. Vom Wehrgang aus überblickt man die ganze Stadt und die Bucht von Almería. Das verheerende Erdbeben von 1522 zerstörte die Alcazaba fast vollständig, und sie wurde daraufhin, ihres Zwecks beraubt, nie wieder aufgebaut.

Ein weiteres Meisterstück der Baukunst ist die Kathedrale von Almería, die, hinter Neubauten verborgen, vom Meer aus heute nicht mehr zu sehen ist. Doch kann man sie leicht zu Fuß vom Hafen aus erreichen. Gleich einer Festung wurde um die Mitte des 16. Jh. auf den Ruinen einer früheren Moschee die Kathedrale errichtet. Die Moschee war dem schon erwähnten Erdbeben von 1522 zum Opfer gefallen. Wuchtige Türme und eine rechteckige, ebenfalls turmähnliche Apsis kennzeichnen das strenge Äußere des gotischen Baus. Aufgelockert wird er durch zwei Renaissanceportale. Der Hauptturm blieb unvollendet. Buntes Leben findet man im Fischerviertel Chanca am Westrand Almerías. Die kubischen Häuser sind oft mehr oder weniger in die Felsen hineingebaut und werden so hier und da zu echten Höhlenwohnungen. Leider ist hier aber auch das Zentrum der Drogenkriminalität des Ortes angesiedelt. Ein wenig Vorsicht sollte man schon walten lassen.

Aguadulce

36°49'N002°33'W

Fünf Meilen westsüdwestlich von Almería liegt diese Marina mit knapp 600 Liegeplätzen. Eigentlich ist sie der Yachthafen Almerías. Im glasklaren Wasser des Hafens liegen einige luxuriöse Yachten. Vor steiler Felskulisse gibt es in der gepflegten, weiträumigen Anlage jede Menge Liegeraum für

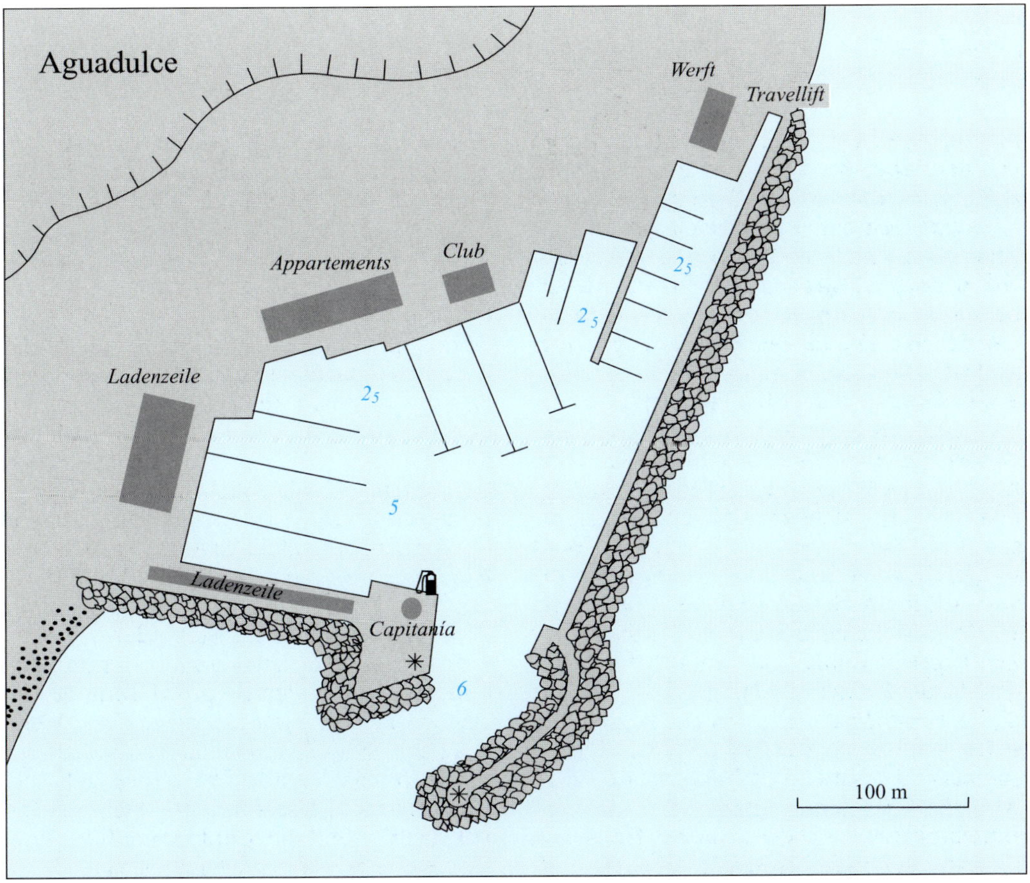

Schiffe praktisch jeder Größe. Bis auf die Stegwurzeln ist das Wasser überall mindestens 2 m tief, und an den meisten Stellen misst es sogar mehr als 4 m. Im nahe gelegenen Ort gibt es Lebensmittel.
Die Anlage ist inzwischen fertig gestellt. Sie beherbergt viele Restaurants und Geschäfte. Es gibt eine gut ausgestattete Werft, die auch mit großen Yachten klarkommt. Die Einfahrt nach Aguadulce liegt am Norden des Strandes von Honda, wo die Felsen der Sierra de Gador schroff ins Meer abfallen. Die Tiefe in der Einfahrt beträgt 6 m. Unmittelbar links der Einfahrt liegen der auffällige Kontrollturm und die Tankstelle. Der Hafen bietet allen erdenklichen Komfort und guten Schutz.

Steckbrief

Für Boote jeder Größe
Moderne Marina mit viel freiem Liegeraum
Tankstelle
Werft
Strom und Wasser am Steg
Lebensmittel im Ort (nahebei)

Roquetas de Mar

36°45'N002°37'W

8 Seemeilen von Almería und 3 Meilen südlich von Aguadulce liegt der bemerkenswerte kleine Fischerhafen Roquetas de Mar. Es ist

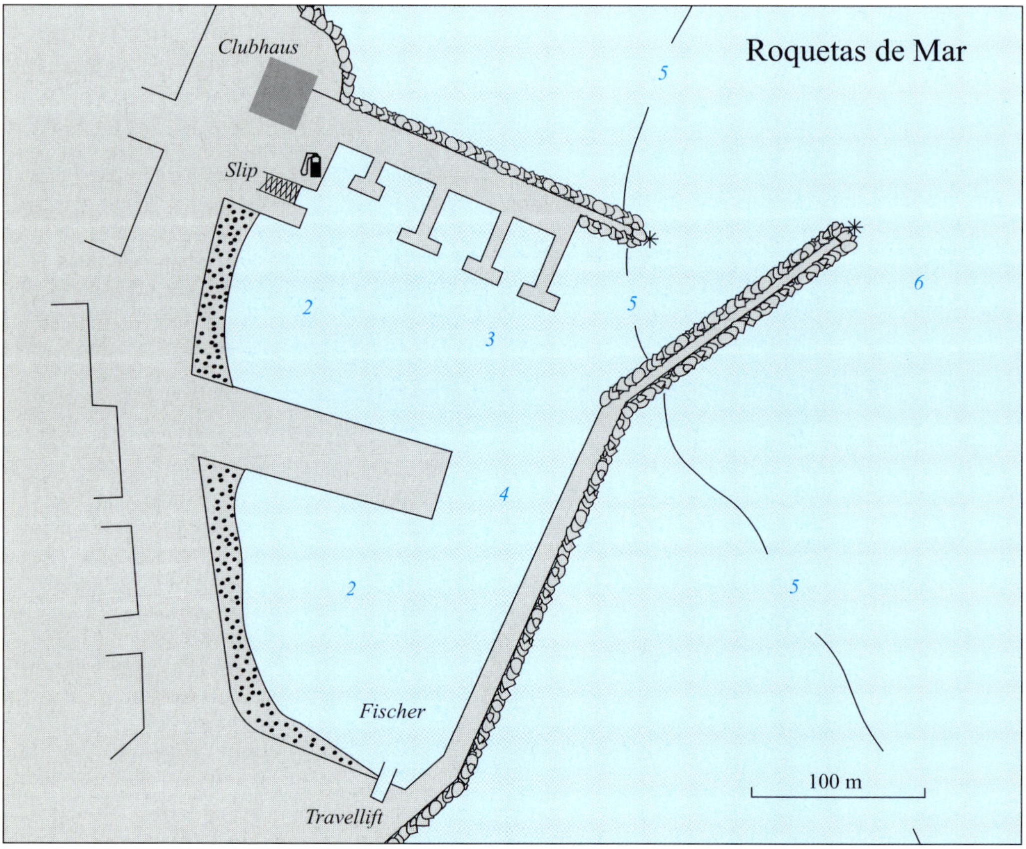

ein stiller, freundlicher Ort mit wunderschönen ausgedehnten Sandstränden zu beiden Seiten des Hafens. Außer bei heftigen Oststürmen ist er sehr gut geschützt. Bei Starkwind aus dieser Richtung kann es an den Stegen des Yachtclubs etwas ungemütlich werden.
An der Innenseite der Nordmole hat sich ein Club Náutico niedergelassen. Das Clubhaus ist nunmehr fertig und die Stege sind mit Murings, Strom und Wasser ausgestattet. Die Anlage bietet Platz für ca. 100 Boote mittlerer Größe. Für eine Nacht liegt man ganz gut an der breiten Mittelmole, die jetzt aber auch mit Muringleinen versehen ist und vom örtlichen Yachtclub bewirtschaftet wird. Dort gibt es jetzt aber auch im Gegensatz zu früher Strom- und Wasseranschluss sowie eine Müllentsorgung. Die Mole bietet auch bei heftigem Ostwind relativ guten Schutz. Der Grund ist am Molenkopf auf 4 m ausgebaggert, und das Wasser ist auch weiter innen noch gut 2 m tief. Der Hafen neigt leider ein wenig zum Versanden, es ist also besondere Vorsicht bei den Tiefenangaben geboten.
Lebensmittel gibt es im Ort. Roquetas de Mar ist ruhig und beschaulich und nur im Hochsommer durch einen neuen, gut ausgebauten Touristenkomplex etwas belebter. Die Region wirkt flach, mit strandnahen Salinen durchsetzt, so dass die Gebäude des Ortes die beste Ansteuerungshilfe sind. Die Hafeneinfahrt ist mehr als 5 m tief. Aber Vorsicht – weit drinnen im Hafen kann es auch recht flach werden.

Steckbrief

Sympathischer, stiller Hafen
Gut für Trailerboote geeignet
Großer Parkplatz
Tankstelle im Club
Lebensmittel im Ort
Wasser am Steg

Almerimar

36°42'N002°47'W

Eine riesige Marina für 1000 Schiffe praktisch jeder Größenklasse (bis 35 m Länge). Zwischen der Punta de las Entinas und der Punta

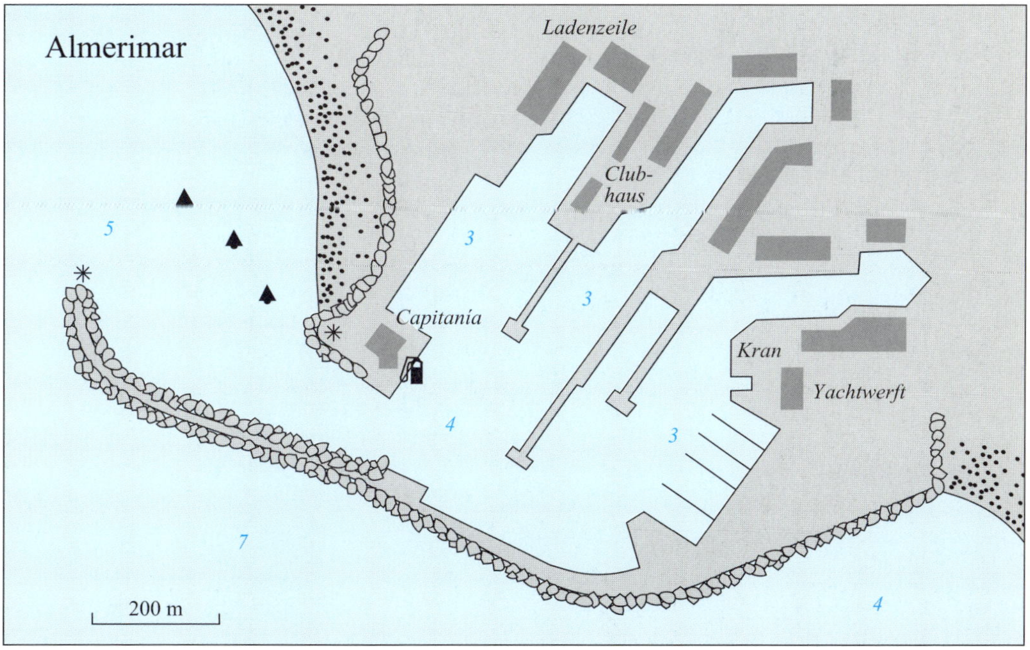

de los Baños, wo die Costa del Sol endgültig beginnt, liegt der Hafen an einer flachen Sandküste. Er ist ein Projekt der Superlative, von dem aus man einen herrlichen Blick auf die bis in den Sommer oder auch länger schneebedeckten Gipfel der Sierra Nevada genießen kann. Die Liegegebühren sind niedriger als in vergleichbaren Anlagen.

Almerimar, eine Retortensiedlung auf freier Fläche, steht in weiten Teilen noch leer. Der Hafen macht aber einen belebten Eindruck, ohne von seiner ursprünglichen Ruhe verloren zu haben. Er ist gepflegt und sympathisch. Noch gibt es nur wenige Geschäfte, und zum Überwintern ist vielleicht manchem zu wenig »los«. Aber für ein durchreisendes Boot empfiehlt sich die Anlage auf jeden Fall.

Die Marina ist mit ihren rot gedeckten Appartementhäusern und dem hübschen runden Kontrollturm des Hafenmeisters schon von weitem gut auszumachen. Die Hafeneinfahrt ist befeuert und mit 5 m Wassertiefe recht tief. Aber Vorsicht, die Einfahrt liegt recht dicht an einem schönen Sandstrand, es muss also damit gerechnet werden, dass er zur Versandung in der Einfahrt neigt. Im Hafenbecken darf man überall mit 3 m Wassertiefe rechnen.

Die Landschaft ist, wie im Golf von Almería, urwüchsig und wüstenhaft trocken, aber von ungewöhnlichem Charme, wenn man das Wilde, Ungezähmte liebt. Insbesondere der Blick auf die Höhen der Sierra Nevada, die sich im Winter und Frühjahr klar vom azurblauen Hintergrund eines makellosen Himmels abheben, vermittelt einen bleibenden Eindruck.

Steckbrief

Für Boote jeder Größe
Moderne, komfortable Marina
Tankstelle
Strom und Wasser am Steg
Lebensmittel im Hafen
Werft
Gut für Trailerboote geeignet

Adra

36°45'N003°01'W

Die knapp 18 000 Einwohner zählende Ortschaft wurde schon von den Phöniziern gegründet, die sie Abdera nannten. In der Nähe des Ortes gibt es schon seit jener Zeit Blei- und Goldminen. Die Erzförderung ist als wirtschaftliche Basis aber vom Fischfang und dem Gemüseanbau verdrängt worden. Der Tourismus spielt – anders als in vielen Teilen Spaniens – eine nur untergeordnete Rolle, was man der etwas verschlafenen Ursprünglichkeit des Ortes anmerkt. Aber auch hier hat natürlich die Moderne in Form einiger Betonbauten Einzug gehalten.

Der Hafen empfiehlt sich nicht unbedingt als Liegeplatz für einen längeren Aufenthalt. Bei Starkwind sollte man ihn sogar meiden, da sich im Hafenbecken leicht Seegang aufsteilt und das Liegen mehr als nur ungemütlich macht. Nicht umsonst haben die Fischer zwei Kajen, an denen sie je nach Windrichtung festmachen, um einigermaßen ruhig liegen zu können. Der örtliche Club Náutico hat zwei Stege, an denen man wohl für eine Nacht ein Plätzchen finden wird. Tiefgehende Yachten sollten sich aber nicht zu weit nach innen wagen, hier steigt der Grund rasch an. Ist es zu voll, kann man vor dem Kopf der Stege ankern oder mit langen Heckleinen vor eigenem Anker an der Innenseite der Außenmole liegen. Man kann z. B. auch an einem Fischerboot festmachen, wenn man sich erkundigt hat, ob es gerade zur Reparatur festliegt. Das Hafenbecken ist überall ca. 4 bis 5 m tief, außer im äußersten nördlichen Zipfel nahe bei der Bootswerft, wo es rasch flacher wird. Da Adra westlich der Punta de los Baños und Cabo Sacratif die einzige größere Ortschaft ist, ist es bei Tage unverwechselbar an seinen Flachbauten zu erkennen. Der Leuchtturm von Adra dicht westlich der Stadt hat ein starkes, 14 Meilen tragendes Feuer. Im Ort gibt es Lebensmittel.

Die Einfahrt ist problemlos zu bewältigen. Es sei nur noch einmal darauf hingewiesen, dass bei starkem Poniente und erst recht bei starkem Levante das Hafenbecken unsicher ist und das Liegen ungemütlich werden kann.

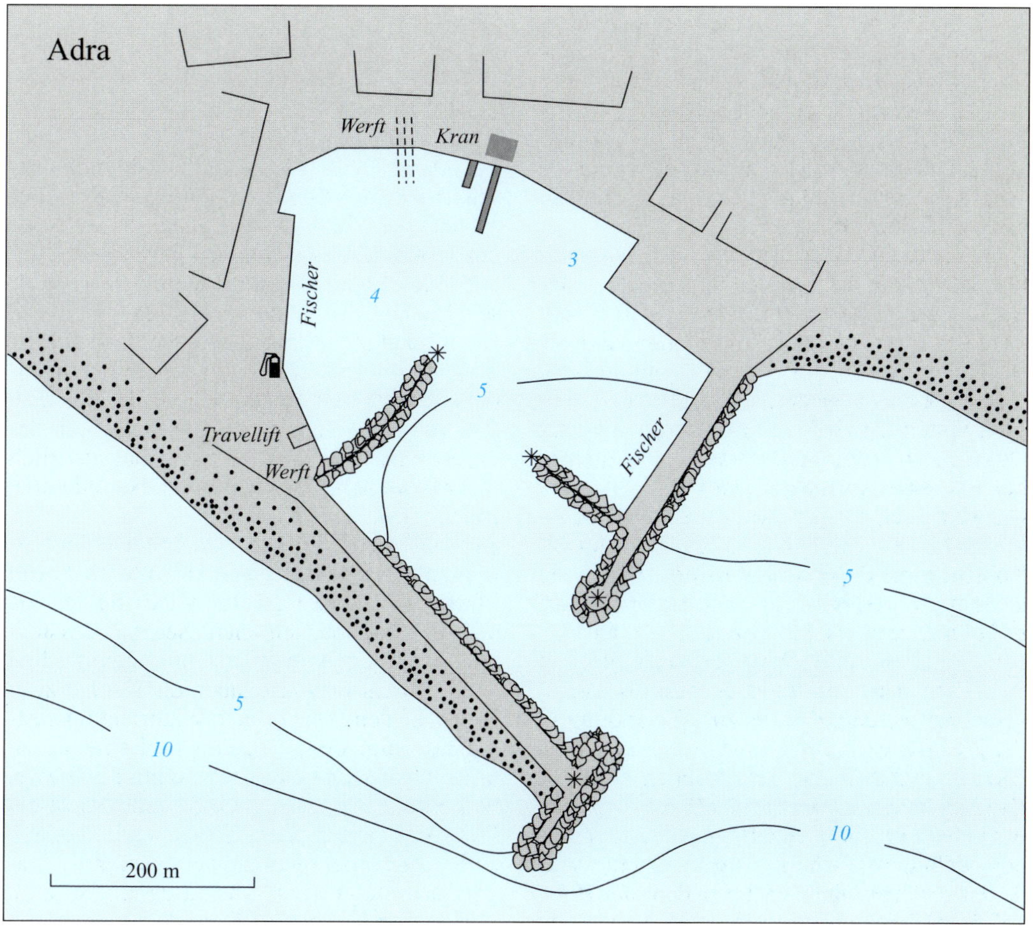

Steckbrief

Für Boote jeder Größe
Lebensmittel im Ort
Wasser und Strom am Steg
beim Club Náutico

20 Meilen westlich liegt das steil abfallende Cabo Sacratif, wo die Gebirgszüge der Sierra Lujon und der Sierra de Jolucár ins Meer streichen.
Das Wasser ist überall bis dicht an die felsige Küste frei von Untiefen und recht tief. Cabo Sacratif ist auch eine gute Ansteuerungshilfe für den 3,5 Meilen westlich gelegenen Hafen von Motril.

Puerto de Motril

36°44'N003°31'W

Ca. 4 km von der eigentlichen Stadt entfernt liegt dieser Kommerz- und Fischerhafen vor der eindrucksvoll aufsteigenden Sierra Nevada. Sie ist vom Hafen aus gut zu sehen, und ihre bis 3500 m hohen Gipfel strahlen bis in den Hochsommer hinein weiß von Schnee, während auf der fruchtbaren Fläche in Meeresnähe tropische Früchte und Zuckerrohr üppig gedeihen. Ein gesegneter Landstrich!
Der Hafen ist ein hervorragender Ausgangspunkt zur Besichtigung Granadas und der Alhambra (ca. 90 Minuten mit dem Bus). In Motril kann das Boot sicher beim Club Náuti-

co liegen. Bequem ist es hier allerdings nicht, da sich im großen Hafenbecken immer ein wenig Schwell bemerkbar macht. Die unmittelbare Umgebung ist industriell geprägt. Versorgungsmöglichkeiten gibt es sehr gute in Hafennähe (östlich bei den Wohnblocks).
Die Leute vom Club Náutico sind freundlich und hilfsbereit. Es liegen hier viele Boote, aber für ein oder zwei Nächte wird man problemlos einen Platz finden. Wenn nicht, kann man an dem kleinen Molenstück, das südwestlich der Clubstege anschließt, gut festmachen. Andere Teile des Hafens – insbesondere der Fischerhafen – sind für Yachten gesperrt.
Der Hafen besteht aus zwei Hafenbecken – ein weiträumiges für die Handelsschifffahrt und ein kleineres für Fischereifahrzeuge. Im Nordwesten des Hafenbeckens hat der Club Náutico zwei Stege gebaut, die ca. 200 Booten Platz bieten. Starker Poniente kann in dem großflächigen Hafenbecken viel Bewegung ins Wasser bringen. Starker Levante kann trotz der Abdeckung durch Cabo Sacratif die Einfahrt in den Hafen gefährlich, wenn nicht unmöglich machen. Solche Lagen kommen aber selten und ausschließlich im Winter vor.
Nicht nur die Alhambra, sondern auch das malerisch auf einem Felsen gelegene Örtchen Salobreña kann man von hier aus gut per Bus besuchen. Der strahlend-weiße, afrikanisch anmutende Ort besitzt mächtige Burgruinen aus maurischer Zeit. Salobreña ist ein richtiges Kleinod inmitten grüner Zuckerrohrfelder und Bananenplantagen, die, vom klaren Schmelzwasser der Sierra Nevada gespeist, geradezu verschwenderisch üppig wuchern.
Bei ruhigem Wetter kann man auch unmittelbar vor der Ortschaft Salobreña bei Tage ankern. Man legt sich dicht westlich eines kleinen, aus der Küstenlinie vorstoßenden Felsens

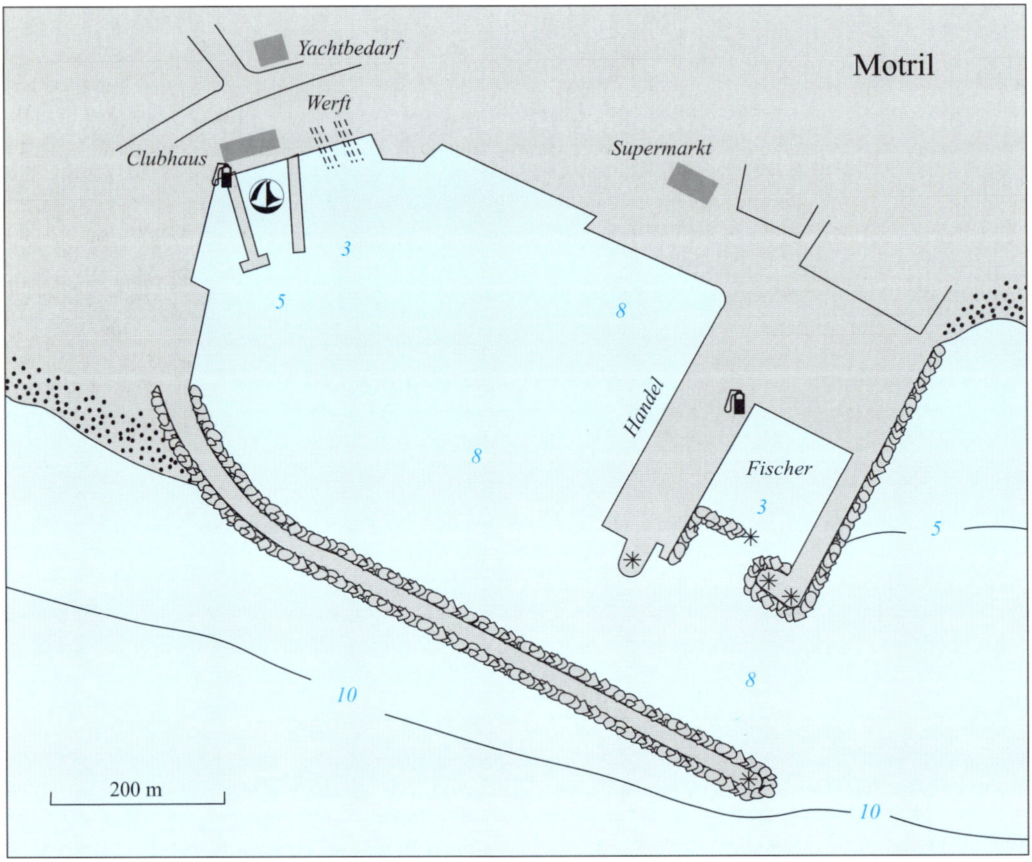

auf 4 bis 5 m Sandgrund. Von hier überblickt man den Sandstrand Salobreñas und kann den Anblick der 9000-Seelen-Stadt genießen.

Steckbrief

Für Boote jeder Größe
Lebensmittel nahe beim Hafen
Tankstelle
Wasser und Strom an den Stegen des Club Náutico

Ausflugstipp: Von Motril sollte man unbedingt einen Ausflug nach Granada machen. Mehrmals täglich fährt ein Bus, der 90 Minuten für die 70 km lange Strecke benötigt. In Granada residierten vom 13. bis 15. Jh. die letzten maurischen Könige auf spanischem Boden. Erst 1492 gelang es den katholischen Königen Ferdinand und Isabella, diese Bastion zu erobern und die Mohammedaner endgültig von der Iberischen Halbinsel zu vertreiben.
Mit der einstigen Palaststadt – der Alhambra – besitzt Granada eine einzigartige Sehenswürdigkeit von Weltrang. Sie ist der Inbegriff maurischer Baukunst und bezaubert vor allem durch das ornamentale Stuckdekor, das Wände und Decken sämtlicher Innenräume nahezu lückenlos überzieht. Vor der Kulisse der schneebedeckten Sierra Nevada erhebt sich das mächtige Bauwerk auf einer Anhöhe über der Stadt. Schön ist der Blick von den Türmen des Palastes.
Berühmt ist der Löwenhof mit den zwölf Wasser speienden Marmorlöwen, die ein Brunnenbecken tragen. Hier befanden sich die Gemächer des Königs. Der angrenzende Generalife wurde im 14. Jh. als Sommerresidenz der Maurenherrscher errichtet und besticht durch die prächtigen Gartenanlagen, die terrassenförmig den Hang überziehen. Nach der Vertreibung der Mauren aus Granada verlor die Alhambra ihre militärische Bedeutung weitgehend. Die weiträumigen Anlagen verfielen, zum Teil dienten sie als Steinbruch für die Häuser der Stadt. Viel bunt gemischtes Volk siedelte sich in den nun leer stehenden Palästen der Maurenburg an. Über 300 Jahre bildete die Alhambra sozusagen eine Stadt in der Stadt, bis zu Beginn des 19. Jh., von napoleonischen Truppen besetzt, viele Anlagen der Alhambra wieder instand gesetzt wurden.
Eine wirklich erstklassige Vorbereitung auf den Besuch der Maurenburg bietet die Lektüre von Washington Irwings *Erzählungen von der Alhambra*. Der amerikanische Schriftsteller lebte jahrelang unter den Menschen der Burg und beschreibt die Geheimnisse und Legenden der Anlage, wie sie ihm von ihren Bewohnern zu Beginn des 19. Jh. nahe gebracht wurden.
Eine weitere Hauptsehenswürdigkeit in Granada ist die Königskapelle (Capilla Real), in der sich das Grabmal der katholischen Könige befindet. Sie wollten am Ort ihres Sieges über die Mauren beigesetzt werden.

Marina del Este

36°44'N003°43'W

Eine neu errichtete, sehr schön gestaltete Marina für 228 Boote bis 30 m Länge. Der ganze Komplex ist harmonisch eingegliedert in eine größere Ferienhaussiedlung, die sich oberhalb des Hafens den Hang hinaufzieht. Besonders auffällig ist die Bebauung, die sich nahtlos in den üppigen Pflanzenbewuchs einfügt, der hier besonders gepflegt wirkt. Gefallen hat uns der nette Bergpark mit tropischen Pflanzen, der auf dem in den Hafen integrierten Inselchen angelegt wurde.
Der Hafen ist besonders ruhig und auf internationales Publikum eingestellt. Er liegt am westlichen Ende einer weiträumigen, strandlosen Bucht unter 80 m hohen Felsen. Er bietet allen Komfort inklusive Schiffsausrüster, Boutiquen und Restaurants. Dabei wirkt er keineswegs überfüllt, und bestimmt ist es ein Platz, den man sich merken sollte.
Marina del Este liegt an der Westseite der Bucht von Almuñécar ca. 0,5 Meilen nordöstlich der Punta de la Concepción (auch Punta de la Mona genannt). Almuñécar, an den Ausläufern der Sierra de la Almijara gelegen, war schon im Altertum eine Hafenstadt und diente später dem maurischen Königreich von Gra-

nada als Ausfuhrhafen. Hafenanlagen hat der eigentliche Ort nicht mehr. Man kann dicht westlich oder östlich der Punta de San Cristobal – so heißen die drei kleinen, Almuñécar vorgelagerten Inselchen – je nach Windrichtung ankern. Die 5-m-Linie führt nahe an den Felsen heran und das Wasser wird dann schnell tiefer. Die Einfahrtstiefe von Marina del Este beträgt 4 m, und an allen Liegeplätzen darf man mit rund 3 m Wasser rechnen.

Steckbrief

Für Boote jeder Größe
Strom und Wasser am Steg
gut geeignet für Trailerboote
Werft
Tankstelle
Lebensmittel im Hafen

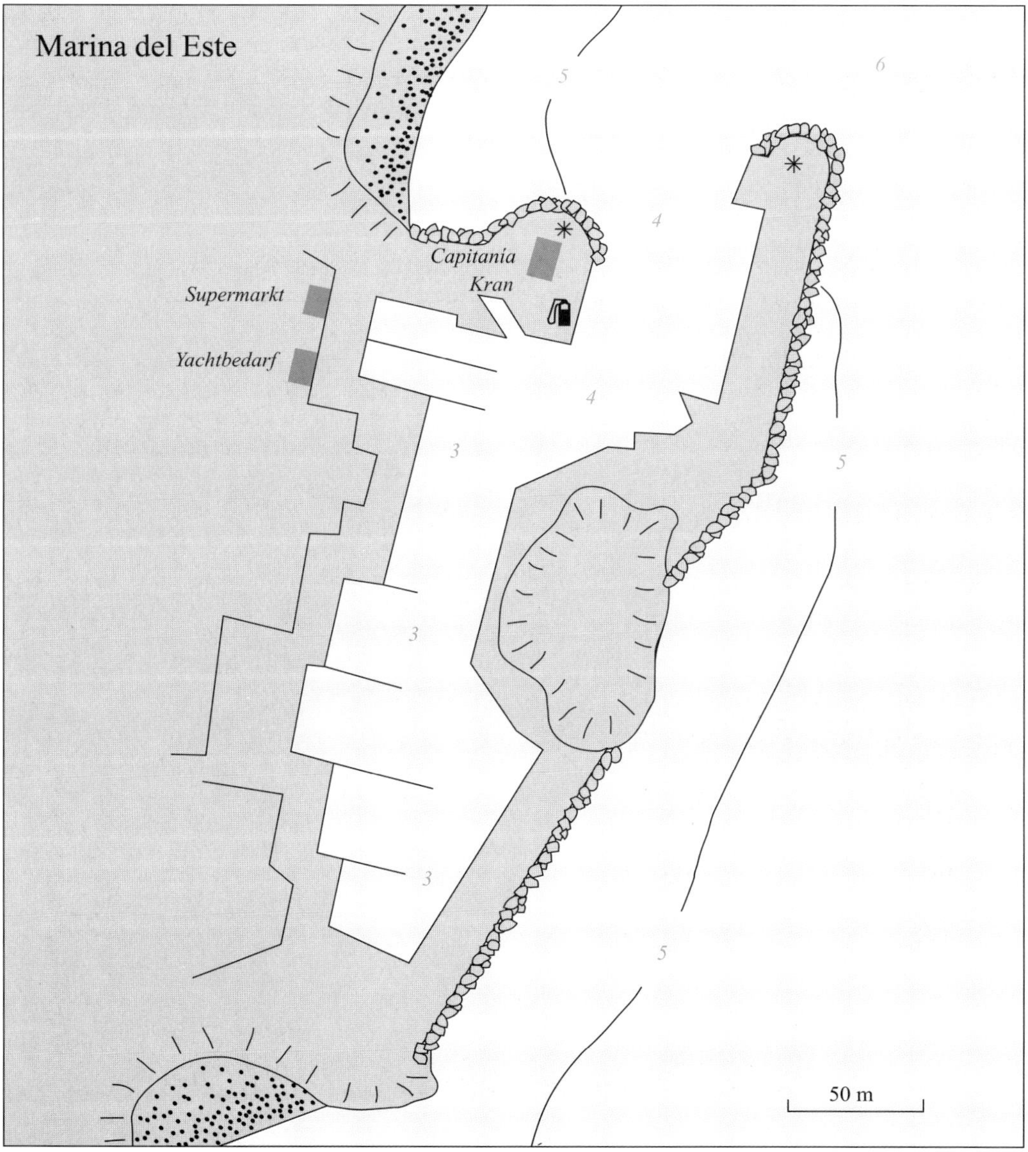

Ausflugstipp: Mit dem Wagen lassen sich einige nette Ausflüge ins Hinterland unternehmen, z. B. zur Tropfsteinhöhle bei Nerja. Dazu folgt man der Küstenstraße etwa 20 km nach Westen in Richtung Málaga und richtet sich kurz vor dem Städtchen Nerja nach der Beschilderung, die zur Cueva weist. Im Kalkstein der westlichen Ausläufer der Sierra Nevada sind durch Erosion fantastische Tropfsteinformen entstanden (Stalakmiten und Stalaktiten). Im »Saal des Erdrutsches« (Sala del Cataclismo) hat sich vor Tausenden von Jahren ein zu schwer gewordener Tropfstein von der Decke gelöst und ist am Boden zerborsten. Aus Höhlenmalereien sowie aus Funden von Knochen und verschiedenen Gerätschaften schließt man, dass die Höhle in vorgeschichtlicher Zeit bewohnt war. Heute wird der große Kaskadensaal als Bühne für Ballettaufführungen und Folkloreveranstaltungen genutzt.
Ein weiterer Abstecher führt ins nahe Torrox. An der Küstenstraße nach Málaga, wenige Kilometer westlich von Nerja gelegen, befindet sich der Ort. Direkt hinter dem Rio Torrox weist zur Linken ein Schild auf die römischen Ausgrabungen hin. In unmittelbarer Küstennähe wurden hier zu Beginn des 20. Jh. einige interessante Entdeckungen gemacht. Auf dem Felsvorsprung, wo heute der Leuchtturm steht, befand sich kurz nach Beginn unserer Zeitrechnung eine römische Villa. Mehrere Zimmer, gruppiert um einen Innenhof, wurden ausgegraben. Wände und Fußböden sind mit Mosaiken und Malereien bedeckt. Getrennte Räume für heiße, warme und kalte Bäder waren vorhanden. Neben der Villa lag eine Fabrik, die Fische verarbeitete. Im 4. Jh. legte man auf ihren Überresten einen Friedhof an, und die Lagerbecken für die Fische wurden als Steinsärge benutzt. An der heutigen Strandpromenade befand sich eine Keramikwerkstatt, zwei Öfen sind noch zu besichtigen.

Vélez (Torre del Mar)

36°44'N004°04'W

Es ist ein Fischerhafen mit einem schönen Blick auf das steile Gebirge. Die Versorgung im Ort ist gut. 300 Yachten finden an vier

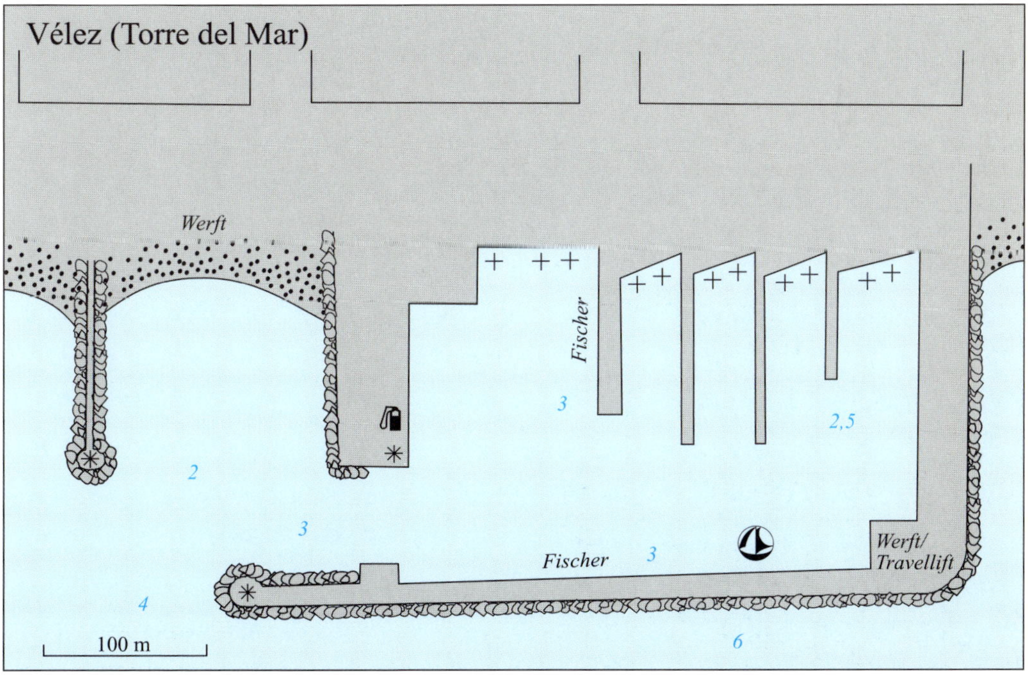

Stegen Platz. 30 Meilen östlich von Málaga im Scheitelpunkt der Bucht von Vélez-Málaga versteckt sich dieser ursprünglich als reiner Fischereistandort konzipierte Hafen.
»Verstecken« ist die richtige Bezeichnung, denn von See her ist er kaum auszumachen. Am besten orientiert man sich an den hohen Häusern des Touristenortes Torre del Mar, der ca. 1,5 Meilen westlich des Hafens liegt.
Vor westlichen (aber nicht vor östlichen) Winden ist das Hafenbecken wie die ganze Bucht gut abgeschirmt und geschützt. Die Einfahrtstiefe beträgt etwa 3 m, an den Bootsstegen rund 2 bis 2,5 m.

Steckbrief

Werft
Lebensmittel in Hafennähe
Yachtbedarf ca. 400 m vom Hafen an der Hauptstraße
Strom und Wasser am Steg

Málaga

36°43'N004°25'W

Málaga hat als eine der größten spanischen Städte dem Durchreisenden einiges zu bieten. Leider ist der Stadthafen für Yachten aber recht wenig geeignet, da außer bei dem kleinen Club Náutico praktisch keine Möglichkeit zum Festmachen gegeben ist. Das Bassin des Clubs ist hübsch und mit 5 m Wassertiefe überall auch für größere Yachten gut geeignet. Nur ist in der Regel der gesamte Platz voll belegt, und man wird Schwierigkeiten haben, einen anderen, vernünftigen Platz zu bekommen. Man kann es am inneren Teil der Handelskaje, der Muelle Adosado, vor Buganker und Heckleinen zur Pier versuchen. Insbesondere bei größeren Yachten werden die Hafenoffiziellen ein Einsehen haben.
Der Fischerhafen ist zu voll, um einen Platz zu erhaschen – außer vielleicht an der Außenseite der nördlichen Fischermole. Bei schlechtem Wetter verbietet sich aber dieser Platz, wie überhaupt das Liegen in Málagas Stadthafen recht unruhig sein kann.
Wahrscheinlich ist es das Beste, will man die Stadt besuchen, die 8 Meilen entfernte Marina von Benalmádena anzulaufen, wo das Schiff bewacht liegt. Von dort kann man den Bus nach Málaga nehmen, denn der Besuch der Stadt lohnt auf alle Fälle.
Bei Tag wie bei Nacht ist das Anlaufen Málagas unproblematisch. Tagsüber sind die mächtigen Molen weit sichtbar, und die wuchtige Kathedrale weist unmissverständlich darauf hin, dass man es mit einer der größten spanischen Hafenstädte zu tun hat. Bei Nacht wird die Hafenbefeuerung meist von den vielen Lichtern der Stadt überlagert oder zumindest verfälscht. Aber man kann sich grob daran orientieren, dass die Molen schon sehr weit sichtbar sind. Insbesondere die südwestlich des Hafens gelegenen Raffinerieanlagen sind grell beleuchtet und werfen beim Näherkommen viel Lichtschein auf die Hafenanlagen.
Dank der weit ins Meer gebauten Schutzmolen und der großen Einfahrtstiefe von ca. 14 m ist der Hafen wie kaum ein anderer geeignet, auch bei Starkwind problemlos angelaufen zu werden. Die hinter den schützenden Molen gelegene Wasserfläche bietet genug Manövrierraum, um auch unter Segeln problemlos einlaufen zu können. Sowohl seemännisch als auch kulturell wäre Málaga als idealer Anlaufpunkt zu empfehlen, wenn es nicht gerade hier das so leidige Liegeplatzproblem gäbe.

Steckbrief

Für Boote jeder Größe
Großstadthafen mit sehr wenig freiem Liegeraum für durchreisende Yachten
Tankstelle
Lebensmittel im Ort
Strom und Wasser beim Club Náutico
Wasser auch an der Fischhalle (muss in Kanister gefüllt werden, da Anlegen unmöglich)

Ausflugstipp: Wenn Málaga auch nicht mit der Fülle von Sehenswürdigkeiten wie Sevilla oder Granada aufwarten kann, so birgt es doch mit der Alcazaba das vollständigste Baudenkmal aus der Frühzeit der maurischen Herrschaft. Ein Spaziergang führt zu der auf einer Anhöhe im Osten der Stadt gelegenen Anlage. Über den Resten einer römischen Festung ließen die Kalifen von Córdoba im 9. Jh. erneut eine Burg errichten. Innen wurde sie später zum Palast ausgestaltet und diente zuerst den Stadthaltern des Kalifen, später den Herrschern des unabhängigen Königreichs Málaga als Residenz. Der dreifache Mauerring umschloss sowohl die Verteidigungsanlagen mit Munitions- und Lebensmitteldepots, Zisternen und Soldatenunterkünften als auch den Palast mit Wohnräumen, Moscheen und Gärten. Selbst monatelange Belagerung konnte das Leben in der Alcazaba kaum beeinträchtigen. In christlicher Zeit verfiel die Anlage allmählich und wurde zuletzt von Obdachlosen besiedelt. Seit 1933 hat man sie jedoch originalgetreu restauriert, und sie steht heute unter Denkmalschutz. Auch die reizvollen Gärten werden wieder gepflegt. Die Palastgebäude gruppieren sich um drei blumengeschmückte Innenhöfe mit schlanken Säulenreihen, maurischen Hufeisenbögen und gekachelten Wasserbecken. Lohnend ist auch ein Rundgang auf den Befestigungsmauern.

Oberhalb der Alcazaba erhebt sich, durch einen Korridor mit dieser verbunden, die Burg Gibralfaro – ebenfalls eine maurische Festungsanlage, deren Name (Djebl = Berg, Pharos = Leuchtturm) auf den ehemals hier vorhandenen Leuchtturm hinweist. Ausgrabungen haben gezeigt, dass sich hier schon in phönizischer Zeit eine Festung befand. Der

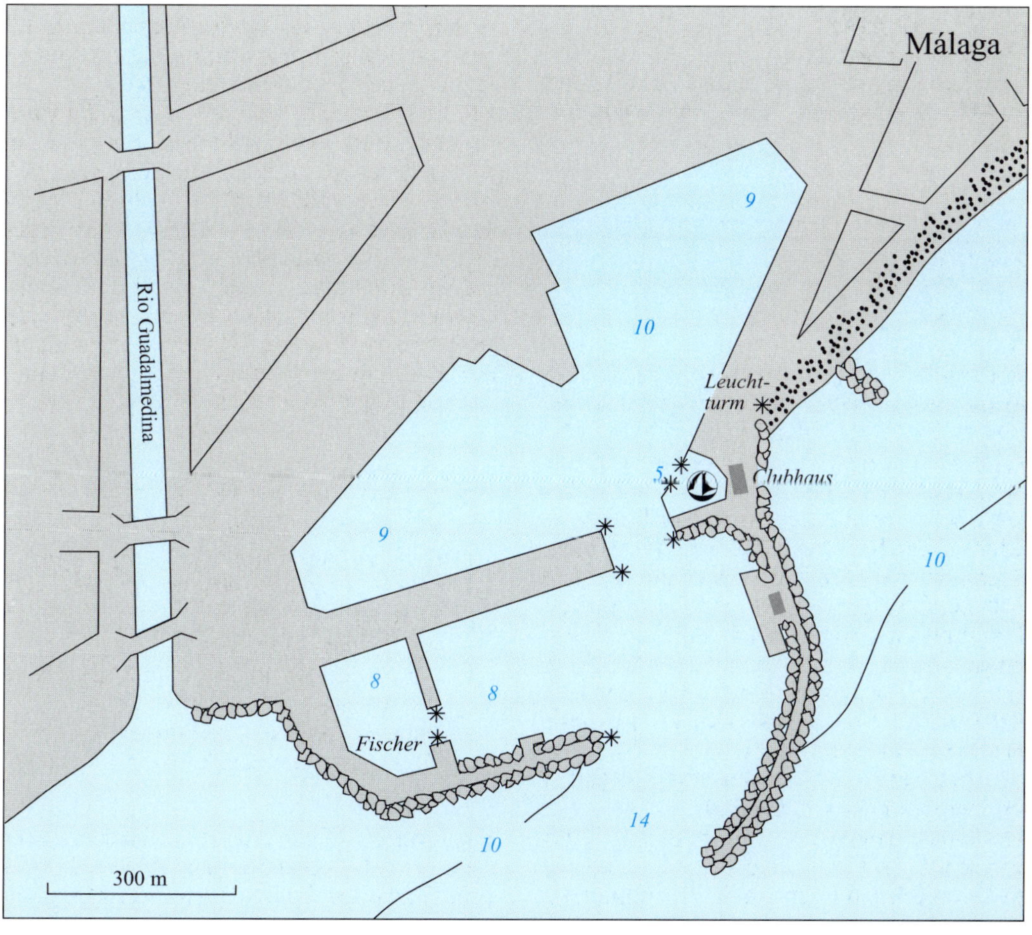

heute nur noch in Ruinen erhaltene Bau entstand im 14. Jh. zum zusätzlichen Schutz der Stadt vor Angreifern mit neuartigen Geschützen. Es gibt keinen direkten Aufstieg von der Alcazaba zum Gibralfaro, so dass Fußgänger die Zufahrtsstraße benutzen müssen. Auf den Mauern kann man um die Burg herumspazieren und den unvergesslichen Rundblick auf Stadt, Hafen und die Costa del Sol genießen.
Lohnend ist auch ein Rundgang durch Málagas Altstadt, die sich zu Füßen der Festungsanlagen direkt hinter dem Hafen erstreckt. Mittelpunkt der Altstadt und beherrschendes Bauwerk ist die Kathedrale. 1538 begann man am Platz der ehemaligen Hauptmoschee mit den Bauarbeiten, doch zerstörte das Erdbeben von 1680 den ersten Bau. Der einzige Turm konnte schließlich erst 1783 eingeweiht werden. Heute spiegelt die Kathedrale, wie so viele andere in ihrem Stilgemisch aus gotischen, Renaissance- und Barockelementen, die Unregelmäßigkeit der Erbauung wider.
Schräg gegenüber der Kathedrale steht der Bischofspalast (Palacio Episcopal) mit seiner reich geschmückten Barockfassade aus dem 18. Jh. Im Innern befindet sich ein Museum mit kirchlicher Kunst, wo auch einige Werke Pablo Picassos zu sehen sind, der 1881 in der Altstadt von Málaga geboren wurde.

Benalmádena

36°35'N004°33'W

Knapp 2 Meilen südlich Torremolinos, das selbst keinen Hafen hat, ist diese technisch

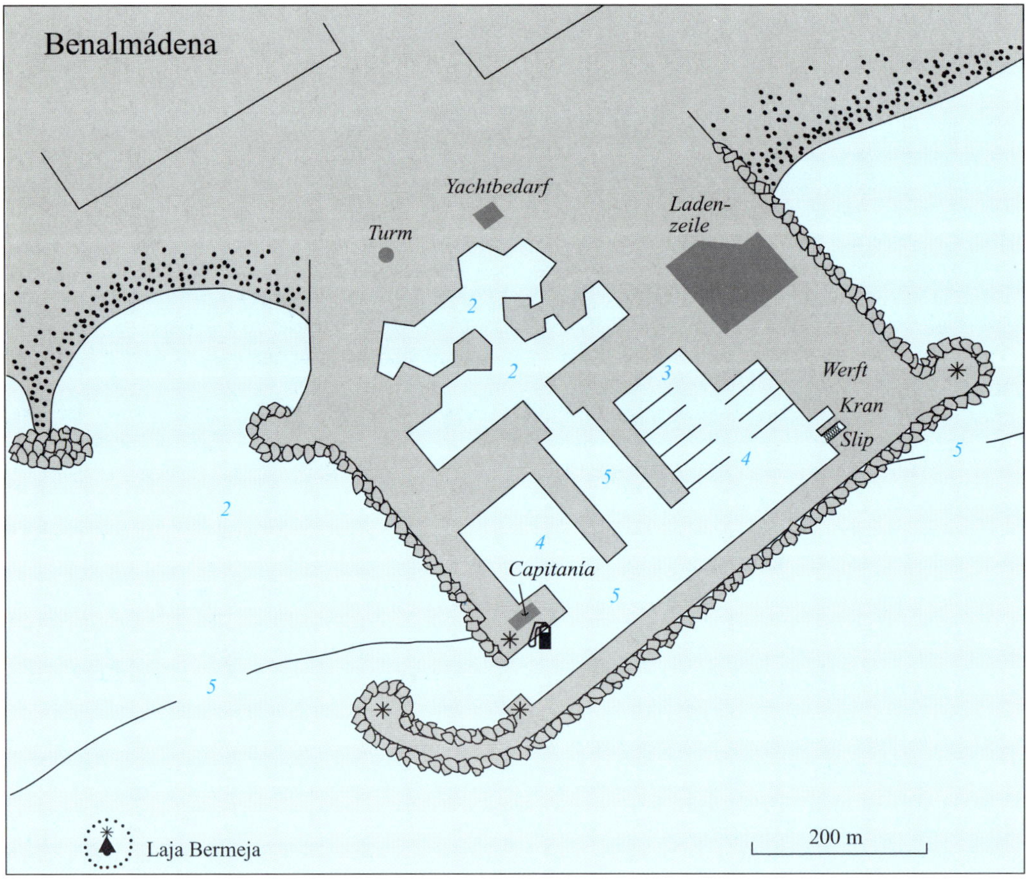

perfekte Marina entstanden. Es ist ein guter Platz, um für eine Besichtigung Málagas das Boot allein liegen zu lassen. Für einen längeren Aufenthalt empfiehlt sich der Hafen aber wohl nur demjenigen, der am bewegten Leben einer südlichen Großstadt Gefallen findet und daran teilnehmen möchte. Dann ist es ein erstklassiger Platz auch zum Überwintern, denn das Klima ist, wie an der ganzen Costa del Sol, im Winter sehr mild. Die schöne Bergwelt ringsum gereicht dem Platz zur Zier. An den Appartementhochhauskomplexen hinter dem Hafen sollte man sich deshalb nicht stören. Hier spürt man eben, dass rund um Málaga die Costa del Sol der Touristenanimation liegt.

Es ist Platz für knapp 1000 Yachten bis zu 3,5 m Tiefgang vorhanden. Die neue Marina bietet guten und komfortablen Schutz. Über das Aussehen der hier nahe bei Torremolinos hochgeschossenen Bettenburgen kann man geteilter Meinung sein, aber der interessante maurisch geprägte Baustil des Hafens beeindruckt. Technisch ist er gut ausgestattet. Bei der Einfahrt, die ca. 5 m Wassertiefe hat, aber angeblich leicht zum Versanden neigt, muss man auf die 200 m südwestlich der Außenmole vorgelagerte Untiefe Laja Bermeja achten. Hier pflegen sich häufig – insbesondere natürlich bei Starkwind aus Ost – die Seen aufzusteilen und über der nur 2 m messenden Untiefe zu brechen. Eigentlich ist sie betonnt, aber verlassen sollte man sich darauf nicht.

Sucht man einlaufend an der Innenseite der Hafenmole an Steuerbord einen Liegeplatz, muss man mit starker Wasserbewegung bei heftigen westlichen Winden rechnen. Die Plätze in der Hafenmitte sind davon nicht betroffen, weshalb man sich vom Hafenkapitän möglichst hier ein Plätzchen zuweisen lassen sollte. Eine gute Werft mit viel Bootslagerfläche bietet ihre Dienste an.

Steckbrief

Für Boote jeder Größe
Technisch perfekte Marina
Strom und Wasser am Steg
Werft, Treibstoff
Lebensmittel im Hafen oder nahe beim Ort, Bootsbedarf

Fuengirola

36°33'N004°37'W

Zwischen Benalmádena und Fuengirola sieht man im Hinterland groß und wuchtig die Sierra de Mijas, die mit ihren mehr als 1100 m hohen Bergkämmen die Gegend beherrscht. Um Fuengirola zu finden, orientiert man sich am besten an den vielgeschossigen Hochhäusern. Die gewaltigen Wohnblocks in der Nähe der Marina sind runde Türme und als solche unverwechselbar. Zwei Meilen südlich steht das Leuchtfeuer Punta de Callaburros, dort wo die Küste von ihrer Nordost-Südwest-Richtung nach West abknickt.

Die Hafeneinfahrt ist gut befeuert. Sie ist nach Nordost gerichtet und hat ca. 4 m Wassertiefe. An allen etwa 400 Liegeplätzen findet man rund 3 m Wasser vor. Eine halbe Meile nordöstlich der Hafeneinfahrt befindet sich ein 2 m tiefes Flach, das man wegen möglicher Brecherbildung bei grober See unbedingt meiden muss. Bei östlichem Starkwind kann die Einfahrt heikel, wenn nicht gar gefährlich werden. Benalmádena ist unter solchen Bedingungen leichter anzulaufen. Im Extremfall wähle man am besten Málaga trotz der dortigen Liegeplatzknappheit.

Fuengirola ist eine recht bekannte »Urlaubsfabrik«, in die es besonders Skandinavier und Briten zieht. Appartementhäuser beherrschen das Bild. Der Hafen ist eine moderne, staatlich errichtete Marina mit einigem Platz für Fischerboote. Die Ladenzeile hinter dem Hafen wirkt mit ihren vier syrischen Minaretten etwas operettenhaft, ist aber nicht ohne Originalität. Die Stimmung von *Tausend und einer Nacht* wird einem einem von hier an noch öfter begegnen.

Man wird in dem recht gut gefüllten Hafen wohl immer einen Platz finden, aber Vorsicht an der Außen- und Innenmole: Hier liegen Steine dicht unter der Wasseroberfläche, man braucht also lange Leinen zum Land. Fuengirola ist ein guter Platz, um sein Boot liegen zu lassen und mit dem Bus nach Málaga zu fahren, um die Stadt zu besichtigen.

Die Liegegebühren sind günstig: Für ein 10-m-Schiff zahlt man in der Hochsaison ca. 1500 Ptas. pro Tag zuzüglich Mehrwertsteuer (16 %) und im übrigen Jahr 850 Ptas. Besonders auffällig ist, dass trotz des Touristenrummels in der Gegend der Hafen selbst recht ruhig liegt. Die günstigen Liegegebühren erklären sich aus der Geschichte des Hafens. Es ist keine private Marina, sondern ein vom spanischen Staat errichteter und betriebener Sportboothafen. Für das zitierte 10-m-Boot kostet der Jahresliegeplatz nur rund 300 000 Ptas. zuzüglich Mehrwertsteuer.

Steckbrief

Für Boote jeder Größe
Staatlicher Sportboothafen
Günstige Tarife
Strom und Wasser am Steg
Tankstelle
Lebensmittel im Ort
Werft

Ausflugstipp: Wenn man vom Hafen zu Fuß ca. 2,5 km dem Strand folgt, trifft man am südwestlichen Stadtrand jenseits des Flusses auf die Ruinen einer prächtigen Maurenburg. Auf einem Hügel in unmittelbarer Küstennähe gelegen, überragt das Castillo die Stadt. Einst nannten die Phönizier das heutige Fuengirola Sohail nach dem gleichnamigen Stern, den wir Canopus nennen und den man von hier angeblich gerade noch klar sehen konnte. Abderrahman III., Kalif von Córdoba, ließ im 10. Jh. die Burg zum Schutze der Pilgerstraße nach Mekka erbauen. Die maurischen Pilger schifften sich zu jener Zeit in Algeciras nach Afrika ein. Die Burg erhielt wie die Stadt den Namen Sohail. Sie war ein typisches Beispiel für die maurischen Klosterfestungen, die von den Morabit bewohnt wurden, einem fanatischen Mönchsorden, der etwa mit den christlichen Ritterorden vergleichbar war. Sie waren bereit, für ihren Glauben jederzeit zu kämpfen und ihr Leben zu lassen.

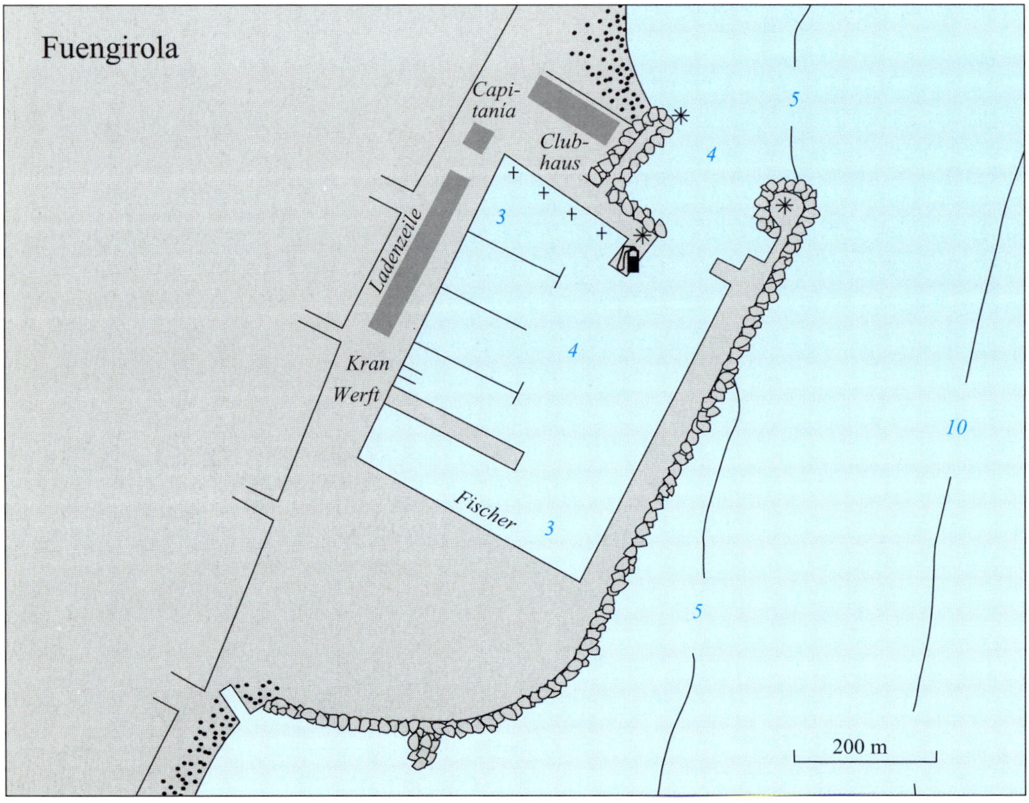

Nach der Rückeroberung Fuengirolas durch die christlichen Heere wurde die Burg Sohail im 16. Jh. zu einem Kastell umgebaut und diente als Bollwerk gegen Piratenüberfälle. Während der Napoleonischen Kriege diente sie französischen Truppen als Quartier. Vor ihrem Abzug machten die Franzosen ihre Geschütze unbrauchbar und vergruben sie am Strand. Vor ein paar Jahren hat man einige der ausgegrabenen Kanonen auf der Burgmauer aufgestellt.

Puerto Cabopino

36°29'N004°44'W

Der Hafen einer kubischen Urbanización ist landschaftlich besonders reizvoll gelegen. Obgleich die viel befahrene Küstenautobahn unmittelbar hinter der Feriensiedlung vorbeiführt, kommt es einem so vor, als liege man inmitten reinster Natur. Nichts als grüne Pi-

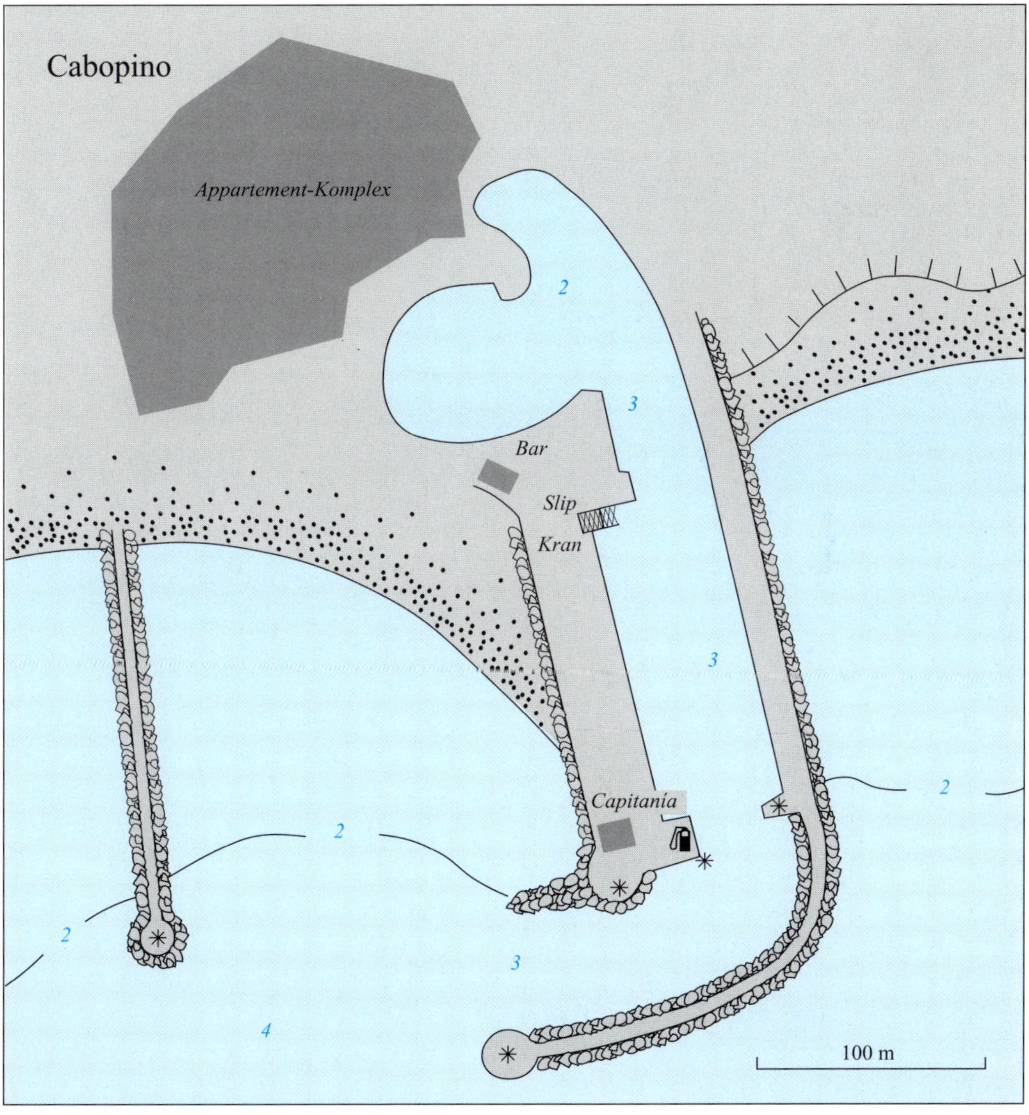

nien wachsen auf den Hügeln ringsum. Südwestlich angrenzend kann man einige Dünen ausmachen, auf denen einsam ein alter maurischer Signalturm wacht. Ein empfehlenswerter Platz für denjenigen, der Ruhe sucht. Auch zum Überwintern ist er nicht schlecht geeignet. Während der Saison ist der Hafen regelmäßig von den schnellen Motorbooten der Bewohner der Feriensiedlung stark belegt. Die Einfahrt – obgleich bei Tage gut auszumachen – hat ihre Tücken. Sie reicht dicht an recht flaches Wasser heran und neigte zumindest früher stark zum Versanden. Deshalb wurde ein weit ins Meer reichender Wellenbrecher gebaut. Ob er der Versandung Einhalt gebieten wird, bleibt abzuwarten. Man sollte bei der Einfahrt jedenfalls Vorsicht walten lassen.

Wenn ordentlich gebaggert wurde, liegt die Einfahrtstiefe bei gut 3 m. Bei starkem Poniente ist die Einfahrt allerdings so oder so zu riskant. Im Hafen liegt man sehr gut geschützt. Im hinteren Teil wird es mit weniger als 2 m flach, aber weiter zur Einfahrt hin gibt es überall ca. 3 m Wasser. Obwohl der Hafen befeuert ist, sollte man es tunlichst vermeiden, ihn bei Dunkelheit anzulaufen. Wegen seines begrenzten Manövrierraums ist er für Schiffe von mehr als 10 bis 11 m Länge nur bedingt zu empfehlen.

Steckbrief

Für Boote bis 11 m Länge
Schöner, kleiner Hafen in natürlicher Umgebung
Strom und Wasser am Liegeplatz
Kran (10 t)
Tankstelle
Lebensmittel in der Urbanización

Marbella

36°30'N004°52'W

Direkt vor den Häusern des Ortes liegt der erstaunlich klein wirkende Hafen. Man könnte ihn mit seiner hübschen Palmenallee und wegen des vielen freien Platzes schon für be-

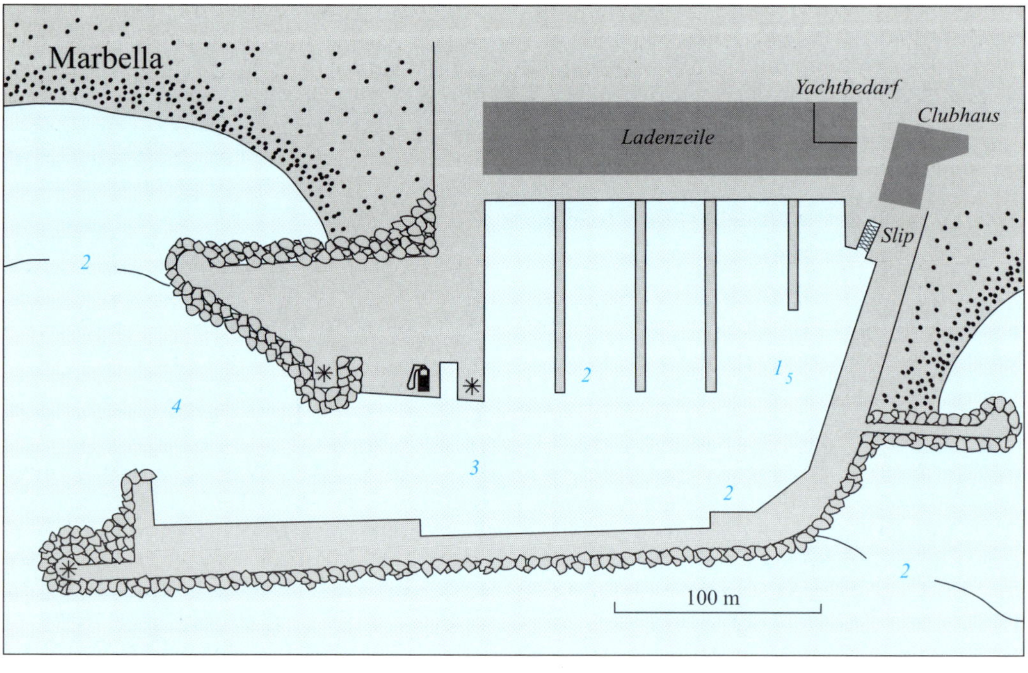

schaulich halten. Phänomenal in dieser touristisch stark frequentierten Stadt! Den Hafen zu finden ist angesichts der vielen ins Meer hinaus gebauten Molen nicht so einfach, viele dieser Sandfänger sehen aus wie Hafenmolen. Dort, wo der auffällige 35 m hohe Leuchtturm steht, ist der Yachthafen. So kann man ihn auch nicht mit dem knapp 1 Meile östlich liegenden Fischerhafen verwechseln, der ausschließlich den einheimischen Fischern vorbehalten ist.
Der weltweit bekannte Badeort Marbella ist von See her gut auszumachen. Die eindrucksvolle, mehr als 1200 m hohe Sierra de Marbella erhebt sich direkt hinter der Stadt.
An der Stelle, wo heute der Ort liegt, hatten schon die Phönizier einen Handelsstützpunkt angelegt. Ihnen folgten Griechen, Römer und Mauren, die sich hier verewigt haben und von deren Präsenz noch viele Mosaiken, Türme und Festungen zeugen. Man muss jedoch in dem stark vom modernen Tourismus geprägten Ort nach diesen geschichtlichen Kleinoden suchen.
Nach modernen, zum Teil lautstarken Vergnügungen dagegen braucht man sich indes nicht lange umzusehen – man fällt buchstäblich darüber.
Westlich des Sportboothafens liegt der luxuriöse Stadtteil Nueva Andalucia, der mit seinen zum Teil ziemlich exzentrisch anmutenden Bauten im orientalischen Zuckerbäckerstil jedes Jahr aufs neue Prominente aus aller Herren Länder anzieht. Luxus, wohin das Auge blickt!
Wenige Kilometer landein dieser Glamourwelt liegt an den Hängen der Sierras ein sehr ursprüngliches Land. Zuckerrohrfelder, Gemüse- und Baumwollfelder, einige Bananenpflanzungen prägen das Bild. Hier spürt man wie kaum sonst irgendwo an der Küste Spaniens, welche enormen Gegensätze das Land birgt.
Marbellas Bootshafen ist eher für kleinere bis mittlere Boote konzipiert worden. Man findet an den Stegen Wassertiefen von 1,5 m bis 2,5 m, an der Innenseite der Hafenmole kann man mit wenig mehr als 3 m rechnen. Bei starkem Südwest- bis Westwind soll die Einfahrt unpassierbar sein und stark zum Versanden neigen.

Steckbrief

Für Boote bis 13 m Länge
Marbellas Stadthafen
Strom und Wasser am Steg
Tankstelle
Lebensmittel im Ort
Slip und Kran
Werft eine Meile östlich (Fischerhafen)

José Banús

36°29'N004°57'W

Eine der ältesten Marinas des Mittelmeerraums und wohl die älteste in Spanien. Es ist in vieler Hinsicht ein Hafen der Superlative, insbesondere was einige hier beheimatete Yachten angeht. Viele Boutiquen und Restaurants, einige für ihre gute Küche bekannt, laden ein. Der Hafen liegt vor einer schönen, bergigen Landschaft und bietet allen erdenklichen Komfort. Ganz entgegen der Erwartung sieht die Bucht von Marbella vom Meer aus betrachtet gar nicht so zugebaut aus. Yachten praktisch aller Größen werden hier problemlos einen Liegeplatz finden. Nur bei Dampfern mit Hubschrauberlandeplattform könnte es eng werden.
Die Preise des Hafens liegen übrigens innerhalb des Üblichen in der Gegend. Fünf Meilen westlich Marbellas liegt die Marina, die man als die heimliche Königin unter den Häfen der Region bezeichnen könnte. Zu finden ist der 1,5 Meilen westlich der Mündung des Rio Verde erbaute Hafen leicht, sowohl bei Tag als auch bei Nacht.
Die Bauten in der Marina sind weithin sichtbar. Die Küste ist bis direkt an das Land rein. Der schöne, originelle Rundturm der Hafenverwaltung mit seinen »romanischen« Fensterhöhlen kann als gute Ansteuerungshilfe dienen. Der Hafen ist alles andere als überfüllt – gerade mit einem kleinen oder mittelgroßen

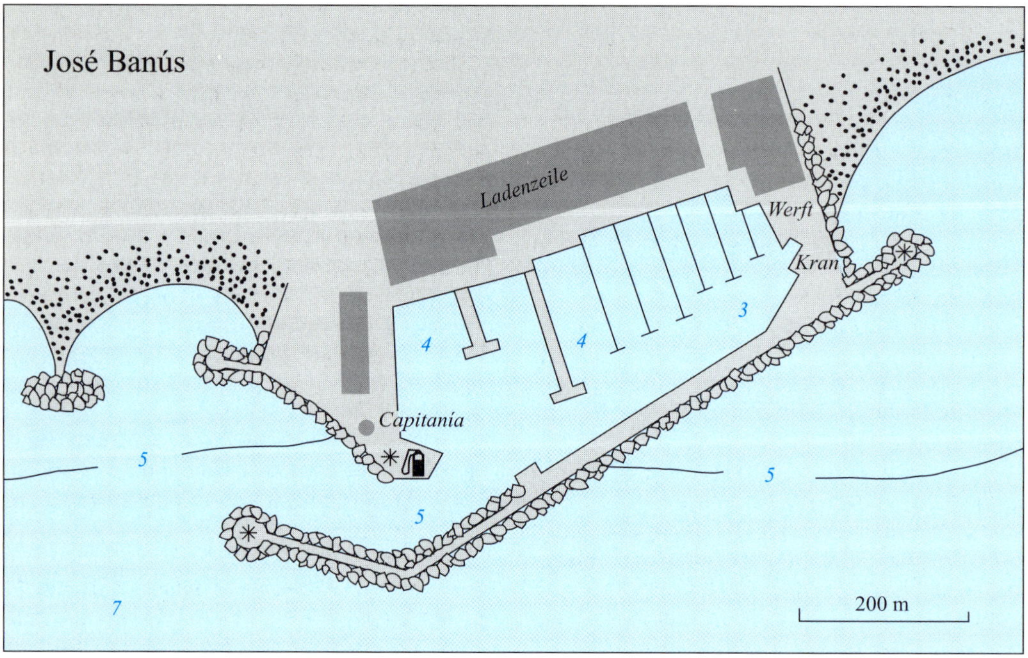

Boot ist hier leicht ein Liegeplatz zu bekommen.
Die Einfahrtstiefe beträgt ca. 5 m. An den Liegeplätzen variieren die Wassertiefen zwischen 3 und 5 m.
Der Hafen bietet alle Annehmlichkeiten einer modernen Marina und darüber hinaus internationalen Chic.
Bei starkem Südwestwind kann die Einfahrt allerdings heikel werden, wenn auch nicht so schwierig wie in Marbella-Stadt.

Steckbrief

Für Boote jeder Größe
Supermarina
Strom und Wasser am Steg
Tankstelle
Werft
Lebensmittel am Hafen
Restaurants
Boutiquen
Yachtbedarf
Bewachte Pkw- und Trailerparkplätze

Ausflugstipp: Eine der Pflichtstationen Südspaniens ist Ronda. Von Puerto José Banús kann man die eindrucksvolle weiße Stadt auf einer landschaftlich reizvollen Gebirgsstraße per Mietwagen oder per Bus, der regelmäßig von Marbella aus verkehrt, leicht erreichen. Es gibt in Ronda viel zu sehen. Die tiefe Schlucht des Guadalevin trennt die auf einer Hochfläche gelegene Stadt in zwei Teile. Eine viel fotografierte, dreibogige Brücke – die Puente Nuevo – trennt Alt- und Neustadt. Die Altstadt im Süden, von den Mauren angelegt und noch heute zum Teil von dicken Stadtmauern umgeben, birgt zahlreiche Sehenswürdigkeiten, darunter die maurischen Bäder aus dem 14. Jh. und die Stiftskirche, die auf den Ruinen einer Moschee erbaut wurde. Das Minarett der ehemaligen Moschee wurde zum Kirchturm umgebaut. Der Renaissancepalast (Palacio del Marques de Sabatierra) enthält wertvolle Möbel und Gemälde.
Schön ist auch der Palacio de Mondragon mit seinem arabischen Innenhof und dem sehenswerten Renaissanceportal. Diese und weitere Herrenhäuser und prächtige Kirchen zeugen von der einstigen Bedeutung Rondas und seiner wechselvollen Geschichte.

Estepona

36°25'N005°09'W

Unterhalb von vier auffälligen Appartementhochhausblöcken und unmittelbar westlich des Leuchtturms Punta de la Doncella liegt dieser reizende Yacht- und Fischerhafen. Er ist nicht überlaufen und bietet mit seinem schönen afrikanischen Baustil und den wild wuchernden tropischen Pflanzen viel für das Auge. Im Ostteil befindet sich der den Fischern vorbehaltene Abschnitt. Die Innenseiten der Außenmole und der Westmole sind ebenfalls für die Fischer reserviert.
Von hier sind es keine 20 Meilen mehr bis Gibraltar, dessen berühmter Felsen bis Estepona sehr gut sichtbar ist. Etwa bei Estepona macht die spanische Küste eine Biegung nach Süden. Bläst der Wind ostwärts Esteponas, praktisch immer küstenparallel, sieht es hier südlich der scharf geschnittenen Sierra Bermeja anders aus. Hier bläst es entweder ab- oder auflandig.
Die Gegend war schon den Römern gut bekannt, und Estepona zählt zu den römischen Gründungen. Noch heute kann man die imposanten Ruinen des Aquädukts von Salduba bewundern. Esteponas Altstadt ist von ursprünglichem andalusischem Gepräge – viele gewundene enge Gassen, weiß getünchte Häuser, im Untergeschoss kunstvoll mit schwarzem Schmiedeeisen vergitterte Fenster, viele Blumen, die in farbenfrohen Töpfen auf dem Steinfußboden der Innenhöfe oder einfach vor den Hauseingängen auf der Straße stehen. Trotz des entwickelten Touristikbetriebs kann man hier das klassische Andalusien auf Schritt und Tritt hautnah erleben.
Nachts sendet der Leuchtturm dicht nordöstlich des Hafens seinen Lichtstrahl weit auf See, tagsüber bereitet die Ansteuerung auch kein Problem.
Die Wassertiefen in der Einfahrt liegen bei ca. 4 m, an den Liegeplätzen sind es – außer dicht an den Stegwurzeln – 2 bis 3 m Wasser. Man findet die für eine moderne Marina üblichen Einrichtungen.

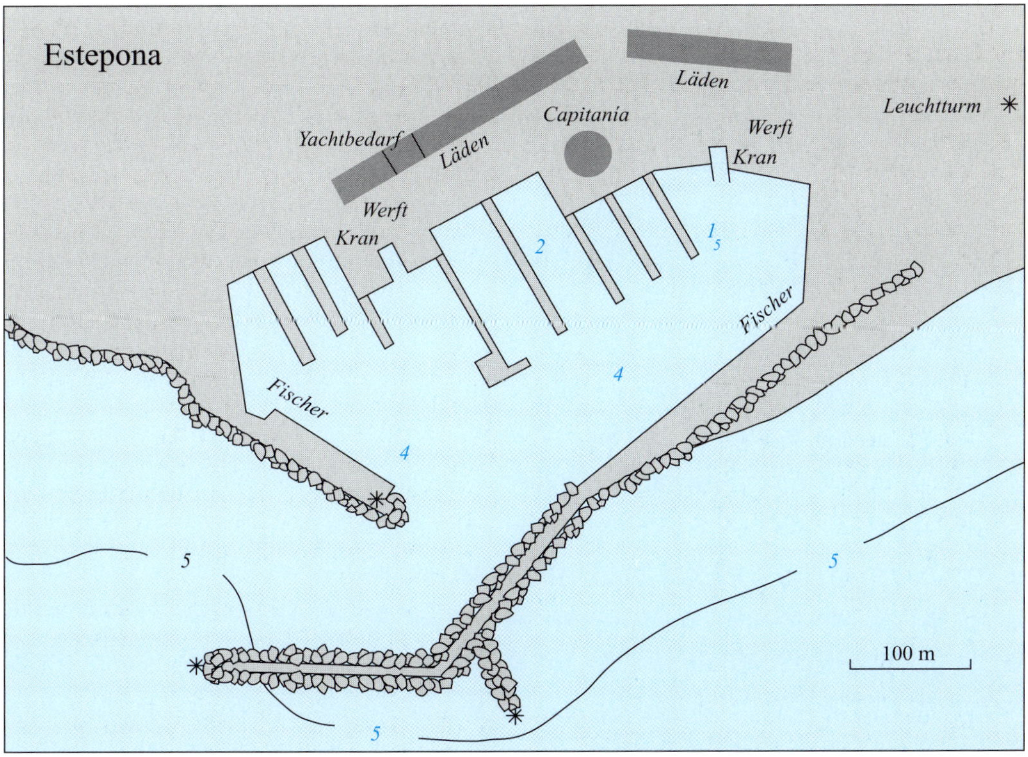

Steckbrief

Für Boote jeder Größe
Moderner Yachthafen
Strom und Wasser am Steg
Tankstelle
Lebensmittel im Hafen und im Ort (nahebei)
Yachtbedarf
Werft

Ausflugstipp: Estepona besitzt eine Altstadt mit typischem andalusischem Charakter, die einen Besuch wert ist. Sie liegt ein wenig nördlich des Hafens. Beim Schlendern durch die engen Gassen kann man die weiß gekalkten Häuser mit den schmiedeeisernen Balkonen und den naturbelassenen Holzfenstern bewundern. Sehr lange war die Stadt maurisch gewesen und hatte dem Königreich Granada angehört, dem letzten auf spanischem Boden verbliebenen islamischen Staat.
Zwar hatte schon 1342 vor der Küste bei Estepona eine schwere Seeschlacht stattgefunden, bei der eine christliche Galeerenflotte zahlreiche arabische Schiffe versenken konnte. Doch fiel die Stadt erst 1457, als sich die Könige von Granada weigerten, ihren Tribut an Kastilien zu entrichten. Die Maurenburg von Estepona wurde damals zerstört, verblieben sind nur Ruinen. Sehenswert ist in der Altstadt dagegen die Pfarrkirche aus dem Jahre 1774 mit ihrem barocken Glockenturm.

Puerto de la Duquesa

36°21'N005°14'W

5 Meilen südwestlich Esteponas und ca. 15 Meilen von Gibraltar entfernt liegt dieser erstaunlich ruhige Hafen. Die Häuser rundherum sind im andalusischen Stil erbaut. Viel naturbelassenes Holz für Fensterrahmen, Schlagläden und die so typischen kunstvollen Balkone kontrastieren zu dem bis hierher reichenden morgenländischen Stil. Hinzu kommt eine Fülle schöner Blüten- und Grünpflanzen, die den Hafen anheimelnd gestalten. Die Atmosphäre ist international und gediegen. Yachten aus ganz Europa teilen sich den Liegeplatz, aber überfüllt ist der Hafen nicht.
Eine Bojenreihe markiert die Einfahrt, da an der Innenmole vor der Tankstelle Steine bis dicht unter die Wasseroberfläche reichen. Der Hafen bietet allen Komfort einer modernen Marina zu moderaten Preisen. Es ist ein empfehlenswertes Plätzchen. Der Hafen wurde völlig in freier Natur abseits jeder größeren gewachsenen Ortschaft, den angrenzenden kleinen Fischerort Sabinillas einmal nicht gerechnet, erbaut. Die eigentlichen Ortschaften, wie z. B. das besuchenswerte Manilva oder das berühmte Ronda, liegen einige Kilometer landeinwärts in der Sierra, schwer zu erreichen für Piraten aus Nordafrika, die jahrhundertelang auch diesen Küstenabschnitt unsicher machten. Deshalb findet man auch heute noch, von den größeren, meist römischen oder phönizischen Gründungen des ersten vorchristlichen Jahrtausends abgesehen, nur kleine Fischersiedlungen unmittelbar hinter dem hier überall einladend schönen Sandstrand.
Aber La Duquesa erfüllt fast alle Funktionen eines Ortes. Im Hafenbecken liegt man sehr gut geschützt, insbesondere wenn man das Glück hat, einen Platz ganz im Innern zu ergattern. Deshalb ist La Duquesa ein besonders gut geeigneter Hafen, sich auszuruhen und zu entspannen, wenn man die Straße von Gibraltar – vielleicht »ponientegebeutelt« – ostwärts passiert hat. Es ist auch ein guter Warteplatz, wenn man wegen des starken Poniente die Straße nicht nach Westen passieren kann.
Die Einfahrt ist leicht auszumachen. Die Gebäudekomplexe am Hafen, der weiße Kontrollturm und die Küstenfestung von San Luis de Sabinillas dicht südwestlich von Puerto de la Duquesa sind nützliche Ansteuerungshilfen. Bei Nacht ist die allgemeine Beleuchtung des Hafens ebenso gut sichtbar wie die Molenbefeuerung.
Bei hochgehender See aus östlicher Richtung kann die Einfahrt schwierig werden. Man muss sich dann so dicht wie möglich an der Außenmole halten. Dort misst die Wassertiefe

ca. 5 m, weiter nach Backbord nimmt sie auf knapp 4 m ab. Achtung vor der Bojenreihe! Das Hafenbecken ist in seinem hinteren Teil auf 2 m, weiter zur Einfahrt hin auf 2 bis 3 m ausgebaggert.

Steckbrief

Für Boote jeder Größe
Moderne Marina
Strom und Wasser am Steg
Tankstelle
Lebensmittel im Hafen
Yachtbedarf
Werft
Viel Parkraum für Trailer

Ausflugstipp: Ein einmaliges Erlebnis ist der Ausflug zu den 6 km entfernten, heute noch in Benutzung befindlichen Römischen Bädern (Banjos Romanos) von Hedionda, den man per Mietwagen unternehmen kann. Dazu hält man sich auf der Küstenstraße Richtung Estepona und biegt sehr bald links ab Richtung Manilva. Hinter diesem noch recht ursprünglichen Städtchen zweigt rechter Hand ein holpriger Fahrweg ab, der steil ins Tal des Rio Manilva hinunterführt. Bei dem Restaurant »Roman Oasis« kann man den Wagen abstellen und dem Fahrweg talaufwärts noch ca. 1 km folgen. Der Weg führt an der kleinen Kapelle San Adolfo vorbei. Rechts unten am Bach steht dann die weiß getünchte Kuppel des kleinen Bades.

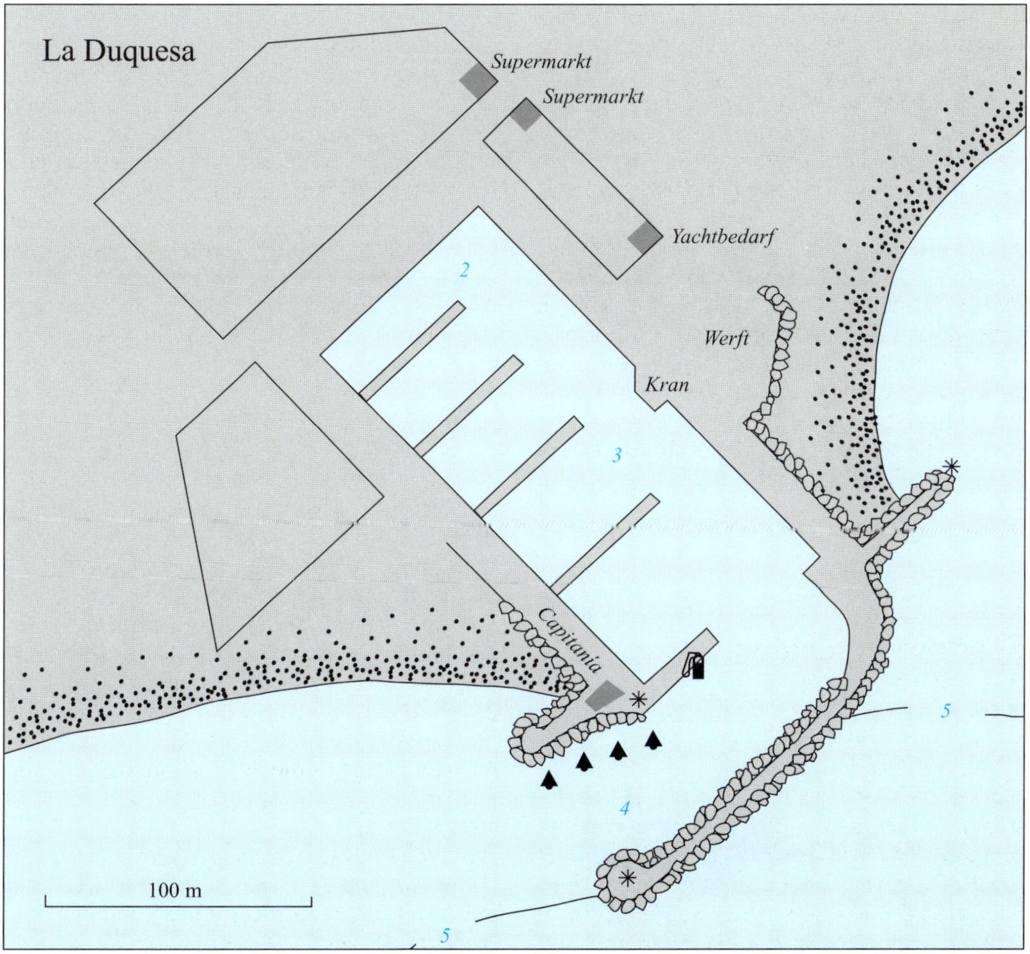

Auf einer mit Ziegelsteinen gemauerten Treppe steigt man hinab zum milchig blauen, schwefelhaltigen Wasser und schwimmt in das Kuppelgewölbe hinein. Mehrere schwefelhaltige Quellen sind hier gefasst, und das Wasser ist angenehm warm. Es heißt, schon Gaius Julius Cäsar habe an dieser Quelle nach seinem Nordafrikafeldzug eine Gelbsucht auskuriert.

Puerto Sotogrande

36°17'N005°17'W

Vor Erreichen der Straße von Gibraltar, die ca. 10 Meilen weiter südwestlich beginnt, ist dies die letzte große Marina an der spanischen Mittelmeerküste. Der Hafen besticht durch seine großzügigen Anlagen und seine recht natürlich gebliebene Umgebung. Dazu kontrastieren scharf die buntfarbigen großen Bauwerke der Anlage, die mit ihren vielen Dachschornsteinen, ihrem Gepräge und ihren vielen geschwungenen Gaslaternen-Imitaten wie eine Mischung aus Alt-Oxford und englischem Kolonialstil wirken. Sehr eigenwillig mit vielen hübschen Grünpflanzen, durch welche die Anlage verschönert wird.

Von jedem Liegeplatz aus hat man einen imposanten Blick auf Gibraltars Felsen. Auch für große Yachten bietet der Hafen viel freien Raum. Das umliegende flache Land gibt leider wenig Deckung, und so kann Wind aus West wie Ost ungehindert über weite Teile des Hafenbeckens wehen – manchmal auch hart. Dabei liegen die Boote sogar recht ruhig und arbeiten nur unter Winddruck und nicht etwa

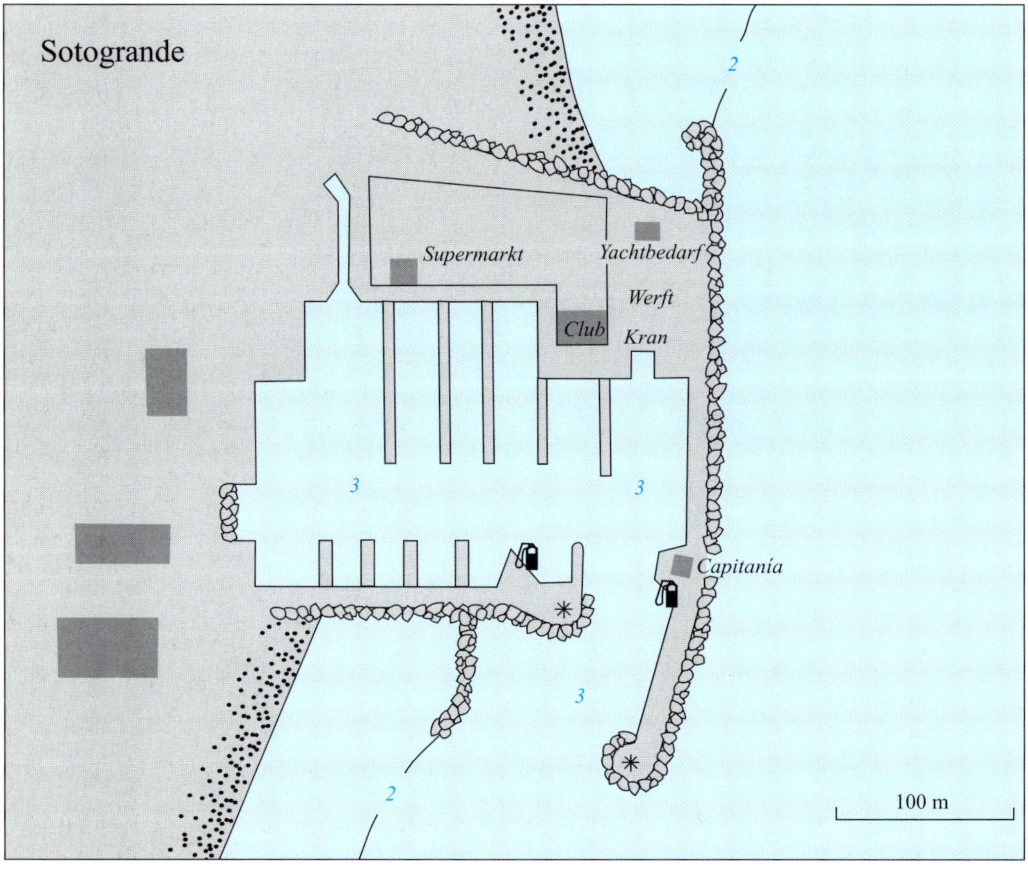

wegen Schwells. Die Werft am Nordostende des Hafens ist gut gerüstet, ihr Travellift hebt 150 Tonnen. Wen wundert es da, dass hier auch Behördenfahrzeuge gewartet werden.
Wer von Norden kommend bisher die Sierra Bermeja, dieses gewaltige, mehr als 1400 m hoch aufsteigende Gebirge, als prägenden Landschaftseindruck empfand, wird eine Änderung des Landschaftsbildes feststellen. Bei Sotogrande endet nicht nur politisch die Provincia de Málaga. Mit dem Beginn der Provincia de Cádiz wird das Landschaftsbild deutlich verändert. Die wuchtigen Gebirgsstöcke machen weich geschwungenen Hügeln Platz. Das Klima ist deutlich vom feuchten, ganzjährig milden Atlantik beeinflusst. Im Sommer wird das wohl nur wenig spürbar, denn dann ist es diesseits wie jenseits der Straße von Gibraltar meist recht heiß. Im Winter spürt man den Unterschied indes klar. Die Hügel sind dann grün, fast wie in Nordeuropa, das Mittelmeer verliert seine klare Bläue und wechselt mehr zu Grün, denn das Wasser ist hier sehr planktonreich. Oft liegt Dunst in der Luft, der die winterlich klare, trockene Luft des mediterranen Bereichs verschleiert.
Das Anlaufen Sotograndes ist leicht. Von Norden kommend halte man sich aber gut frei von der Punta de la Chullera mit ihren dicht vorgelagerten Untiefen.
Apropos – von der häufig als Ankerplatz empfohlenen Cala Sardina dicht südwestlich sollte man sich nicht zu viel versprechen. Der Ankergrund ist kiesig, voller Steine und hält nicht gut. Die Bucht bietet praktisch keinen Schutz und kann deshalb nur im Sommer als Tagesankerplatz empfohlen werden.
Die Hafeneinfahrt – gut befeuert – hat 3 m Wassertiefe, soll aber leicht zum Versanden neigen, was angesichts des dicht südlich mündenden Rio Guadiaro kaum verwundert. Man muss hier wohl mit ständig sich ändernden Wassertiefen rechnen. An den Liegeplätzen hat man immer 3 m Wassertiefe.
Der Rio Guadiaro kann bei ruhigem Wetter als Ankerplatz dienen, wenn die ständig ihre Lage ändernde Barre es zulässt. Einen Durchschlupf findet man dann am ehesten nördlich nahe des kurzen Leitdamms. Mit mehr als 1,2 m bis 1,5 m Wassertiefe ist aber nicht zu rechnen. Rundherum ist es flach und sehr einsam.

Steckbrief

Für Boote jeder Größe
Strom und Wasser am Steg
Tankstelle
Werft
Lebensmittel im Hafen
Yachtbedarf
Für Trailerboote geeignet
Viel freier Parkraum

Gibraltar

36°08'N005°21'W

Da liegt es nun, Gibraltar oder einfach »The Rock«, wie die Engländer sagen. Es ist das Traumziel vieler Fahrtensegler des Nordens. Viele Träume von größeren Abenteuern scheinen hier aber auch endgültig wie Seifenblasen zerplatzt zu sein. So gibt es in »Gib«, so nennt man Gibraltar in weiten Teilen der Yachtieszene, drei Marinas. Zwei von ihnen sehen aus wie viele andere auch an der Costa del Sol – modern, gepflegt und mit allem Komfort ausgestattet. Hier liegen Boote gut und sicher zu den üblichen Liegegebühren. Nur, wirklich ruhig liegt man in Gibraltar nirgendwo. Bei der nördlichsten Marina führt 100 m entfernt die Startbahn des Flughafens vorbei.
Die klassische »Shepherds Marina« gehört zur Werft nebenan und sieht ganz anders aus. Bunte Yachten aus aller Welt prägen das Bild. Viele von ihnen zeugen vom Ende so manchen Traums. Für den einen ist Gib der Hafen zum Absprung vom alten Kontinent, für manch anderen ist Gib eben Endstation.
Die Stadt selbst ist englisch geprägt, wenn auch seit der Öffnung 1986 viele Spanier das Stadtbild bevölkern, die meistens zum Einkaufen hierher kommen. Trotz der Zollfreiheit gibt es nichts preiswerter als woanders, aber es gibt alles, was das Seemannsherz begehrt. Eine nautische Buchhandlung, die eine Fülle englischsprachiger Literatur bereithält, und mehrere Shipchandler, die auch Dinge anbie-

ten, die man selbst zu Hause manchmal nur unter Schwierigkeiten bekommt.
Der Hafen liegt an der Westseite des eindrucksvollen, 4,5 km langen, 1,3 km breiten und 425 m hohen Felsens, der schon aus der Ferne isoliert und unvermittelt steil aus dem Meer aufragt. Er wirkt aber viel höher und größer als er in Wirklichkeit ist. Von Osten gesehen fallen insbesondere die großen, in der Sonne grau-weiß glitzernden Flächen an der Bergflanke auf, die sich über mehrere tausend Quadratmeter erstrecken. Es sind betonierte Wassersammelflächen, von denen Regenwasser in große unterirdische Zisternen geleitet wird. In Gibraltar gibt es keine Quellen, und sehr lange war die Festung am Eingang zum Mittelmeer auf Regenwasser angewiesen.
Bis dicht an den Fels heran ist das Wasser tief und frei von Klippen. Bei starkem Wind sollte man aber nicht zu dicht an den Fels herangehen, denn an seiner Leeseite können unvermittelt heftige Fallböen über Schiff und Mannschaft herfallen. Etwas weiter draußen haben sie aber sehr schnell an Kraft verloren. Will man bei westlichen Winden von Ost kommend nach Gib, muss man sich – eigentlich erstmals an der spanischen Küste – wirklich über Richtung und Stärke der Meeresströmung Gedanken machen. In der Zeit von Hochwasser Gibraltar plus 3 Stunden bis Hochwasser Gibraltar plus 6 Stunden setzt sie um den Felsen Richtung Nordwest, hinein in die Bucht von Algeciras. Im günstigsten Fall zur Springzeit kann diese Strömung bis zu 3 Knoten erreichen, wird regelmäßig aber kaum mehr als 1 Knoten betragen. Diese Strömungszone ist nicht breiter als vielleicht 1,5 Meilen.
Hat man Europa Point gut querab, ist es nur noch ein Katzensprung, ca. 2 Meilen, bis zur Hafeneinfahrt. Aber Vorsicht, man muss die richtige Einfahrt erwischen. Die beiden gut befeuerten südlich und nördlich des frei stehenden Wellenbrechers liegenden führen zum Handelshafen. Erst die ganz nördlich, dicht bei der Flugzeugpiste gelegene Einfahrt führt zu Shepards Marina und der nördlich angrenzenden Marina. Die südliche Einfahrt, die ehemals nur zum Marinearsenal führte, darf jetzt von Yachten benutzt werden, die die Queensway Quay Marina anlaufen wollen.
Ein Umstand muss noch angesprochen werden, der das manchmal penible Vorgehen des Zolls gerade hier erklärt, wo man doch sonst – Gott sei Dank – an der Mittelmeerküste von zu viel Bürokratie weitgehend verschont bleibt. Die Wege des Rauschgifts laufen hier vorbei, egal ob es aus Nordafrika oder zunehmend aus Südamerika nach Europa gelangt. Deshalb ist man in Gib wie auch in Algeciras diesbezüglich besonders sensibel, was bei der exponierten Lage durchaus verständlich, wenn auch für den Skipper nicht weniger lästig ist.
Alle drei Marinas sind gegen West recht offen. Wind aus dieser Richtung kann weitgehend ungehindert hineinblasen, wirft aber kaum Schwell auf. Die Wassertiefen variieren überall zwischen 2 und 4 m.
Der Lebensstil der Menschen ist zwar vorwiegend englisch, aber zugleich spürt man, dass Menschen aus vielen Teilen der Erde schon früh hier ihr Zuhause gefunden haben. Aber kein Zweifel, Gib ist seit 1704 englisch. Heute leben hier ca. 20 000 Einheimische, davon 7000 Briten und ca. 2000 marokkanische Gastarbeiter. Nach einer alten Sage soll der Felsen so lange britisch bleiben, wie es Affen auf ihm gibt. Heute scheint der Bestand der Affen gesichert zu sein. Aber ausgerechnet im Jahre 1944 hatte eine Seuche die Affenherde auf nur zwei Exemplare dezimiert. Sir Winston Churchill, der damalige britische Premierminister, ließ in dieser für abergläubische Gemüter sicher prekären Lage 22 Affen einfliegen, eine fürwahr staatsmännische Tat.
Gibraltars Status als britischer Freihafen auf der Iberischen Halbinsel geriet erst in den letzten Jahren unter zunehmenden politischen Druck. Seit 1986 ist der Felsen von spanischer Seite her frei zugänglich.

Steckbrief

Für Boote jeder Größe
Britisches Territorium
3 Marinas
Wasser und Strom am Steg
Tankstelle
Lebensmittel im Ort
Yachtbedarf in der Nähe von Shepards Marina und im Ort
Werft

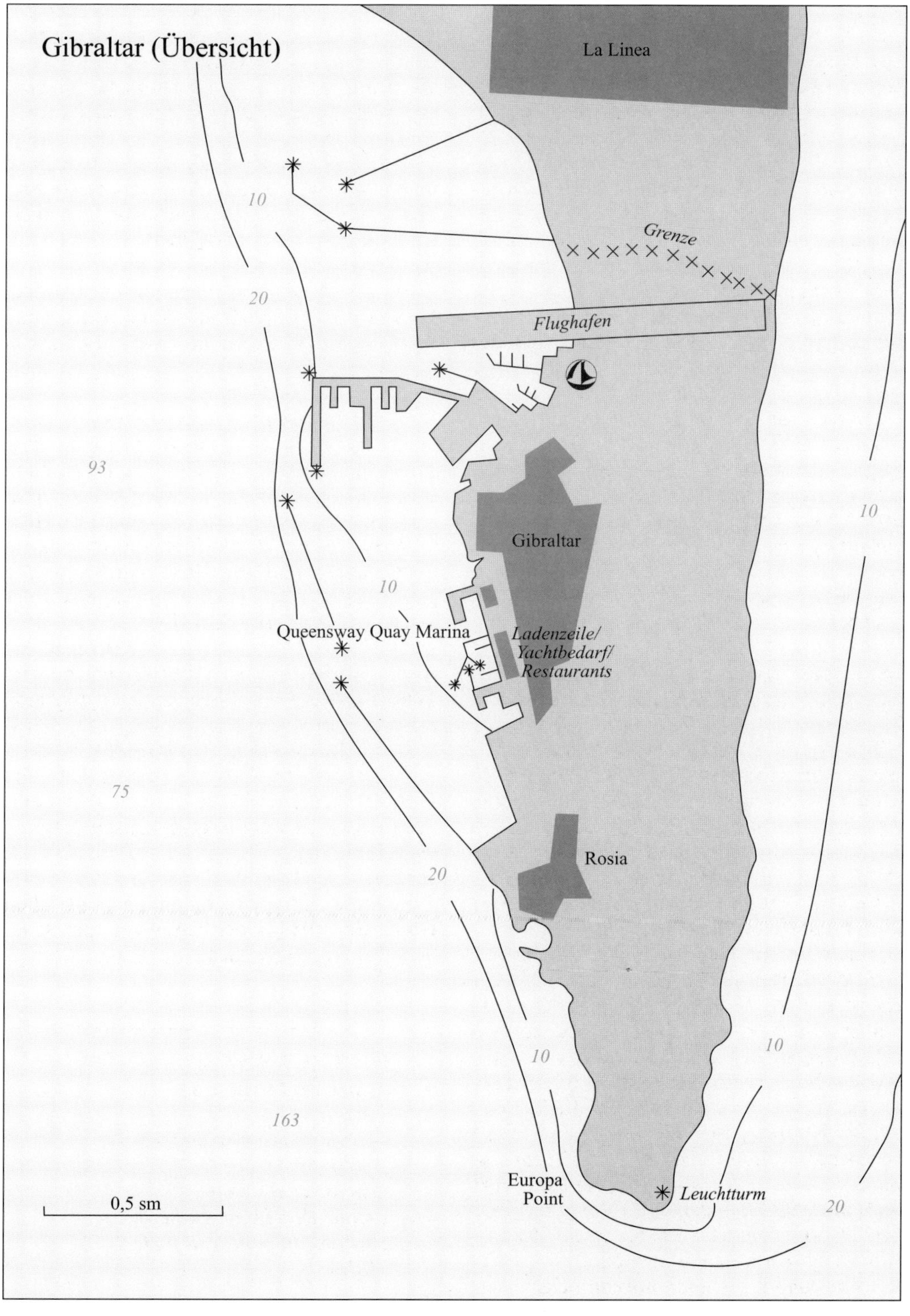
Gibraltar (Übersicht)
La Linea
10
Grenze
20
Flughafen
93
10
Gibraltar
10
Queensway Quay Marina
Ladenzeile/
Yachtbedarf/
Restaurants
75
Rosia
20
10
10
163
Europa
Point
Leuchtturm
0,5 sm
20

Ausflugstipp: Der reizvolle Alameda-Park trennt die Stadt Gibraltar in die North Town, das Geschäftsviertel, und die englisch geprägte South Town mit gepflegten Villen und schönen Stränden. Die subtropische Gartenanlage ist Ausgangspunkt für einen Ausflug auf den eigentlichen Felsen. Hier befindet sich die Talstation der Seilbahn, mit deren Hilfe man bequem auf die Anhöhe gelangt. Von der Mittelstation ist es nicht weit bis zum etwas südlich gelegenen Affenfelsen, wo sich die halbzahmen Makaken beobachten lassen, für die Gib berühmt ist. Wahrscheinlich haben die Araber die Affen schon im 8. Jh. kurz nach der Eroberung der Iberischen Halbinsel aus Afrika mitgebracht.

Vom Affenfelsen gelangt man zur Saint Michael's Cave, einer der zahlreichen Tropfsteinhöhlen, die den Kalkfelsen durchziehen. Von hier führt ein Fußweg zum höchsten Punkt Gibraltars, dem Highest Point (425 m). Ganz in der Nähe befindet sich die Bergstation der Seilbahn. Weiter geht es nach Norden zu den Upper Galleries. Dabei handelt es sich um ursprünglich zu militärischen Zwecken in den Felsen geschlagene Gänge, die Gibraltar praktisch uneinnehmbar machten. Luftschächte in den Gängen dienten noch bis zum Zweiten Weltkrieg als Schießscharten für Kanonen. Heute können viele dieser Galerien besichtigt werden. Auf einer Bergstraße geht es von den Upper Galleries hinunter in die Stadt, vorbei am Moorish Castle, den restaurierten Überresten der Maurenburg aus dem 14. Jh.

Lohnend ist die Besichtigung des Gibraltar-Museums im Zentrum der North Town. Zahlreiche Funde aus vorgeschichtlicher Zeit sind hier zu sehen, darunter eine Nachbildung des berühmten Schädels von Gibraltar, des ersten Neandertalerschädels, der in Europa entdeckt wurde. 1848, also acht Jahre früher als im Neandertal, machte man hier diesen wertvollen Fund. Das Original des Schädels befindet sich heute im Natural History Museum in London. Lebendig illustriert ist in dem Museum die wechselvolle Geschichte Gibraltars und der Menschen, die hier lebten, von den Phöniziern über Karthager, Römer, Westgoten und Mauren bis zur Gegenwart.

Im Rahmen des Museumsbesuches kann man außerdem die maurischen Bäder aus dem 14. Jh. besichtigen, die als schönste arabische Badeanstalt außerhalb Marokkos neben den Bädern der Alhambra von Granada gelten.

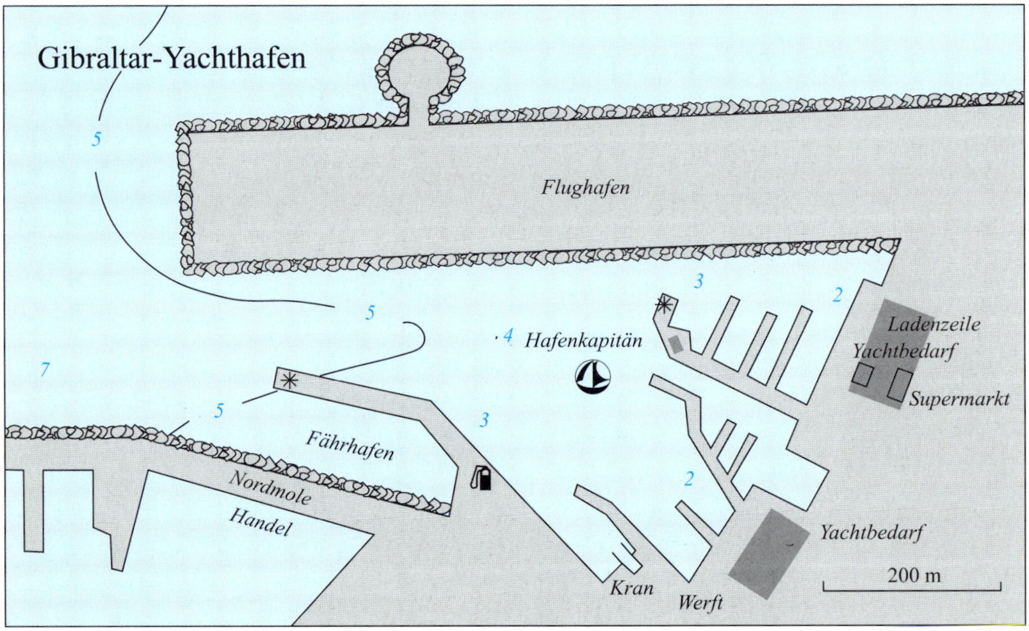

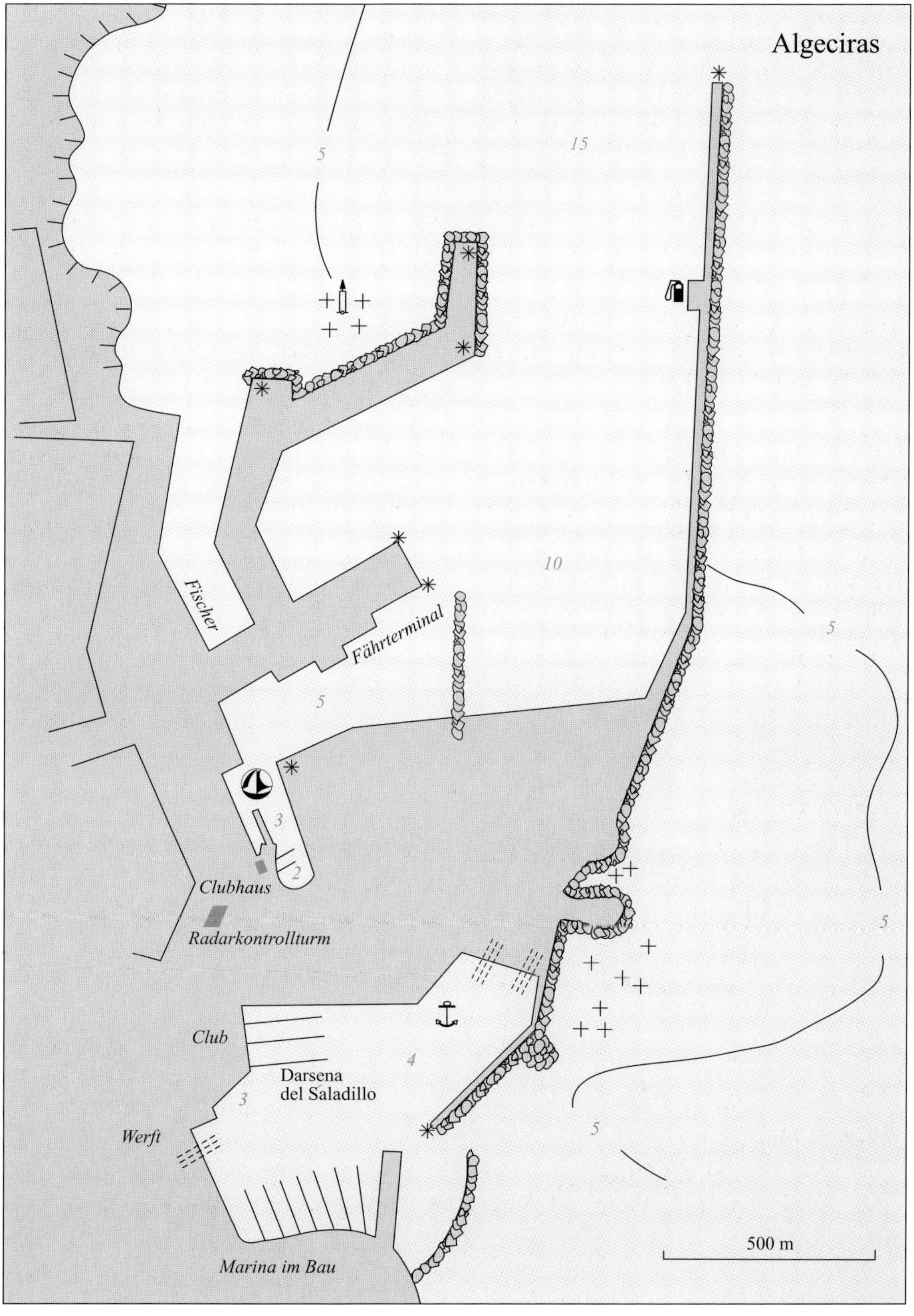
Algeciras
15
5
10
5
Fischer
Fährterminal
5
3
2
Clubhaus
Radarkontrollturm
5
Club
4
Darsena
del Saladillo
3
Werft
5
500 m
Marina im Bau

Mit dem Taxi kann man einen Ausflug zum südlichsten Punkt Gibraltars, dem Europa Point, unternehmen. Hier bietet sich ein herrlicher Blick auf die marokkanische Küste. Auf der Landspitze steht ein Leuchtturm, in der Nähe liegt die kleine Kapelle Shrine of our Lady of Europe mit einem Gnadenbild, das höchste Verehrung genießt.

Algeciras

36°08'N005°26'W

Dieser wichtige spanische Fähr- und Handelshafen bietet Yachten keinen guten Liegeplatz. In der äußersten Südwestecke befindet sich der Club Náutico, dessen Stege voll belegt sind. Die Stadt bietet alle Einkaufsmöglichkeiten. Mit erhöhter Wachsamkeit und Sensibilität des Zolls muss wegen des zunehmenden Drogenschmuggels gerechnet werden.
Die Junta de Andalucia tut viel für den Sportboothafenausbau. Die unbefriedigende Liegeplatzsituation in Algeciras führte dazu, dass jüngst eine brandneue Marina im Südteil des Industriehafens (Darsena del Saladillo) eingerichtet wurde. Sie soll Liegeplätze für 1000 Yachten an sieben Betonstegen bereitstellen. Die wenigen frei zugänglichen Liegeplätze nahe des Club Náutico werden jetzt von der Zollverwaltung mit Beschlag belegt, so dass für durchreisende Boote hier kein Platz mehr vorhanden ist. Die neue Marina wird lediglich den Nachteil haben, relativ weit vom Ortszentrum und damit der Lebensmittelversorgung zu liegen.
Die Ansteuerung des auf der Westseite der gleichnamigen Bucht gelegenen Hafens ist leicht. Nachts ist das Leuchtfeuer auf der Punta Carnero eine gute Hilfe, ebenso die rote Befeuerung der Außenmole. Eine gute Orientierungshilfe ist auch der auffällige Radarturm nördlich der Darsena del Saladillo.

Steckbrief

Neue Marina
Lebensmittel im Ort

Neue Marina von Algecivas

Straße von Gibraltar

Das Tor zum Mittelmeer ist schmal, an der engsten Stelle liegen Europa und Afrika nicht weiter als 8 Meilen auseinander. Der Affenfelsen von Gibraltar findet sein mächtiges Gegenstück auf der marokkanischen Seite, im Djebl Musa, der mit seinen 840 m Höhe den Süden der Straße beherrscht. Im Altertum waren diese Berge bekannt als die Säulen des Herakles. Für den Mittelmeerschiffer dieser Zeitepoche lag hinter dieser Pforte eine fremde, bedrohliche Welt, aus der es nach damaliger Vorstellung keine Rückkehr gab. Aber schon die Phönizier hatten sich mit ihren starken, aus dem Zedernholz des Libanon gezimmerten Schiffen hier hindurchgewagt.
Interessanterweise liegen gerade die ältesten phönizischen Faktoreigründungen am Atlantik. Wer ahnt schon, dass die Städte Gades (heute Cádiz) und Tingis (heute Tanger) schon etwa 1100 v. Chr. von den Phöniziern jenseits der Straße angelegt wurden und sie damit bei weitem zu den ältesten Stadtgründungen Europas gehören. Auch sollen mutige phönizische Schiffer schon damals zu ostatlantischen Inseln vorgestoßen sein und Madeira entdeckt und als »Holzinsel« bezeichnet haben. Auch Zinn aus Minen in Cornwall haben sie schon durch die Straße transportiert.
Im Jahre 711 n. Chr. setzten hier die Mauren von Afrika nach Europa über und trugen das grüne Banner des Propheten in einem beispiellosen Siegeszug bis ins Herz des alten Kontinents. Erst mitten im Frankenreich konnte ihnen Einhalt geboten werden. Bis zum Ende des 15. Jh. sollten sie die iberische Kultur nachhaltig prägen. Der Anführer der Maurenarmee war Tarik-Ibn-Zijab, nach dem der Felsen von Gibraltar Djebl-al-Tarik benannt wurde. Gibraltar ist lediglich eine Verballhornung dieses arabischen Namens.
Die Straße hatte also schon seit langem nicht allein trennenden, sondern ebenso verbindenden Charakter. Nautisch ist sie sicherlich ein kniffliges, aber auch interessantes Revier. Wind, egal ob aus Ost oder West, aus einer anderen Richtung bläst er hier ohnehin nie, wird durch die Düsenwirkung der Straße immer um ca. Beaufort 2 verstärkt. Vor allem aber sind die Gezeitenströme besonders wirksam, und man tut gut daran, sich über sie frühzeitig zu informieren. Die geruhsame tidenvergessene Schipperei des Mittelmeers kann man sich hier nicht erlauben.
Grundsätzlich läuft ein breiter Oberflächenstrom vom Atlantik ins Mittelmeer. Er kommt dadurch zustande, dass im Mittelmeerraum mehr Wasser verdunstet als durch Flüsse und Regen zufließt. Es muss also aus den Ozeanen nachgeliefert werden. Deshalb läuft dieser Oberflächenstrom im Sommer bei starker Sonneneinstrahlung und wenig Regen viel stärker als im Winter. Der Strom reicht übrigens kaum mehr als 40 m in die Tiefe. In größeren Tiefen läuft ein Strom genau in die entgegengesetzte Richtung.
Angeblich sollen die Phönizier diesen Tiefenstrom schon gekannt haben. Um in den Atlantik zu gelangen, sollen sie große Rahsegel auf 60 bis 70 m Tiefe versenkt haben und ihre Boote so vom Tiefenstrom in den Atlantik haben ziehen lassen. Ob es stimmt? Für den modernen Skipper sicher keine nachahmenswerte Lösung.
Aber auch er kann sich etwa zunutze machen, was den generellen Oberflächenstrom überlagert – die heftigen Gezeitenströme des Atlantik nämlich. Im monotonen 6-Stunden-Rhythmus drückt der Flutstrom auf die Straße oder saugt der Ebbstrom das Wasser von dort ab. Dabei sind die Strömungen nicht auf der gesamten Straßenbreite gleichermaßen wirksam. Der Ebbstrom ist in der Mitte viel schwächer und setzt sich viel später durch als an der spanischen oder marokkanischen Küste. Umgekehrt verstärkt der Flutstrom den allgemeinen Oberflächenstrom in der Mitte der Straße, setzt sich aber auch früher an den Rändern durch. Es ist also nicht sehr schwierig, vom Atlantik ins Mittelmeer zu gelangen, umgekehrt bereitet es einiges Kopfzerbrechen.
Im Ganzen betrachtet lässt sich die Straße in fünf Strömungsbereiche gliedern. Bereich C, der Mittlere also, ist am breitesten. Der Flutstrom in Richtung Mittelmeer addiert sich zum üblichen ostwärts gerichteten Oberflächenstrom in Springzeiten zu fast 5 Knoten.

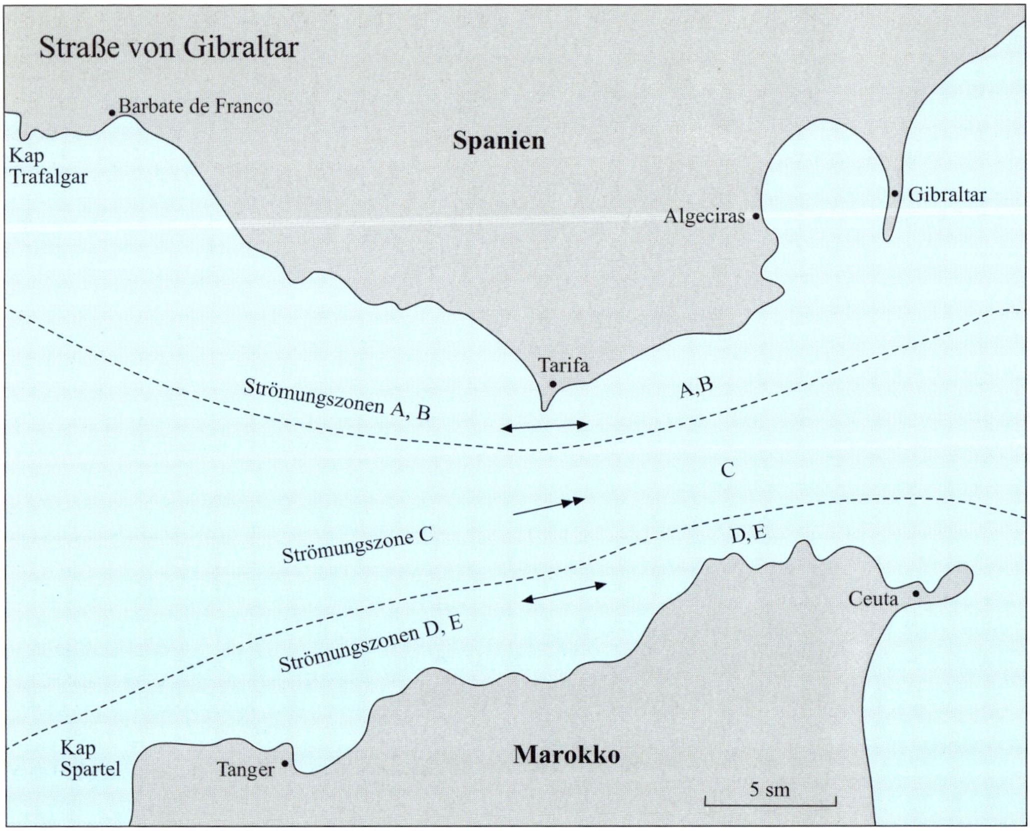

Kommt noch ein starker Poniente hinzu, dürfte wohl kein Boot mehr in der Lage sein, die Straße in dieser Zone nach Westen zu passieren. Umgekehrt ist es natürlich unter gleichen Bedingungen eine fantastische Rauschefahrt. Der Ebbstrom setzt in diesem Bereich mit maximal 2 Knoten in Richtung Atlantik, kann aber bei starkem Westwind sehr verlangsamt und in seiner Wirkung verkürzt werden. Daraus kann man schon ersehen, dass eine Passage vom Atlantik ins Mittelmeer idealerweise durch die Strömungszone C verläuft, in der umgekehrten Richtung aber diese Zone unbedingt gemieden werden muss.

Dazu besser geeignet sind die Strömungszonen direkt an der europäischen (A) und dicht an der afrikanischen Küste (E). Hier setzt der Ebbstrom Richtung Atlantik früher ein als in der Mitte der Straße, läuft schneller (bis 3 Knoten) und wird von Westwinden nicht so heftig gebremst wie der Ebbstrom in der Straßenmitte. Diese küstennahen Strömungszonen sind daher für eine Ost-West-Passage bestens geeignet.

Zwischen diesen küstennahen Zonen und der mittleren Zone liegen zwei Strömungsstriche (B, D), deren Verlauf schwer abzugrenzen ist. Es ist eine Art Reibungszone zwischen den Strömungen, deren Verlauf sich am besten durch den Seegang feststellen lässt. In diesen Zonen kommt es regelmäßig zu chaotischer Wellenbildung, die normalerweise zur Windstärke in keinem rechten Verhältnis steht. Schon daher scheint mir diese Grauzone nicht schön befahrbar zu sein.

Will man nun von Gibraltar nach Westen die Straße passieren, läuft man am besten bei Hochwasser Gibraltar plus 3 Stunden, Kurs Südwest Richtung Punta Carnero. Bei Hochwasser plus 4 Stunden beginnt der Strom auf der westlichen Seite der Bucht von Algeciras hinaus und in Zone A Richtung Westen zu setzen. Bis Hochwasser plus 6 Stunden setzt der Strom Richtung Westen und erreicht dabei dicht unter Land seine maximale Geschwindigkeit von bis zu 3 Knoten, bei Levante auch mehr. Bei Hochwasser minus 5 Stunden kehrt sich der Strom in Zone A um. Er wäre ohne Windeinfluss weiter draußen noch schwach nach West setzend. Bei Westwind darf man aber darauf nicht zählen. Eine schnelle Motoryacht kann jedoch auch so bei westlichem Wind die Passage bis nach Barbate de Franco (Gibraltar – Barbate de Franco = 36 Meilen) schaffen, ein kleiner Segler darf sich darauf nicht verlassen.

So ist es kein Wunder, dass nach alten Segelanweisungen die Schiffe bei Westwind die Straße nicht passieren konnten, ohne einmal zu ankern und eine zweite günstige Strömung abzuwarten. Somit ist es wohl auch heute noch ratsam, auf Ostwind zu warten und Gibraltar auf der Seite des Felsens um Hochwasser minus 4 Stunden zu verlassen. Dann beginnt der Ebbstrom, wenn auch deutlich schwächer als bei der ersten Version, Richtung West zu setzen. Weiter draußen kann man dann mit Weststrom bis Hochwasser Gibraltar rechnen. Da dann auch Wind und Strom in dieselbe Richtung setzen, ist die Passage auch viel angenehmer als es partout gegen Poniente versuchen zu wollen. Hier in der Straße bildet sich bei Wind gegen Strom eine ekelig kurze, steile Welle, die ein Boot mittlerer Größe äußerst brutal bremsen kann. Da ist es wohl angenehmer, in Gibraltar bummeln zu gehen und den passenden Levante abzuwarten.

Übrigens weht Poniente im Jahresmittel nur geringfügig häufiger als Levante. Ein fallendes Barometer zeigt meist aufkommenden Ostwind an; die Spitzen der Berge rund um die Straße hüllen sich rasch in Wolken. Die Luft beginnt dunstig zu werden. Westwind kündigt sich häufig mit starker Bewölkung und nachfolgendem Regen an. Im Gegensatz zum Levante, der in der Regel einen Tag oder vielleicht ein paar Tage durchsteht, weht Poniente ein paar Tage bis zu einer Woche. Am stärksten blasen West und Ost an der engsten Stelle zwischen Tarifa und Ceuta. Im Frühling und Sommer, etwa im März/April und von Juli bis Oktober, weht der Levante häufiger als der Poniente. Liegt ein Hochdruckgebiet über Zentraleuropa und nähert sich ein atlantisches Tief dem Kontinent, weht es besonders hart. Insgesamt kann man die Straße wohl als ein hartes, aber auch besonders interessantes Segelrevier bezeichnen.

Queensway Quay Marina

Ortsverzeichnis

Es wurden nur solche Ortsnamen aufgenommen, über die ausführlich (meist in Verbindung mit einer Karte) informiert wird. **F** steht für Farbabbildung; die anschließende Ziffer ist die Abbildungsnummer.

Bücher für die Freiwache

Angelika Gebhard / Andrey Alexander
Mit Rollo auf Abenteuerkurs
Spurensuche im Schwarzen Meer
Eine Reise in das „Land der unbegrenzten Unmöglichkeiten"
304 S., 65 Farbfotos, 36 Zeichn., geb.
ISBN 3-7688-1176-X

Wolfgang Hausner
Atolle und Taifune
TABOO III zwischen Sturm und Paradies
Mit dem Katamaran durch die Südsee - ins Auge des Taifuns.
304 S., 55 Farbfotos, 16 Karten, geb.
ISBN 3-7688-1022-4

Wilfried Erdmann
Nordsee-Blicke
Eine Segelreise im Gezeitenmeer
Reiseerzählung mit handfesten Praxisinformationen.
288 S., 60 Farbfotos, 30 Abb., 9 Karten, geb.
ISBN 3-7688-1021-6

Arved Fuchs
Abenteuer zwischen Tropen und ewigem Eis
Sea, Ice & Mountains
Auf Amundsens Spuren rund Amerika.
384 S., 65 Farbfotos, 22 Karten, 4 Risse, geb.
ISBN 3-7688-0970-6

Hannes Gebhart
Odyssee mit Landratten
Chartertörn mit Hindernissen in der Adria und im Ionischen Meer.
264 S., 24 Zeichnungen, geb.
ISBN 3-7688-1160-3

Jürgen Krumm
Die WAHOO war ihr Schicksal
oder: Hart ist das Leben an der Küste
Lesespaß für Segler und alle, die es werden wollen.
272 S., 26 Illustrationen, geb.
ISBN 3-7688-1145-X

Klaus Nölter / Johanna Michaelis
Der erfüllbare Traum
Eine Weltumseglung
Erlebnisbericht mit informativem Anhang für Nachahmer.
280 S., 42 Farbfotos, 32 Zeichnungen, geb.
ISBN 3-7688-0956-0

Burghard Pieske
BOUNTY BAY - 5000 nasse Meilen im Pazifik
Auf den Spuren von Captain Bligh
Südseezauber und Segelabenteuer der Extreme.
320 S., 37 Farbfotos, 18 Zeichn., 4 Karten, geb.
ISBN 3-7688-1106-9

Bobby Schenk
Südseeträume
Reiseerlebnisse im Paradies der Blauwassersegler.
264 S., 57 Farb- u. 35 S/W Fotos, geb.
ISBN 3-7688-1074-7

Hubertus Sprungala / Richard Radtke
BlueShip, Zwei Männer und viel Meer
Eine ungewöhnliche Weltumseglung
Turbulente Reise mit Katamaran und Paraglider.
272 S., 43 Farbfotos, 11 Karten, geb.
ISBN 3-7688-1123-9

Heide Wilts
Auf der Route der Albatrosse
Seglerische Höhepunkte und herrliche Naturerlebnisse: durch Sturm und Eisberge in das einmalige Tierreich weltvergessener Inseln.
336 S., 91 Farbfotos, 23 Karten, geb.
ISBN 3-7688-0927-7

Susanne Zeller
Fahr weiter bis zum Horizont
Auf fünf Weltmeeren führen Eltern und Kinder ein freies und natürliches Leben.
272 S., 37 Farbf., 5 Schiffsrisse, 6 Zeichn., geb.
ISBN 3-7688-0782-7

Viele andere Bücher beschäftigen sich neben diesen noch mit dem Segeln und auch mit dem Motorbootfahren. Verlangen Sie unser ausführliches Verzeichnis über Ihre Buchhandlung oder direkt vom Delius Klasing Verlag, Postfach 10 16 71, 33516 Bielefeld.

DELIUS KLASING